财会文库

秦腔汉文·资治新语系列

穿透资本市场
伦理、舞弊与监管

Deciphering the Capital Market
Ethics, Fraud, and Oversight

韩洪灵　陈汉文　陈帅弟　刘　强　著

中国人民大学出版社
·北京·

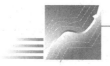

序

金融是国民经济的血脉，关系中国式现代化建设全局。纵观世界发展的历史，一条基本的历史经验是，大国崛起得益于金融体系的有力支撑，资本市场在其中发挥了独特且关键的作用。经济发展、技术革命与资本市场的兴盛相伴相生。当今世界，金融是大国博弈的必争之地，资本市场在现代金融运行中更是"牵一发而动全身"，具有极高的复杂性与多维性。2024年1月16日，习近平总书记在省部级主要领导干部推动金融高质量发展专题研讨班开班仪式上发表重要讲话，他指出："推动金融高质量发展、建设金融强国，要坚持法治和德治相结合，积极培育中国特色金融文化，做到：诚实守信，不逾越底线；以义取利，不唯利是图；稳健审慎，不急功近利；守正创新，不脱实向虚；依法合规，不胡作非为。"习近平总书记的重要讲话为坚定不移走中国特色金融发展之路提供了根本遵循，也为我们从学术视角研究中国资本市场的内在运行逻辑与潜在伦理风险提供了方法论指引。

资本市场作为资源配置的关键枢纽，其稳健发展对于经济增长、产业结构调整以及国际竞争力的提升具有深远影响。随着资本市场的不断演进，伦理失范、财务舞弊和监管难题也日渐凸显，这些问题动摇了市场信心，在一定程度上制约了资本市场的健康发展。在这一背景下，《穿透资本市场——伦理、舞弊与监管》一书的编撰显得尤为及时和必要。本书以"伦理—舞弊—监管"为研究框架，全面剖析了近年来资本市场中最具代表性和复杂性的案例，通过开展特定情景下的特定问题研究，运用特定情景下的数据，精准回溯问题的本质。通过对这些问题的深入剖析，本书旨在为构建更为公正、透明和高效的资本市场提供理论支撑和实践指南。

资本市场的有序运行必须建立在坚实的伦理基础之上。本书上篇以"伦理"为切入点，通过"商业模式与数据伦理""复杂属性与估值伦理""知识资本与薪酬伦理"等章节，深刻揭示了企业在追求商业利益的同时，如何平衡技术创新、数据使用、价值评估及薪酬分配等方面的伦理考量。例如，在数字化时代，数据的收集、处理与利用已成为推动企业竞争力提升的关键因素。然而，这一进程中涌现出的数据黑箱、数据安全以及估值偏差等问题，无疑向资本市场的伦理监管提出了不小的挑战。本书上篇通过对多个典型案例的详尽剖析，如滴滴出行的数据安全事件、蚂蚁集团的估值争议、联想集团的薪酬伦理问题以及恒大集团的分红策略，引导我们反思如何在商业模式创新、技术进步与伦理规范间寻求一种微妙的平衡。这不仅关乎企业的长远发展，更是对资本市场健康生态的维护。

本书中篇则聚焦于资本市场的另一大顽疾——财务舞弊。在这一部分，本书以"财务舞弊与做空产业链""瑞幸事件与中概股危机""康美舞弊与特别代表人诉讼""华融舞弊的双轮驱动"等章节，详细剖析了近年来国内外资本市场中发生的重大财务舞弊事件。通过对舞弊手段、动机、后果及法律责任的深入分析，不仅揭露了舞弊者的贪婪与狡诈，更引发了对资本市场监管体系、中介机构责任、投资者保护机制等方面的全面反思。同时，通过对特别代表人诉讼、和解制度等创新法律制度的探究，展示了资本市场监管主体在打击财务舞弊、保护投资者权益方面的新探索与新成效。

习近平总书记在开班仪式上指出："金融监管要'长牙带刺'、有棱有角，关键在于金融监管部门和行业主管部门要明确责任，加强协作配合。在市场准入、审慎监管、行为监管等各个环节，都要严格执法，实现金融监管横向到边、纵向到底。"面对资本市场伦理失范与财务舞弊的双重挑战，监管机制的完善与创新显得尤为重要。本书下篇以"中美跨境会计审计监管""资本市场吹哨制度构建""资本市场和解制度构建""特别代表人的监管效应"等章节，全面探讨了资本市场监管的现状、问题与对策。通过对比中美两国在跨境会计审计监管方面的差异与经验，本书提出了加强国际合作、完善监管标准、提升监管效能等建议，同时对资本市场吹哨制度、和解制度等创新监管机制的探索，也为提升监管效率、降低监管成本、增强市场透明度提供了新的思路与方向。特别是特别代表人诉讼制度在保护中小投资者权益方面的显著成效，更加彰显了监管机制创新对于促进资本市场健康发展的重要意义。

总体而言，本书不仅为学术界提供了新的研究视角和理论体系，更为实务界、政策制定者以及广大投资者提供了有益的参考。在学术层面，本书拓展了资本市场研究的深度和广度；在实务层面，亦为上市公司、中介机构、监管机构及投资者提供了应对伦理挑战、防范财务舞弊、优化监管机制的具体策略与路径思考；在政策层面，则为完善资本市场法律法规、提升监管效能、促进市场健康发展提供了有力的理论支持与政策建议。

本书不仅是一部深入剖析资本市场伦理、舞弊与监管问题的学术著作，更是一部具有强烈实践指导意义的工具书，值得资本市场利益相关者深入研读与反思。本书通过独特的观察视角、深入的剖析以及具有前瞻性的构想，全面展示了资本市场的伦理、舞弊与监管之间的内在联系。本书将带领读者审视历史的脉络，更引导读者展望未来的方向，亦希望为构筑一个更为公正、透明和高效的资本市场提供宝贵的智慧与力量。

本书汇集了研究团队对于中国资本市场发展的长期研究成果，凝练了数十篇学术论文的核心思想。本书核心团队成员是我的学生，他们在编撰过程中，广泛参考了国内外众多书籍和研究文献。对于文献引用中可能存在的疏忽，恳请读者批评指正。本书得到了教育部哲学社会科学研究重大课题攻关项目"中美跨境会计审计有关问题研究"（编号：22JZD010）、国家社会科学基金重点项目"人工智能时代会计伦理问题研究的理论、规则与治理"（编号：22AGL012）和浙江大学管理学院的支持。

本书从制度经济学视角切入，创新性地构建了"伦理规范—市场博弈—监管调适"三元互动分析框架，深刻揭示了我国资本市场螺旋式演进的内生性机制。作者基于近五年的追踪实证研究，运用规范分析与实证分析法，将市场异象、制度变迁与主体行为纳入统一的研究范式，研究成果不仅系统解构了注册制改革背景下监管效能的提升路径，更开创性地提出了适应性的监管变革框架，为破解新兴市场国家资本市场发展的制度悖论提供了重要理论依据。本书兼具学术前沿性与政策参考价值，其研究范式对完善中国特色社会主义资本市场理论体系具有建设性意义，值得监管部门、学术机构及市场参与者深入研读。

作为一名见证中国资本市场三十年制度演进的教育工作者，我乐见这部凝聚深邃思考的学术著作出版。

是为序！

厦门大学原副校长　　吴水澎

目 录

上篇：伦　理

上篇

伦　理

第 1 章 商业模式
与数据伦理

在数字化浪潮的推动下，数据已经跃升为推动经济发展的新生产要素。它不仅超越了传统生产要素如土地、劳动力、资本的限制，还以独特的流动性、可复制性和无限增值潜力，为全球经济注入了前所未有的活力与创造力。同样，对于将数据视为核心资产和战略基石的企业来说，数据深刻且不可逆地重塑了企业的商业模式与市场竞争格局，引领企业进行了一场前所未有的数字化转型变革。这类数据驱动型企业不仅大规模地收集和分析用户数据，还借助数据挖掘、机器学习等先进技术挖掘数据中有价值的信息，这种大范围收集和深度利用数据的方式无疑为企业带来了前所未有的机遇，但同时也引发了一系列复杂且紧迫的数据伦理问题，如数据隐私的侵犯、数据安全的威胁、算法歧视、数据主权与跨境流动的挑战等。

滴滴出行①（简称滴滴）作为典型的以数据智能为驱动的移动互联网公司，通过以数据思维为引领，以数据资产为基础，以数据技术为核心，不仅实现了业务的快速发展和创新，还不断将数据潜在价值变现，开拓了新的业务板块。然而，这种数据智能驱动的商业模式也给企业带来了前所未有的数据伦理挑战。2021年7月2日，国家互联网信息办公室（简称网信办）发布公告称："为防范国家数据安全风险，维护国家安全，保障公共利益，依据《中华人民共和国国家安全法》《中华人民共和国网络安全法》，网络安全审查办公室按照《网络安全审查办法》②，对'滴滴出行'实施网络安全审查。为配合网络安全审查工作，防范风险扩大，审查期间'滴滴出行'停止新用户注册。"这是我国自《网络安全审查办法》发布以来的首次公开审查行动。2021年7月4日晚，网信办再次发布了关于下架"滴滴出行"App的通报。2021年7月5日，对滴滴的审查产生了联动效应，网信办接连宣布对"运满满""货车帮""BOSS直聘"实施网络安全审查，同样要求审查期间停止新用户注册。2021年7月9日，网信办再次通报，要求"各网站、平台不得为'滴滴出行'和'滴滴企业版'等上述25款已在应用商店下架的App提供访问和下载服务"。③对滴滴等系列海外上市互联网平台企业开展网络安全审查，对我国企业数据伦理规范与数据安全监管产生了深远的影响，具有标志性的变革指向意义。④

---

　　①　2012年，小桔科技在北京成立并推出"嘀嘀打车"App，2014年更名为"滴滴打车"；2012年11月，快智科技在杭州成立并推出"快的打车"App。2015年，"滴滴打车"和"快的打车"成功进行战略合并后，正式改名为"滴滴出行"；2016年，"滴滴出行"与"优步中国"合并。

　　②　2021年7月10日，网信办发布关于《网络安全审查办法（修订草案征求意见稿）》。该征求意见稿指出："掌握超过100万用户个人信息的运营者赴国外上市，必须向网络安全审查办公室申报网络安全审查。"

　　③　在经历了长达563天的下架整改和暂停注册后，2023年1月，滴滴发布声明称，经过一年多的全面整改，经报网络安全审查办公室同意，即日起恢复"滴滴出行"新用户注册。

　　④　滴滴于2022年6月2日向美国证券交易委员会正式提交退市申请表。2022年7月21日，网信办通报，依据《网络安全法》《数据安全法》《个人信息保护法》《行政处罚法》等法律法规，对滴滴全球股份有限公司处人民币80.26亿元罚款，对公司董事长兼CEO程维、总裁柳青各处人民币100万元罚款。

本章探讨了如何在企业利用数据创造价值的同时，确保数据的合法收集、安全存储、透明使用和合规处理；如何在优化商业模式的基础上，最小化数据伦理、数据安全及国家安全的潜在风险；如何积极应对海外上市所引发的跨境数据流动挑战，其为滴滴乃至海外上市公司不可回避的问题。本章尝试对滴滴商业模式下所内隐的潜在数据伦理问题以及数据伦理、数据安全与国家安全之间的基本关系进行初步探讨，希望启发读者认识到伦理是可持续竞争优势的本质来源。只有秉持这一基本价值创造理念，企业才能在未来的数字化竞争中立于不败之地，实现长远发展。

1.1　商业模式、数据驱动与市场表现

1.1.1　基于数据智能驱动的商业模式

　　滴滴是典型的以数据智能为驱动的移动互联网公司，其商业模式以数据思维为引领，以数据资产为基础，以数据技术为核心。不同于其他互联网公司所强调的网络效应，滴滴平台上的乘客与司机之间是不互动的，只是通过平台短期匹配到一起。滴滴作为中间平台，获取了大量的交易数据和运营数据，并对这些海量数据进行处理、分析和挖掘，提取其中包含的有价值的信息和知识，使数据具有"智能"，通过"智能"数据更好更快地发展现有业务、开拓新的业务板块。创新型平台企业通过提取数据背后隐藏的价值获取巨大的经济利益，进而改变商业运作模式。Nunan & Domenico（2013）指出，大数据带来的影响主要体现在三个方面：一是与不断增加的数据收集量相关的技术；二是侧重于从已有数据中挖掘出更有效的数据信息，从而为组织增加商业价值；三是考虑数据使用所带来的更广泛的社会影响，特别是对个人隐私的影响，以及对这些数据商业使用道德的监管和指导方针的影响。

滴滴通过数据智能驱动，不断将数据潜在价值变现。滴滴应用大数据技术分析客户行为和出行数据，进而将数据驱动的思维模式变为现实，并凸显其数据智能商业模式的优越性。具体方式包括：（1）通过海量的出行服务和乘客使用信息不断扩充现有的数据库，实时更新数据资源，为滴滴提供源源不断的数据支持；（2）通过提高司机效益、便捷乘客出行、保障司乘安全，使用户逐渐形成路径依赖，即拥有大量的活跃用户；（3）采用大数据技术和人工智能技术、大数据架构、数据平台、数据科学、数据治理等保障滴滴数据实现价值变现。滴滴的数据智能驱动模型如图 1-1 所示。

从未来具体的应用场景来看，滴滴在共享出行平台、汽车解决方案、电动出行和自动驾驶这四个核心战略板块下可以不断打造丰富的应用场景，如表 1-1 所示。此外，由于滴滴实时、多元的海量数据，可以勾勒出不同城市的交通、教育、医疗、行政资源的分布，长期的数据观察和分析结果甚至可以逐渐反映出城市的经济、社会的发展情况，因此这一系列数据可以演化成为与国家安全相关的核心数据。

表 1-1　滴滴四个核心战略板块下的数据价值变现

数据支持	具体表现
数据＋共享出行平台	针对网约车出行场景，在车内人机交互、司乘体验、车联网等多方面进行定制化设计。主要助力司乘出行和司乘安全两大关键问题的解决。 司乘出行：结合大数据分析结果，实现运营效率最大化，保证将每位乘客匹配给耗时最短到达上车点的司机，便捷乘客出行。基于大数据专门为平台上的司机研发热力图，通过热力图可以明确看到城市的哪些区域用车需求高，这样司机既能解决城市区域用车需求，也能提高自身的做单收入。 司乘安全：研发的"滴滴护航"系统，通过数据采集、分析司机的驾驶行为和习惯，包括是否有急加速、急减速或者急转弯，保障司乘安全。
数据＋汽车解决方案	利用大数据采集和分析技术，围绕汽车租售、加油、维保及分时租赁等多项汽车服务和运营业务，优化出行产业链条，提供高性价比、灵活多样的汽车解决方案。

续表

数据支持	具体表现
数据＋电动出行	青桔作为滴滴的嫡系品牌，依靠滴滴 App 的庞大流量入口，打造共享出行的路线。滴滴凭借其海量数据更加了解用户需求，未来可以更好地提供诸如电动汽车充电和保险之类的附加服务。
数据＋自动驾驶	拥有自动驾驶所需的落地场景、共享出行运营经验以及难以复制的全球最大的真实世界交通数据库。利用这些数据优势可以开发具有商业可行性的自动驾驶解决方案。

1.1.2 数据驱动下的市场表现

2021 年 6 月 30 日，拥有海量数据、依托大数据赋能的滴滴非常低调地在美国纽约证券交易所（简称纽交所）上市，股票代码为"NYSE：DIDI"，IPO 发行价为 14 美元，上市首日市值最高达 800亿美元。回顾滴滴的发展历程：2012 年 9 月，滴滴 App 正式上线，通过"手机对手机"模式在网约车与乘客之间实现了司乘的快速匹配，凭借信息技术大幅提高了乘客出行效率和司机运营效率。2014年 1 月，滴滴与微信达成战略合作，开启微信支付打车费"补贴"营销活动，通过大量补贴快速培养了用户习惯，聚拢了大量活跃用户，由此移动出行开始在中国普及。截至 2021 年 3 月 31 日，滴滴总资产为 1 581 亿元，已在包括中国在内的 15 个国家及地区的 4 000多个城镇开展业务，拥有全球年活跃用户近 5 亿、全球年活跃司机约 1 500 万，平均日交易量达到 4 100 万单，已促成超过 500 亿笔累计交易。[①] 滴滴旗下业务涵盖网约车、出租车、顺风车、共享单车、共享电单车、货运、金融和自动驾驶等，是世界上最大的移动出行技术平台。

---

① 2021 年第 1 季度，滴滴在中国拥有 1.56 亿月活用户，中国移动出行业务日均交易量为 2 500 万次。资料来源：滴滴招股说明书。

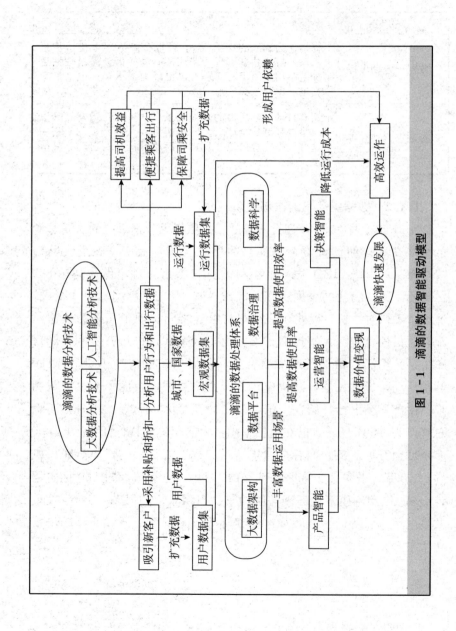

图 1－1　滴滴的数据智能驱动模型

自成立以来，滴滴已先后完成 23 轮融资，融资总额超过 200 亿美元，曾被称为史上融资最多的未上市科技公司①，表 1 - 2 列示了滴滴 IPO 前的融资过程与估值演变。多轮融资导致滴滴 IPO 之前外部投资人持股占比已达到约 90%。滴滴 IPO 前的股权结构和表决权如表 1 - 3 所示。其中，软银愿景基金（SoftBank Vision Fund Entity）持股 21.5%，为最大单一股东；优步、腾讯分别持股 12.8%、6.8%，滴滴创始人兼 CEO 程维（持股 7%）、联合创始人兼总裁柳青（持股 1.7%）和高级副总裁朱景士等所有的董事和高管合计仅持有 10.5% 的股权、20.1% 的投票权。滴滴招股说明书显示，为了能继续保持对滴滴的控制，按照 1∶10 的超级投票权设定，程维、柳青和朱景士三人合计投票权为 52%。②

表 1 - 2　滴滴 IPO 前的融资过程与估值演变

时间	融资金额	估值水平
2012 年 7 月	天使投资人王刚开启约数百万元人民币天使轮融资	
2012 年 12 月	完成 300 万美元 A 轮融资	
2013 年 4 月	完成 1 500 万美元 B 轮融资	
2014 年 1 月	完成 1 亿美元 C 轮融资	
2014 年 12 月	完成 7 亿美元 D 轮融资	
2015 年 1 月	完成 D＋轮融资（金额未披露）	
2015 年 5 月	完成 1.42 亿美元 E 轮融资	约 87.5 亿美元
2015 年 7 月	滴滴、快的打车合并后宣布完成总额超过 30 亿美元 F 轮融资	约 165 亿美元
2016 年 2 月	完成 10 亿美元战略融资	约 200 亿美元

---

①　《中国独角兽企业研究报告 2021》公布的 2020 年中国独角兽企业名单显示，滴滴以 580 亿美元估值位列排行榜第三名（前两名为：字节跳动，估值为 1 800 亿美元；蚂蚁集团，估值为 1 500 亿美元）。

②　根据可变利益实体（VIE）架构下同股不同权的安排，滴滴的控制权仍然由管理层掌控。根据滴滴合伙人制度，合伙人委员会可以直接任命公司执行董事，并拥有提名和推荐高管职务候选人的权利。

续表

时间	融资金额	估值水平
2016 年 6 月	获得 20 亿元人民币债券融资	约 230 亿美元
2016 年 6 月	完成 45 亿美元 G 轮融资	约 270 亿美元
2016 年 6 月	获得 4 亿美元战略融资	约 270 亿美元
2016 年 7 月	获得 2 亿元人民币战略融资	约 270 亿美元
2016 年 8 月	战略融资（金额未披露）	
2016 年 9 月	获得 1.199 亿美元战略融资	
2016 年 12 月	获得数千万美元战略融资	
2017 年 4 月	获得 55 亿美元战略融资	约 500 亿美元
2017 年 12 月	获得 40 亿美元战略融资	约 540 亿美元
2018 年 4 月	获得 2.648 亿美元战略融资	约 540 亿美元
2018 年 5 月	股权转让于软银愿景基金（金额未披露）	约 540 亿美元
2018 年 7 月	获得美国旅游巨头 Booking Holdings 的 5 亿美元投资	约 560 亿美元
2019 年 7 月	获得 6 亿美元战略融资	约 510 亿美元
2021 年 4 月	完成 15 亿美元债券融资，投资方是高盛中国、摩根大通、摩根士丹利、巴克莱投资银行、汇丰银行	超过 600 亿美元
2021 年 6 月	IPO 前已获 40 亿美元全额认购	约 675 亿美元

注："估值水平"项下的空白部分代表未获取到相关估值信息。

表 1-3　滴滴 IPO 前的股权结构和表决权

项目	具有经济利益的普通股数量（股）	持股比例（%）	具有投票权的普通股数量（股）	投票权比例（%）
软银愿景基金	242 115 016	21.5	242 115 016	21.5
优步	143 911 749	12.8	143 911 749	12.8
腾讯	77 067 884	6.8	77 067 884	6.8
程维	78 384 741	7.0	173 393 402	15.4
柳青	19 172 128	1.7	74 919 775	6.7
朱景士	小于总流通股 1%	<1	26 152 107	2.3
所有的董事和高管	118 107 531	10.5	226 940 669	20.1

从业绩层面来看，滴滴自成立以来至上市之前一直处于亏损状态，累计亏损约 600 亿元。2018—2020 年，滴滴在公认会计准则（GAAP）口径下的净亏损仍分别高达 149.8 亿元、97.3 亿元和106.1 亿元；然而，滴滴在招股说明书里强调，近三年其在非公认会计准则口径下的息税前净亏损则分别为 86.5 亿元、27.6 亿元和83.8 亿元，如表 1－4 所示。

表 1－4　滴滴非公认会计准则业绩指标调整　　单位：百万元

项目	2018 年	2019 年	2020 年
净利润	（14 979）	（9 733）	（10 608）
－利息收入	（1 458）	（1 361）	（1 229）
＋利息费用	44	70	136
－投资收益（损失）净额	817	476	（2 833）
＋按成本法核算的投资损失	2 541	1 451	1 022
＋按权益法核算的投资损失	768	979	1 058
－其他收入（损失）净额	337	453	（1 031）
－所得税优惠	（513）	（348）	（303）
运营损失	（12 443）	（8 013）	（13 788）
＋股权激励	1 678	3 140	3 413
＋无形资产摊销	2 118	2 109	1 994
调整后 EBITA（non-GAAP）	（8 647）	（2 764）	（8 381）
国际业务 EBITA（non-GAAP）	（2 428）	（3 152）	（3 534）
其他业务 EBITA（non-GAAP）	（5 945）	（3 456）	（8 807）
国内出行业务 EBITA（non-GAAP）	（274）	3 844	3 960

　　注：滴滴招股说明书显示，调整后 EBITA（non-GAAP）定义为净利润：（1）减去利息收入；（2）加上利息费用；（3）减去投资收益（损失）净额；（4）加上按成本法核算的投资损失；（5）加上按权益法核算的投资损失；（6）减去其他收入（损失）净额；（7）减去所得税优惠；（8）加上股权激励；（9）加上无形资产摊销。

　　从业务层面来看，滴滴的平台收入及公认会计准则下的营业收入的增加并非源于基本面的改善，而是平台垄断所带来的对司机分成的进一步缩减所致，如表 1－5 所示。2018 年以来，滴滴的国内外交易量增幅有限，2020 年交易量为 90.98 亿次（增幅为－5.53%），部分原因是新冠疫情带来的出行减少；2020 年，交易总额（gross transaction value，GTV）为 2 145.9 亿元（增幅为－4.77%），而其平台收入（platform sales）却大幅增长到 34.66 亿元（增幅为 43.27%）。滴滴平台收入定义为交易总额减去支付给司机和合作伙伴的所有收益和奖励、通行费、费用、税收等。鉴于通行费、费用、税收的波动相对有限，在滴滴交易量及交易总额的增长几乎可忽略不计的前提下，滴滴主要通过降低司机和合作伙伴的收益、奖励来增加自己的分成收入，这主要是滴滴在中国移动业务领域具有极高的市场占有率所形成的定价能力导致的。

表 1-5　2018—2020 年滴滴业务层面数据

项目		2018 年	2019 年		2020 年	
			本年度	较上年变化	本年度	较上年变化
交易指标						
交易量[1]（百万次）	中国移动出行业务	8 789	8 669	－1.37%	7 750	－10.60%
	国际业务	283	962	239.93%	1 348	40.12%
	合计	9 072	9 631	6.16%	9 098	－5.53%
交易总额[2]（百万元）	中国移动出行业务	204 461	202 367	－1.02%	189 002	－6.60%
	国际业务	7 917	22 956	189.96%	25 584	11.45%
	合计	212 378	225 323	6.10%	214 586	－4.77%
平台收入（百万元）	中国移动出行业务	18 428	22 294	20.98%	32 366	45.18%
	国际业务	318	1 898	496.86%	2 293	20.81%
	合计	18 746	24 192	29.05%	34 659	43.27%
财务指标						
营业收入		135 288	154 786	14.41%	141 736	－8.43%

注：1. 交易量根据完成的订单数量来计算，有两个付费消费者的拼车代表两个交易，即使两个消费者都在同一地点开始和结束他们的拼车行程。中国移动出行业务指的是国内完成的网约车、出租车、代驾和顺风车服务，国际业务是指在中国以外的国际市场开展的网约车服务和外卖服务。社区团购交易被排除在外，因为滴滴在 2021 年 3 月 30 日之后停止整合社区团购业务。

2. 交易总额是指在滴滴平台上完成的交易的总价值，包括任何适用的税收、通行费和费用，但不包括对消费者奖励以及支付给移动服务司机、商家或送餐服务合作伙伴或服务合作伙伴的收入和奖励的任何调整。

滴滴招股说明书指出其业务体系涵盖三大业务（国内业务、国

际业务、其他创新业务）和四个核心战略板块（共享出行平台、汽车解决方案、电动出行、自动驾驶）。前者是滴滴现有业务的构成，后者则是滴滴未来的业务战略规划，两者都需要充分挖掘数据的"潜在价值"[①]。滴滴的业务体系如图 1-2 所示。图中的核心业务是国内业务下的出租车、快车、专车、顺风车等出行服务，业务的运行架构在于利用收集的用户数据和司机数据，形成滴滴的核心数据，从而以数据"智能"更好地运营平台。国际业务和其他创新业务因占比较小，均归于其他业务。其中，前向其他业务泛指利用核心业务所收集的数据，面向用户收费的业务；后向其他业务则泛指利用数据面向 B 端（即企业端）收费的业务。

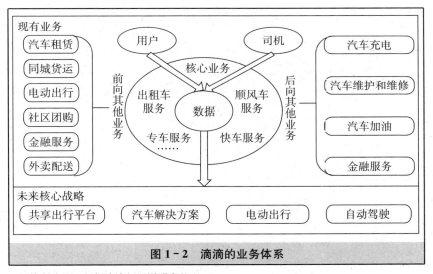

图 1-2 滴滴的业务体系

资料来源：根据滴滴招股说明书整理。

2018—2020 年滴滴营业收入与成本构成如表 1-6 所示。2018—2020 年，滴滴的三大业务总营业收入分别为 1 352.88 亿元、

[①] 数据的价值体现为其"潜在价值"，是其所有可能用途的总和，主要通过数据再利用、数据重新组合、增强数据可扩展性、及时更新数据库，合理利用数据废气（data exhaust，是指在日常运营或服务过程中自动产生的、未被主动收集和利用的副产品数据。这些数据看似业务流程的"废弃物"，但通过技术分析可挖掘出潜在价值）以及实现数据共享等手段挖掘数据背后隐藏的价值（维克托·迈尔-舍恩伯格和肯尼思·库克耶，2013）。

1 547.86 亿元（较上年增加 14.41％）、1 417.36 亿元（较上年减少 8.43％），营业收入中约 95％来自国内业务。滴滴的年活跃用户和年活跃司机中，3.77 亿（约 76.47％）为中国用户，1 300 万（约 86.67％）为中国司机。其他业务包括国际业务和其他创新业务，2020 年滴滴其他创新业务实现收入 57.58 亿元，占收入的 4％左右，同比增长 18.21％。国际业务在总营业收入中占比很小，约为 1.6％，滴滴在招股说明书所披露的计划中表明会将约 30％的募资金额用于扩大中国以外国际市场的业务；其他创新业务包含除共享出行平台外的汽车解决方案、电动出行、自动驾驶等滴滴新业务，滴滴的四个核心战略板块进行独立融资。

表 1-6　2018—2020 年滴滴营业收入与成本构成

金额单位：百万元

项目	2018 年	2019 年		2020 年	
		本年度	较上年变化	本年度	较上年变化
营业收入	135 288	154 786	14.41％	141 736	−8.43％
——国内业务	133 207	147 940	11.06％	133 645	−9.66％
——国际业务	411	1 975	380.54％	2 333	18.13％
——其他创新业务	1 670	4 871	191.68％	5 758	18.21％
总成本	147 731	162 799	10.20％	155 524	−4.47％
营业成本	127 842	139 665	9.25％	125 824	−9.91％
营销费用	7 604	7 495	−1.43％	11 136	48.58％
研发支出	4 378	5 347	22.13％	6 317	18.14％
管理费用	4 242	6 214	46.49％	7 551	21.52％
营业毛利	7 446	15 121	103.08％	15 926	5.32％
营业毛利率	5.50％	9.77％	77.64％	11.24％	15.05％
净收益（亏损）	（14 979）	（9 733）	−35.02％	（10 608）	8.99％

如表 1-6 所示，从成本端来看，得益于营业成本的有效管控，2018—2020 年，滴滴的营业毛利及营业毛利率一直呈现快速上涨的

趋势，2020 年的营业毛利率已达到 11.24％。而导致净亏损的主要原因在于营销费用、研发支出①、管理费用三个项目的上升。其中，滴滴的营销费用居高不下源于网约车行业同质化现象严重，且用户转换成本低；在研发和管理上持续增加投入是为满足未来四个核心战略板块的发展所需，进而将这些投入转化为滴滴未来的增长引擎。

1.2 数据黑箱、数据伦理与国家安全

1.2.1 数据黑箱与数据伦理

数据黑箱指的是那些内部处理机制、算法逻辑或数据结构对用户或外部观察者不透明的数据系统或平台。由于数据黑箱具有不透明性，它可能引发一系列数据伦理问题。数据伦理问题通过数据滥用、数据霸权、算法霸权和算法歧视等形式呈现出来，而其本质是对隐私权、数据权、人类自由和社会公平等的侵害（李伦，2019）。在滴滴基于数据智能驱动的商业模式中，融合算法、规则、数据的智能化系统引发了滴滴平台在价格歧视、滥用市场地位、数据的非法收集和滥用、数据安全等方面的数据伦理问题。毫无疑问，如何在巨大的数据商业利益与社会责任、国家安全之间创建一种复杂、微妙、动态的平衡，成为滴滴所有战略决策中最为重要的一环。在滴滴的商业模式中，内隐的潜在数据伦理问题包括以下几个方面。

1. 数据过度收集和违规使用

当数据在价值链中处于核心地位时，以数据智能驱动的公司很

---

① 滴滴在招股说明书所披露的计划中表明：约 30％的募资金额用于提升包括共享出行、电动汽车和自动驾驶在内的技术能力；约 20％用于推出新产品和拓展现有产品品类以持续提升用户体验；剩余部分可能用于营运资金需求和潜在的战略投资等，共同改善消费者体验。

可能会在没有征得用户、消费者或其他利益相关者同意的情况下过度收集和违规使用其信息，从而侵犯用户、消费者和社会公众等利益相关者的数据权利。

在数据的收集环节，滴滴在《个人信息保护及隐私政策》中强调了对个人信息的收集、保存、使用、共享的权利。滴滴早期的《个人信息保护及隐私政策》中定义的个人信息范围包括身份证号码、面目识别特征、录音录像、银行卡号、IP 地址①，这些信息的收集已远远超出正常使用滴滴平台核心功能所需。2021 年 7 月 6 日，深圳市通过了《深圳经济特区数据条例》②（简称《数据条例》），其内容涵盖个人数据、公共数据、数据要素市场、数据安全等方面，是国内数据领域首部基础性、综合性立法，提出了打击过度收集个人信息以及 App "不全面授权就不让用"的行为。

在数据的使用环节，滴滴在《个人信息保护及隐私政策》的"个人信息的共享、转让、公开披露"中明确表示，滴滴在部分情况下，会对外共享个人信息，其中包括共享给滴滴的关联公司以及业务合作伙伴，而滴滴的合作伙伴包括广告商、供应商、服务商和其他合作方。而《中华人民共和国个人信息保护法（草案）》③（简称《草案》）第二十四条规定："个人信息处理者向第三方提供其处理的个人信息的，应当向个人告知第三方的身份、联系方式、处理目的、处理方式和个人信息的种类，并取得个人的单独同意。接收个人信息的第三方应当在上述处理目的、处理方式和个人信息的种类等范围内处理个人信息。第三方变更原先的处理目的、处理方式的，应当依照本法规定重新向个人告知并取得其同意。"显然，滴滴对个人信息的数据共享行为不符合《草案》的规定。2021 年 7 月 4 日，

---

① 在滴滴 2021 年 7 月 7 日生效的《个人信息保护及隐私政策》中已修改为"请知悉，用户拒绝提供非必要信息或附加功能所需信息时，仍然能够使用滴滴平台核心功能"。
② 深圳市第七届人民代表大会常务委员会公告（第十号）。
③ 2021 年 4 月 26 日至 29 日，十三届全国人大常委第二十八次会议在北京举行，会议审议通过《中华人民共和国个人信息保护法（草案）》。

网信办发布消息证实"滴滴出行"App 涉嫌严重违法违规收集使用个人信息。

2. 数据算法带来价格歧视

价格歧视（price discrimination）实质上是一种价格差异，通常指商品或服务的提供者在向不同的接受者提供相同等级、相同质量的商品或服务时，在接受者之间实行不同的销售价格或收费标准。滴滴的价格歧视分为以大数据杀熟为代表的一级价格歧视和分类定价的二级价格歧视。滴滴的大数据杀熟是基于数据算法优势而形成的用户画像（包括性别、年龄、地点、搜索词、生活方式、收入等），精准把握消费者支付意愿，估计消费者个人愿意为平均出行支付的最高价格，从而逐渐从统一的定价标准演变成个性化的定价策略（Steinberg，2020）。在个性化定价中，每个消费者都被剥夺了部分消费者剩余（consumer surplus）①，这是对消费者剩余财富的攫取。大数据杀熟的本质是利用信息不对称，通过收集的数据扭曲价格形成机制。此外，滴滴还通过多层收费策略来应对不同偏好的消费者。对于认为滴滴定价过高的消费者，滴滴推出"花小猪"，采用"一口价模式""百元现金天天领""分享好友得津贴"等低价方式来提供另一个出行选择，即同一位乘客，同样的起点终点，在两个不同的平台下单，订单金额可能相差巨大，这使得即使"花小猪"的合规率极低，其业务依旧能实现快速成长。而随着价格歧视的进一步演变，其还会影响收入分配，从而加剧社会分化。《数据条例》也首次确立了数据公平竞争有关制度，如针对数据要素市场的大数据杀熟等竞争乱象，明确规定处罚上限为 5 000 万元。

3. 数据霸权催生垄断主义

数字时代的数据霸权正在挑战社会正义与社会公平，成为影响

---

① 消费者剩余又称为消费者的净收益，是指消费者在购买一定数量的某种商品时愿意支付的最高总价格和实际支付的总价格之间的差额。消费者剩余衡量了买方自己感觉到所获得的额外利益。

社会发展的一道隐形障碍，可能造成数字时代"强者越强，弱者越弱"的"马太效应"（张煌，2019）。① 数据霸权对社会公平的危害，一方面表现为少数企业凭借数据垄断优势，可以轻松地获取高额利润，如互联网公司不断通过并购实现"数据孤岛"的互联，垄断大量数据资源；另一方面表现为中小企业和普通创业者因没有掌握数据资源而面临经营发展的困境。滴滴作为网约车行业的"数据大亨"，2015 年 2 月，与快的打车合并后的市场份额曾一度超过 90%，这引发了市场反垄断质疑。2016 年 8 月，滴滴与优步中国合并，再一次巩固了其在中国网约车市场中的龙头地位。滥用市场地位是具有领先优势的平台常见的竞争手段，如果滴滴的垄断地位得到了巩固和确定，它可能会通过恶意排他行为，限制其他中小网约车企业发展，进而极大地削弱行业的持续创新动力。

1.2.2　数据伦理与数据安全

1. 数据处理与《数据安全法》

伴随着数据使用频率的增加、数据化应用场景的丰富，以及数据处理技术和水平的提升，基于数据处理的一系列新型数据安全风险可能会产生。数据安全风险主要指大数据分析结果不慎泄露或被恶意利用导致的国家、社会、个人利益的损失，即数据外部性②风险。在本质上，数据安全风险（外部性风险）来源于数据伦理的缺失。实际上，随着数据跨境流动等趋势的愈发常见，数据已然从单纯的商业资源转换为关乎国家安全的利益形态。数据安全问题可能导致个人、群体乃至国家的利益受到侵犯，进而限制个人自由并影响社会公平，而涉及国家机密或隐私的核心数据泄露则可能会引发国家安全问题。

---

① 转引自：李伦. 数据伦理与算法伦理［M］. 北京：科学出版社，2019：71-80.

② 外部性又称为溢出效应，数据外部性是指一个数据主体引发的数据安全风险会给他人和社会带来在非数据层面上更为深远的影响。

于 2021 年 9 月 1 日起正式施行的《中华人民共和国数据安全法》（简称《数据安全法》）第三条第三款规定："数据安全，是指通过采取必要措施，确保数据处于有效保护和合法利用的状态，以及具备保障持续安全状态的能力。"《数据安全法》以基本法的形式明确了我国数据安全治理体系的顶层设计，从而有助于有效应对数据这一新兴领域的国家安全风险。《数据安全法》直接以"数据处理活动"作为管辖范围，第三条第二款明确了数据处理包括数据的收集、存储、使用、加工、传输、提供、公开等。《数据安全法》规范"数据处理活动"的主要条款如表 1-7 所示。

表 1-7　《数据安全法》规范"数据处理活动"的主要条款

相关制度	主要条款
数据分级分类保护	第二十一条第一款　国家建立数据分类分级保护制度，根据数据在经济社会发展中的重要程度，以及一旦遭到篡改、破坏、泄露或者非法获取、非法利用，对国家安全、公共利益或者个人、组织合法权益造成的危害程度，对数据实行分类分级保护。国家数据安全工作协调机制统筹协调有关部门制定重要数据目录，加强对重要数据的保护。
数据安全审查制度	第二十四条第一款　国家建立数据安全审查制度，对影响或者可能影响国家安全的数据处理活动进行国家安全审查。
重要数据风险评估制度	第三十条第一款　重要数据的处理者应当按照规定对其数据处理活动定期开展风险评估，并向有关主管部门报送风险评估报告。
数据出境管理制度	第三十一条　关键信息基础设施的运营者在中华人民共和国境内运营中收集和产生的重要数据的出境安全管理，适用《中华人民共和国网络安全法》的规定；其他数据处理者在中华人民共和国境内运营中收集和产生的重要数据的出境安全管理办法，由国家网信部门会同国务院有关部门制定。
数据歧视的对等措施	第二十六条　任何国家或者地区在与数据和数据开发利用技术等有关的投资、贸易等方面对中华人民共和国采取歧视性的禁止、限制或者其他类似措施的，中华人民共和国可以根据实际情况对该国家或者地区采取对等措施。

2. 国家安全审查

近年来我国数据监管水平逐渐提升，除了有针对数据处理进行管辖的《数据安全法》，还有《中华人民共和国国家安全法》（简称《国家安全法》）、《中华人民共和国网络安全法》（简称《网络安全法》）以及《网络安全审查办法》，它们共同构成了数据安全范畴下的法律框架。《国家安全法》强调，应对影响或可能影响国家安全的外商投资、特定物项和关键技术、网络信息技术产品和服务、涉及国家安全事项的建设项目等进行国家安全审查。《网络安全审查办法》《网络安全法》则将网络安全审查的对象进一步限定为关键信息基础设施的运营者，即要启动网络安全审查，其主体必须符合该要求。《网络安全法》第三十一条第一款规定："国家对公共通信和信息服务、能源、交通、水利、金融、公共服务、电子政务等重要行业和领域，以及其他一旦遭到破坏、丧失功能或者数据泄露，可能严重危害国家安全、国计民生、公共利益的关键信息基础设施，在网络安全等级保护制度的基础上，实行重点保护。关键信息基础设施的具体范围和安全保护办法由国务院制定。"公安部于2020年7月22日发布并于当日生效的《贯彻落实网络安全等级保护制度和关键信息基础设施安全保护制度的指导意见》（简称《意见》）进一步明确了关键信息基础设施确定标准，即"应将符合认定条件的基础网络、大型专网、核心业务系统、云平台、大数据平台、物联网、工业控制系统、智能制造系统、新型互联网、新兴通讯设施等重点保护对象纳入关键信息基础设施"。

根据滴滴在云平台、大数据平台、新型互联网等数据智能领域的商业模式本质，即其行业属性，可判断滴滴属于公路水路运输行业领域的关键信息基础设施的运营者。① 滴滴所处的"关键信息基

---

① 根据《意见》的规定，保护工作部门根据认定规则负责组织认定本行业、本领域关键信息基础设施，及时将认定结果通知相关设施运营者并报公安部。鉴于关键信息基础设施运营者涉及国家安全的高度敏感数据，关键信息基础设施运营者名单公示的可能性很小。

础设施的运营者"地位是对其实行法律审查的基础依据，这也体现了滴滴所获数据的特殊性。因此，对滴滴实行网络安全审查的法律依据的概括如表 1-8 所示。

表 1-8　对滴滴实行网络安全审查的主要法律依据

法律名称	具体条例
《网络安全审查办法》	第二条第一款　关键信息基础设施运营者采购网络产品和服务，网络平台运营者开展数据处理活动，影响或者可能影响国家安全的，应当按照本办法进行网络安全审查。 第三条　网络安全审查坚持防范网络安全风险与促进先进技术应用相结合、过程公正透明与知识产权保护相结合、事前审查与持续监管相结合、企业承诺与社会监督相结合，从产品和服务以及数据处理活动安全性、可能带来的国家安全风险等方面进行审查。
《中华人民共和国网络安全法》	第三十五条　关键信息基础设施的运营者采购网络产品和服务，可能影响国家安全的，应当通过国家网信部门会同国务院有关部门组织的国家安全审查。
《中华人民共和国国家安全法》	第五十九条　国家建立国家安全审查和监管的制度和机制，对影响或者可能影响国家安全的外商投资、特定物项和关键技术、网络信息技术产品和服务、涉及国家安全事项的建设项目，以及其他重大事项和活动，进行国家安全审查，有效预防和化解国家安全风险。
《中华人民共和国数据安全法》	第二十四条　国家建立数据安全审查制度，对影响或者可能影响国家安全的数据处理活动进行国家安全审查。依法作出的安全审查决定为最终决定。
《中华人民共和国密码法》	第二十七条第二款　关键信息基础设施的运营者采购涉及商用密码的网络产品和服务，可能影响国家安全的，应当按照《中华人民共和国网络安全法》的规定，通过国家网信部门会同国家密码管理部门等有关部门组织的国家安全审查。

3. 数据主权问题

数据主权（data sovereignty）问题往往是对企业进行国家安全审查的直接诱因。数据主权是指一个国家对其政权管辖地域范围内的个人、企业和相关组织所产生的数据拥有的最高权力（沈国麟，2014）。未来，拥有对海量数据开发、传播以及控制的主动权和主导权的国家，就拥有数据主权（齐爱民和盘佳，2015）。滴滴在招股说明书里明确披露了与数据相关的风险①，指出中国政府监管有可能导致公司面临罚款、停止商业运营、撤销执照，甚至是承担刑事责任。

处于信息技术领先地位的国家可攫取更大的权力，相应地，信息技术相对落后的国家则会失去很多权力（小约瑟夫·奈，2009）。滴滴所拥有的数据包括乘客主动产生的数据和被动留下的数据。在收集、存储、使用数据的过程中，滴滴积累了大量的国家级数据。2020年10月，一直使用第三方地图的滴滴注册了新商标"滴滴地图"，滴滴的司机和乘客每天会上报数十万量级的路况事件。基于生态事件运营发布平台和大数据、AI 技术，滴滴能实时更新生态数据，进一步为共享出行网络提供更好、更安全的出行体验，提升出行效率。目前，滴滴地图基础数据准确率已超 95%。② 滴滴在海量数据不断更新的背景下，持续收集关于城市交通、教育、医疗、行政资源分布的核心数据。滴滴除了拥有基础的出行数据和使用记录，还可通过数据分析进一步研判中国的大政方针、重大措施。③ 这些关乎国家基础设施建设和国家发展的底层数据，实际上构建了一个高度依赖于数据网络的国家安全信息体系。任何一个信息技术本身都可能存在安全漏洞，滴滴的潜在技术漏洞可能导致数据泄露、伪造、失真。如果滴滴将用户数据、地图信息以及使用过程中的国家统计数据等泄露至海外，实际上就相当于将国家的核心机密外露，这侵犯了国家的数据主权。

---

① 滴滴招股说明书中提到："我们的业务受各种有关数据隐私和保护的法律、法规、规则、政策和其他义务的约束。任何机密信息或个人数据的损失、未经授权的访问或发布都可能使我们面临重大的声誉、财务、法律和运营后果。"滴滴招股说明书对其数据安全等风险的描述有 60 多页。

② 资料来源：2020 年 10 月 30 日，柴华在中国测绘学会 2020 学术年会现场分享滴滴导航的技术实践。

③ 滴滴媒体研究院曾联合新华社新媒体中心，基于实时生成的移动出行大数据，发布了各部委在高温天的加班数据。

1.3　数据治理、海外上市与跨境应对

1.3.1　海外上市与跨境数据流动

跨境数据流动（transborder flows of personal data）这一概念最早是在 20 世纪 70 年代由经济合作与发展组织（OECD）提出的。随后，OECD 于 1980 年发布的《隐私保护与个人数据跨境流动指南》（Guidelines on the Protection of Privacy and Transborder Flows of Personal Data）将其定义为"跨越国境的个人数据移动"（G. Russell Pipe，1984）。数据跨境流动也被定义为企业或机构将在所在国产生和收集的各类数据，提供给其他国家和机构的行为（王斯梁等，2021）。自 2010 年以来，数据跨境流动规则的发展主要围绕组织（公共）数据的安全保障和合理利用展开（李思羽，2016）。我们认为，对跨境数据流动进行监管的核心意义在于维护国家数据主权，保障国家数据安全。

2020 年美国通过《外国公司问责法案》（Holding Foreign Companies Accountable Act），该法案对外国公司在美上市提出了额外的信息披露要求，规定任何一家外国公司若连续三年未能遵守美国公众公司会计监督委员会（PCAOB）的审计要求将被禁止上市。PCAOB 有定期检查在美注册的会计师事务所的权力，包括可以自由查阅审计工作底稿。同时，该法案还要求在美上市公司证明其不由外国政府拥有和控制，并要求发行人必须在 PCAOB 无法进行上述检查的每一年份，向美国证券交易委员会（SEC）披露国有股比例、属于中国共产党官员的董事的姓名等信息。该法案具有明显的证券监管政治化趋势（韩洪灵等，2020）。2020 年 3 月 1 日正式实施的修订后的《中华人民共和国证券法》（简称《证券法》）第一百七十七条规定："国务院证券监督管理机构可以和其他国家或者地区的证券

监督管理机构建立监督管理合作机制，实施跨境监督管理。境外证券监督管理机构不得在中华人民共和国境内直接进行调查取证等活动。未经国务院证券监督管理机构和国务院有关主管部门同意，任何单位和个人不得擅自向境外提供与证券业务活动有关的文件和资料。"可见，中美两方对于中概股提供和获取的数据口径要求不统一，这加大了中国企业海外上市的难度，甚至会倒逼已在海外上市的企业从美国证券市场退市。在某种程度上，美方对中概股的一系列监管的本质是裹挟于治理和管制外衣下对我国国家安全的潜在侵害。

美国《外国公司问责法案》的发布导致以滴滴、满帮、BOSS直聘为代表的这一类拥有海量数据的中概股企业面临更加严峻的生存挑战，它们既受制于《外国公司问责法案》的新规定，又要考虑基于跨境数据流动的数据安全监管和跨境监管合作问题。以滴滴为例，其因海外上市可能导致数据跨境流动，进而会引发一系列新的问题，如个人隐私泄露和国家安全问题。此外，为解决这些问题，企业也需要付出更多的管理成本、安全成本和经济成本。

1.3.2 跨境数据治理：前置审批程序、长臂管辖原则与跨境数据流动监管合作

针对海外上市企业跨境数据流动引发的潜在风险，有必要在企业海外上市之前设置合理的境内前置审批程序以及在海外上市之后设置合理的境内长臂管辖①原则，并在此基础上完善针对海外上市企业的跨境数据流动监管合作。

1. 海外上市之前：设置必要的前置审批程序

滴滴上市采用的是"小红筹"模式②，这是境内民营企业海外

---

① 我国国务院于2018年9月发布的《关于中美经贸摩擦的事实与中方立场》白皮书曾明确指出："'长臂管辖'是指依托国内法规的触角延伸到境外，管辖境外实体的做法。"

② "小红筹"模式是指由境内自然人在开曼群岛成立控股公司（由境内自然人控制），把境内的经营性主体变成境外控股公司的子公司或可变利益实体，然后再通过境外控股公司进行融资或完成上市的模式。这也就意味着上市的主体是注册在开曼群岛的境外公司，其接受注册地的法律监管。

上市普遍采用的模式。由于上市主体注册地在海外，目前中国证监会没有权限对其进行审批，也未设置相关的境内前置审批程序。①滴滴正是充分利用了前置审批程序这一缺口，成功避开了掌握国家核心数据的关键信息基础设施的敏感身份，"快速且低调"地在海外上市。

对海外上市中国企业设置合理的境内前置审批程序可以更好地规范海外上市企业的后续发行行为，尽早发现违法违规行为。具体来说，境内前置审批程序可以在上市前审核企业的基本情况，尤其是对于滴滴这一类握有国家敏感数据的企业，可以审核企业的特殊数据，以确定企业在海外上市后是否会因数据泄露引发国家安全风险。

2. 海外上市之后：设置合理的境内长臂管辖原则

中国未来的数据保护立法应结合数据产业的特点，明确立法旨意，形成内外联动，在国际互联网和数据治理中采取积极有为的态度，掌握该领域的话语权（叶开儒，2020）。对于具有海量数据的中概股企业，需确保企业上市后的数据使用合规，出于对国家数据安全的保护，这就需要落实对海外上市企业数据的长臂管辖。

《数据安全法》首次确认了对数据的长臂管辖权，其中第三十六条明确规定："中华人民共和国主管机关根据有关法律和中华人民共和国缔结或者参加的国际条约、协定，或者按照平等互惠原则，处理外国司法或者执法机构关于提供数据的请求。非经中华人民共和国主管机关批准，境内的组织、个人不得向外国司法或者执法机构

---

①　与"小红筹"对应的一种模式即"大红筹"，是指我国境内大型国有企业赴美上市的模式。根据国务院于 1997 年 6 月 20 日发布的《关于进一步加强在境外发行股票和上市管理的通知》，这些企业需履行行政审批或备案程序，采取收购、换股或行政划拨等方式，将境内企业权益注入境外资本运作实体之中，以实现境外资本运作实体在境外进行私募股权融资或公开发行上市的目的。比如，中国五矿、中国粮油、上海实业等均采用了此种模式。但 2003 年出台的《中华人民共和国行政许可法》明确规定未经法律和行政法规授权，不设行政许可项目，取消无异议函事项。自此以后，鲜有大型的国企、央企以"大红筹"模式赴美上市。

提供存储于中华人民共和国境内的数据。"《证券法》也确立了长臂管辖原则，其中第二条第四款规定："在中华人民共和国境外的证券发行和交易活动，扰乱中华人民共和国境内市场秩序，损害境内投资者合法权益的，依照本法有关规定处理并追究法律责任。"此外，在滴滴事件发生后，2021 年 7 月 6 日，中共中央办公厅、国务院办公厅联合发布了《关于依法从严打击证券违法活动的意见》，该意见强调"加强中概股监管。切实采取措施做好中概股公司风险及突发情况应对，推进相关监管制度体系建设"，"建立健全资本市场法律域外适用制度。抓紧制定证券法有关域外适用条款的司法解释和配套规则，细化法律域外适用具体条件，明确执法程序、证据效力等事项。加强资本市场涉外审判工作，推动境外国家、地区与我国对司法判决的相互承认与执行"。

3. 加强针对海外上市企业的跨境数据流动监管合作

在跨境数据流动的问题上，我国既有对等反制数据流向外国的法律工具需求，又有强烈的经济发展对现实法律保障的需求。跨境数据流动涉及的部门多、链条长，国家之间或国家与地区之间监管协调难度较大（马其家和李晓楠，2021）。一直以来，我国跨境证券监管合作虽在多种协作形式上有所涉及，但有效协作方式还比较单一（韩洪灵等，2020）。自《外国公司问责法案》实施以来，对于解决中美双方长期争执的审计工作底稿问题，中方一直呼吁通过中美跨境监管合作的形式解决，但收效甚微。

各国出于对数据行业发展、隐私保护传统、国家立场和国家安全观念等核心议题的考虑，对数据出境实施了不同水平的限制（冯洁菡和周濛，2021）。在海外上市跨境数据流动的背景下，数据的跨境监管合作也成了缓解跨境数据流动问题的有力举措。前述《关于依法从严打击证券违法活动的意见》也强调了进一步加强跨境监管执法司法协作，包括"完善数据安全、跨境数据流动、涉密信息管理等相关法律法规"，并提出"进一步深化跨境审计监管合作"，"探索加强国际证券执法协作的有效路径和方式"。

第 2 章　复杂属性
与估值伦理

在现代化经济体系中，企业的金融属性与科技属性相互交织、深度融合，共同孕育出金融科技（FinTech）与科技金融（TechFin）这两个独特且复杂的概念。这种金融与科技属性的交织，不仅改变了传统金融行业的运作模式，也为企业估值伦理带来了新的挑战和机遇。一方面，科技金融企业的估值需要充分考虑其技术创新能力和市场潜力，以及科技如何驱动金融业务的发展；另一方面，金融科技企业的估值则需要关注其金融服务的创新性和风险管理能力，以及金融如何支持科技企业的成长和扩张。

2020 年 11 月 3 日，上海证券交易所（简称上交所）和香港联合证券交易所（简称港交所）先后发布公告：暂缓蚂蚁科技集团股份有限公司（简称蚂蚁集团）[①] A＋H 股上市，引发市场一片

---

① 2020 年 7 月 20 日，蚂蚁集团宣布计划在上交所和港交所同步发行上市。而此前不久，"浙江蚂蚁小微金融服务集团股份有限公司"更名为"蚂蚁科技集团股份有限公司"，以"科技集团"替代"金融服务"，强调科技属性的意味较为明显。

哗然。就在发布公告的前一天（2020 年 11 月 2 日），中国人民银行、中国银保监会、中国证监会、国家外汇管理局对蚂蚁集团实际控制人马云、董事长井贤栋、总裁胡晓明进行了"监管约谈"。同日，中国银保监会与中国人民银行联合发布《网络小额贷款业务管理暂行办法（征求意见稿）》（简称《网络小贷办法》），对网络小贷业务监管范围、对外融资、贷款金额等做出了更为严格的监管规定。2020年 11 月 10 日，市场监管总局发布《关于平台经济领域的反垄断指南（征求意见稿）》（简称《反垄断指南》）公开征求意见，针对平台经济这一领域的《反垄断指南》将矛头对准了包括蚂蚁集团在内的居于平台经济主导地位的互联网企业巨头。从"监管约谈"到《网络小贷办法》出台，再到《反垄断指南》发布，无不在向市场释放一个强烈的信号：蚂蚁集团这一类前期缺乏监管的科技金融企业，将迎来强监管的时代。对于此类企业的合理估值成为必然要求。

作为全球科技金融行业最大的独角兽，蚂蚁集团原 IPO 计划总市值约 2.1 万亿元，若按原计划顺利上市，其 IPO 估值约占当时科创板总市值的 40%。2.1 万亿元的估值是简单参照科技企业标准确定的，然而，由于蚂蚁集团具有"金融＋科技"的复杂属性，且国内外缺乏可完全对标的参照企业，该高估值被认为是估值方法论缺陷和当前我国资本市场总体伦理水平较低共同导致的，扭曲的估值水平可能会对资本市场产生长期的不利经济后果与负面示范效应。

本章旨在辨析金融科技与科技金融概念内涵，以蚂蚁集团为案例公司，探讨商业模式变革对企业属性判断以及对企业估值方法选择的影响与挑战，并进一步探讨如何构建能够适应企业复杂属性的估值逻辑体系，并据此形成独具特色的估值伦理。本章的研究可以为读者提供一个深入理解企业内在价值的视角，助力读者在快速变化的商业环境中做出更加精准的判断与决策。

2.1 金融属性与科技属性

2.1.1 金融科技与科技金融的概念界定

企业的金融属性与科技属性的区别相对直观，主要在于它们各自所侧重的领域究竟是金融业务还是科技业务。然而，当这两者交织在一起，形成了金融科技与科技金融这两个概念时，问题就变得复杂且模糊了。

迄今为止，金融科技与科技金融是两个模糊且未被清晰定义的概念，在学术界与实务界被广泛交替使用。根据金融稳定理事会（Financial Stability Board）的定义，金融科技是指新兴前沿技术（如大数据、区块链、云计算、人工智能等）驱动产生的新业务模式、应用、产品或服务，它们对金融市场、金融服务业务的提供方式产生了重大影响。2019 年 8 月，中国人民银行印发的《金融科技（FinTech）发展规划（2019—2021 年）》指出，金融科技是技术驱动的金融创新。金融科技带来了一种新范式，对传统金融业带来了颠覆性的创新（董昀和李鑫，2019）。时任美联储副主席 Quarles（2019）认为，金融科技是科技驱动型的金融创新，金融服务供给发生了实质性变化。

金融科技是一场金融信息传输、接收、分析和处理技术的革命（孙国峰，2019）。金融科技是以大数据、云计算、人工智能、区块链以及移动互联为引领的新技术革命对金融领域边界的拓宽和重构；其参与主体主要为互联网企业、科技企业等技术驱动企业；金融科技的应用重塑了传统金融业务场景，优化了金融生态，极大增加了金融服务的广度和深度（李春涛等，2020）。金融科技的具体含义在不同背景下存在差异，有时是指对现行金融业务的数字化或电子化，如网上银行、手机银行等；有时是指可以应用于金融领域的各类新技术，如分布式账本、云计算、大数据等；有时则指涉足金融领域、与现有金融机构形成合作或竞争关系的科技企业或电信运营商（李文红和蒋则沈，2017）。可见，对于金融科技企业来说，科技可能颠覆传统的金融业务，使传统的金融业务发生实质性变化；但作为专门的金融科技企业，其核心业务应该是主要为其他企业提供创新金融的技术解决方案，而其本身并不一定直接提供创新金融服务，即要求该类企业的价值创造关键点脱离传统金融服务范畴，或其盈利的主要来源应为金融科技服务（赋能）。

科技金融则具有更为丰富的内涵。当前，对科技金融的定义主要从宏观层面入手。科技金融的内核为一种金融资本有机构成提高的过程，即同质化的金融资本通过科学技术异质化的配置，获取高附加回报的过程（房汉廷，2010）。科技金融并非现有金融体系外的一个独立部分，而是关于如何把金融资源与创新要素更好地实现组合的制度与政策安排（王元，2014）。科技金融是促进科技研发、成果转化和高新技术企业发展的一系列金融工具、金融制度、金融政策及金融服务的系统性、创新性安排（赵昌文等，2009）。科技金融具有平台属性，科技金融依托创新平台，对创投、银行、保险、证券、担保等其他金融资源进行整合创新，为科技型企业提供金融资源（李心丹和束兰根，2013）。科技金融是由科技创新主体、服务平台、金融市场、政府政策等组成的有机整体（徐涛等，2019）。

对比金融科技和科技金融两个概念，金融科技是科技跨界金融的产物，而科技金融是金融在技术上的跨界应用，即金融科技立足于科技，科技金融立足于金融（侯世英和宋良荣，2020）。总体而言，科技金融在企业层面的落脚点仍在于金融，即通过融合科技创新的金融业态和金融产物，达到提供金融服务的目的。从企业层面来看，我们认为，科技金融企业更适合被定义为这样一类"金融创新企业"，即依托技术赋能，通过技术创新现有的金融产品、金融服务、金融模式以及金融生态，从而实现高额的潜在性利润，但业务的金融本质不会发生变化。技术创新只是将新的信息形态，以新的信息处理方式，引入金融中介活动，没有改变基于信息处理的金融中介模式（张非鱼，2020）。简言之，科技金融企业即是提供科技驱动的金融服务的企业。

2.1.2 商业模式与属性判断

对于融合了金融与科技两个业务属性的企业来说，要想判断企业的本质属性，首先要判断其商业模式中哪类属性占据主导权。以蚂蚁集团为例，其基本的金融业务模式包括存款、贷款、支付、保险、承销、代销等。从蚂蚁集团招股说明书公布的业务和收入结构可以发现，蚂蚁集团的收入来源于数字支付与商家服务、数字金融科技平台（包括微贷科技平台、理财科技平台、保险科技平台）、创新业务及其他这三个部分，见表 2-1。

表 2-1 蚂蚁集团业务和收入结构　　金额单位：百万元

项目	2020 年 1—6 月		2019 年	
	金额	占比	金额	占比
数字支付与商家服务	26 011	35.86%	51 905	43.03%
数字金融科技平台	45 972	63.38%	67 784	56.20%
创新业务及其他	544	0.75%	930	0.77%
合计	72 527	100.00%*	120 619	100.00%
项目	2018 年		2017 年	
	金额	占比	金额	占比
数字支付与商家服务	44 361	51.75%	35 890	54.88%
数字金融科技平台	40 616	47.38%	28 993	44.33%
创新业务及其他	745	0.87%	514	0.79%
合计	85 722	100.00%	65 397	100.00%

注：＊上述占比之和不为 100.00% 是四舍五入所致。
资料来源：蚂蚁集团招股说明书（注册稿）。

在表 2-1 中，数字支付与商家服务作为蚂蚁集团业务的支付板块，融合了多种功能的数字钱包，以支付宝为载体，致力于通过对生活支付场景的全覆盖来吸引长期用户。该收入主要来自公司在国内商业交易、跨境商业交易以及个人交易中，按照交易规模的一定百分比收取的交易服务费。① 该业务的本质无异于传统金融机构以中介身份提供的支付业务。由于数字金融科技平台板块收入快速增长，数字支付与商家服务的占比从 2017 年的 54.88% 逐年降低至 2020 年 1—6 月的 35.86%。

数字金融科技平台作为蚂蚁集团业务的核心板块，其价值创造源于数字支付与商家服务板块的流量转化。该板块自 2019 年起超过数字支付与商家服务板块，并于 2020 年 1—6 月收入占比提高至 63.38%。具体来看，数字金融科技平台又可分为微贷科技平台、理财科技平台、保险科技平台，各平台收入情况如图 2-1 所示。

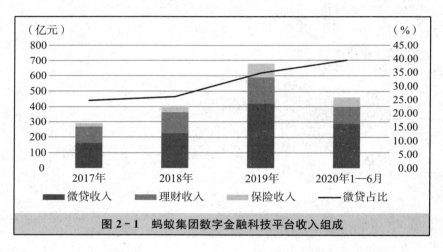

图 2-1 蚂蚁集团数字金融科技平台收入组成

在图 2-1 中，微贷科技平台主要按照金融机构等合作伙伴相应获得利息收入的一定百分比收取技术服务费，该收入与公司平台促成的消费信贷及小微经营者信贷余额相关。所谓的技术服务费，本质上是基于赚取利息的贷款服务所衍生的收入；理财科技平台主要通过向客户代销各类金融理财产品，收取代销费用，其本质是代销服务；保险科技平台则通过代销传统保险业务而收取代销费用来盈利。可见，数字金融科技平台下的微贷业务、理财业务、保险业务实际均未脱离传

———————

① 资料来源：蚂蚁集团招股说明书（注册稿）。

统金融业务的范畴。其中，微贷业务是数字金融科技平台最主要的增长动力，仅 2020 年上半年微贷科技平台营收达 285.86 亿元，占蚂蚁集团总营收（725.27 亿元）的 39.41%，且呈现逐年上涨的趋势。

在表 2-1 中，创新业务及其他旨在为各类企业和合作伙伴提供创新技术服务。我们认为，此类业务属于标准的金融科技企业核心业务，如区块链和数据库服务等。但截至 2020 年 6 月，蚂蚁集团提供金融技术服务的收入占比不足 1%，创新业务及其他作为蚂蚁集团未来的业务发展方向，短期无法成为蚂蚁集团主要的盈利来源，更无法颠覆蚂蚁集团当前商业模式的基础属性——金融属性，即根据当时背景，蚂蚁集团的科技金融属性远甚于其金融科技属性。

总体而言，从蚂蚁集团年报公布的主要业务模式（支付模式、微贷模式、保险模式、理财模式）来看，蚂蚁集团并未超出现有金融体系的业务范畴和功能领域，其当前收入的主要来源并非金融科技服务。蚂蚁集团不断催生出的金融产品、金融服务、金融模式以及金融生态等新金融业态，并未脱离金融范畴，其本质仍是一家科技驱动的金融企业（以 TechFin 范畴为主）。换言之，蚂蚁集团首先应属于金融企业，但其金融服务供给模式和商业运营模式又明显有别于其他传统金融企业，主要表现在以下几个方面：

蚂蚁集团的生态战略（ecological strategy）或平台战略（platform strategy）导致边际成本递减，从而产生长尾效应（long tail effect）①。蚂蚁集团以一站式金融服务平台著称，重点围绕客户、场景、资金、技术打造金融生态战略下的创新的商业模式。蚂蚁集团价值创造的第一要义在于金融生态的构建，其布局始于"支付＋场景"下的客户引流。截至 2020 年年底，蚂蚁集团拥有围绕用户消费体验升级的

---

①　2004 年 10 月，美国《连线》杂志主编克里斯·安德森（Chris Anderson）在他的文章中第一次提出长尾理论。他认为，商业和文化的未来不在热门产品上，也不在传统需求曲线的头部，而在需求曲线中那条无穷长的尾巴上。长尾效应的本质在于强调个性化、客户力量和小利润大市场，也就是要赚很少的边际利润，但是要赚很大的总利润（因为客户数量非常多），即将市场细分到很细很小的时候，就会发现这些细分市场的累加会带来明显的长尾效应，也就是将所有非流行（主流）的市场累加起来就会形成一个比流行（主流）市场更大的市场。

全球支付、生活缴费、环保公益、信用免押、挂号看病等丰富的应用场景，已成功吸引了 8.6 亿活跃用户；具体商业场景的不断衍生也持续拓展了金融服务的需求。蚂蚁集团金融生态所呈现的这些"现象级"成果，不仅在微观层面极大地降低了金融服务的边际成本，还在中观层面促进了传统金融机构加快战略思维变革，更在宏观层面改变了中国金融市场的演化进程及监管机制。

不同于主张"二八定律"① 的传统金融企业，蚂蚁集团的生态战略或平台战略更加关注大量"尾部"个体的商业价值创造，如吸纳消费信贷领域用户的花呗、借呗，以及定位中小微企业的网商银行等，蚂蚁集团重视通过发挥长尾效应致力于实现普惠金融②。随着普惠金融带来的用户数量增长，蚂蚁集团可以成功弱化金融敞口并强化能力输出，导致其边际成本快速递减而边际利润快速上升，这就是科技金融属性所展现出来的价值创造。

注重金融科技的能力输出，即通过对传统金融机构融入互联网等技术赋能创造收入，这就是金融科技属性的价值创造。蚂蚁集团借助 BASIC③ 等基础信息技术的赋能，重点关注区块链和分布式技术，加大技术研发和创新，融合技术、客户和场景构建输出能力，打造跨技术、跨行业的数字金融科技平台；利用互联网平台效应，助力合作机构的金融业务开展，在赋能过程中创造收入。同时，蚂

---

① "二八定律"又名 80/20 定律、帕累托法则（Pareto's principle），在传统金融行业中指的是将重心放在中高端客户上，即以 20％的客户来创造 80％的利润。

② 也有批评的声音指出，由于蚂蚁集团可以服务传统金融机构无法覆盖的金融对象，其金融便捷性以及由此带来的议价能力使"普惠金融"演变成"普贵金融"或者"普而不惠"。以蚂蚁集团的花呗为例，其日利率在万分之四左右，折合年利率约 14.6％，而同期四大银行一年以内（含一年）的贷款利率为 4.35％、一年以上五年以内（含五年）的贷款利率为 4.75％、超过五年的贷款利率为 4.9％。因此，与传统银行相比，蚂蚁集团贷款利率明显过高，存在"高利贷"之嫌，再叠加其边际成本趋于零的特征，蚂蚁集团的利润表呈现出"暴利"特征，这将诱发政府对互联网网贷平台的反垄断管制。但我们仍然相信，蚂蚁集团的生态或平台战略使其具备"普惠"的能力，最终是否"真实普惠"取决于其在使命、盈利需求与商业伦理之间是否取得恰当的平衡。

③ 包括 block chain（区块链）、AI（人工智能）、security（安全）、IoT（物联网）和 cloud computing（云计算）。

蚁集团开始关注海外布局和全球布局，注重金融科技对外输出，通过高效的外延发展实现国际化布局下的海外复制，并通过协同金融产品、科技输出产品加强国际合作，助力国际金融的可持续发展。尽管蚂蚁集团的创新业务尚处于初期发展阶段，但具有较快的发展速度，如蚂蚁链[①]，从 2016 年到 2020 年连续四年位居全球区块链专利申请数第一，自 2019 年开始商业化并产生收入，具有强劲的发展势头。

　　表外数字资产驱动的蚂蚁集团盈利模型呈现出与传统金融机构不一样的特征。蚂蚁集团呈现出典型的"轻"资产负债表及"重"利润表的特点，在弱金融监管环境下可以在无须扩表的前提下实现盈利的持续提升（韩洪灵，2020），即以表外数字资产驱动盈利增长。以蚂蚁集团的微贷业务为例，其微贷资金中只有很小一部分来源于资产负债表（表内）的自有资金、贷款融资，而大部分来源于表外的资产证券化（asset-backed securities，ABS)[②]、助贷与联合贷款。截至 2020 年 6 月 30 日，蚂蚁集团招股说明书中披露的微贷科技平台促成的信贷余额达 2.15 万亿元[③]；而在 2017 年，该平台促成的信贷余额仅为 6 475 亿元。在这 2.15 万亿元的信贷余额中，计入招股说明书合并资产负债表[④]内"发放贷款和垫款"项目的金额仅为 362.42 亿元，占比仅为 1.69％。即使加上蚂蚁集团的两家小贷公司[⑤]的 ABS 发行及蚂蚁生态内的网商贷款，发放的贷款规模仍仅

---

　　①　即蚂蚁区块链，融合了区块链、人工智能物联网（AIoT）、智能风控等技术，在电子票据、物流运输、版权保护、跨区出行等众多场景中都有运用。

　　②　资产证券化是以项目所属的资产为支撑，以项目资产的预期收益为保证，通过在资本市场发行债券来募集资金的一种项目融资方式。

　　③　各期末公司平台促成的消费信贷或小微经营者信贷余额，包括金融机构合作伙伴（含网商银行）和公司控股的金融机构子公司的相应信贷余额，以及已完成证券化的信贷余额。

　　④　资产负债表内"发放贷款和垫款"项目的余额仅包括各期末公司通过合并范围内的子公司（主要为蚂蚁商诚、蚂蚁小微、商融保理）发放的自营贷款余额。

　　⑤　两家小贷公司分别指重庆市蚂蚁商诚小额贷款有限公司及重庆市蚂蚁小微小额贷款有限公司。

占总信贷余额的 10% 左右，剩下的 90% 均由蚂蚁集团的助贷或联合贷款①功能来实现。

2.2 商业模式与估值方法

企业的商业模式影响着对企业所采用的估值方法，不同的商业模式可能关联着不同的盈利模式和成长潜力，从而直接影响到估值时的核心参数设定，因而针对不同的商业模式往往需要采用不同的估值方法来更准确地反映其内在价值。随着近年来技术赋能带来的商业模式变革，传统的企业估值方法面临着前所未有的挑战，这种变革不仅重塑了企业的运营方式、盈利模式和市场竞争格局，还深刻影响了估值所需考虑的核心要素和评估逻辑。即使是同一属性下的科技金融企业，也会因其业务特征和创新技术不同而无法采用单一且固定的方式进行估值。

现有的科技金融企业估值方法主要包括以下三类：（1）以市场比较法、收益法（如股利贴现模型（DDM）、股权自由现金流（FCFE）模型、公司自由现金流（FCFF）模型）和期权法（如 Black-Scholes 模型）等为代表的传统估值方法②；（2）对传统方法的修正与组合，如剩余收益估价（residual income valuation）模型、经济增加值（EVA）、FCFE 模型与蒙特卡洛模拟相结合等；（3）以梅特卡夫定律（Metcalfe's law）为代表的科技企业估值方法。从单个估值方法来看，无论是传统估值方法、对传统方法的修正与组合，还

---

① 截至 2020 年 6 月 30 日，蚂蚁集团平台促成的消费信贷余额总计 17 320 亿元，其中 98% 的信贷余额由金融机构合作伙伴实际进行贷款发放。蚂蚁集团通过助贷、联合贷款促成的消费信贷，仍需要全面参与贷款审批、风险管理、支用及还款等流程。如果缺乏有效的金融监管，同蚂蚁集团自身借贷一样，助贷、联合贷款也会产生过度借贷、重复授信、不当催收、畸高利率等金融风险。

② 传统估值中的成本法明显不适用于具有大量表外资产的金融科技企业，会显著低估金融科技企业的价值。

是科技企业估值方法，都不能完全适用于类似于蚂蚁集团的科技金融企业的估值。现有估值模型简介、局限性及与蚂蚁集团不匹配性分析如表 2-2 所示。

表 2-2　现有估值模型简介、局限性及与蚂蚁集团不匹配性分析

评估方法	模型公式	模型介绍	局限性及与蚂蚁集团的不匹配性
市场比较法	$V = X \times V_0 / X_0$	选择相同或类似的可比企业进行对比修正以评估目标企业价值。X 作为估值倍数，可选取市盈率（PE）、企业价值/息税前利润（EV/EBIT）、市净率（PB）、市销率（PS）、企业价值/息税折旧摊销前利润（EV/EBIT-DA）等方法	该类方法是通过与可比企业比较来进行估值，对于蚂蚁集团这一类大体量的科技金融企业来说，由于缺乏可比企业，其应用受到限制
收益法	$P = \sum F_t / (1+r)^t$	将未来一段时间内的预期收益折为现值。影响模型的关键指标是现金流和折现率。用以评估具有稳定经营特质的高盈利企业（Modigliani & Miller, 1958）	企业的预期收益和折现率难以估计，且仅以短期业务现金流流入无法完全反映蚂蚁集团这类高成长性企业的价值
期权法	$C_0 = S_0 [N(d_1)] - PV(X)[N(d_2)]$ $d_1 = \left[\ln \left(\dfrac{S_0}{X} \right) + \left(r + \dfrac{\sigma^2}{2} \right) t \right] / \sigma \sqrt{t}$ $d_2 = d_1 - \sigma \sqrt{t}$	Black & Scholes (1973) 推导的 BS 金融期权定价模型推动了后期实物期权定价模型的发展。期权法是充分考虑企业未来投资时机中拥有选择权所创造的价值，进而评估企业价值的一种方法	该模型是对现实问题的简化和抽象，在数据获取上有一定的难度，在实际运用中相对比较复杂和烦琐，更不适用于一直处于金融重塑过程中的蚂蚁集团

续表

评估方法	模型公式	模型介绍	局限性及与蚂蚁集团的不匹配性
剩余收益估价模型	$PV_0 = BV_0$ $+ \sum RI_t \times (1+r)^{-t}$	Preinreich（1938）基于股利定价模型提出剩余收益估价模型，由于证券市场缺乏有效数据，无法验证。Ohlson（1995）经过分析研究，提出企业价值为会计净资产与企业预期未来剩余收益之和	该模型中决定股票市值大小的两个变量均与净资产有关，净资产金额准确与否，直接关系到估值的有效性（黄世忠，2020），因此不适用于具有大量表外资产的新科技金融企业
EVA	$EVA = NOPAT - TC \times WACC$	EVA 是由 Stern Stewart 咨询公司推出的一种全新的价值分析和绩效评价指标。EVA 是指企业税后净营业利润与资本成本之间的差额	蚂蚁集团有大量表外资产，该模型仅依据营业利润与资本成本，无法完全作为价值的可靠参考
FCFE 模型与蒙特卡洛模拟相结合	蒙特卡洛模拟是基于概率和统计的方法，估计依据若干概率输入变量而产生的结果变量分布（杨桦，2012）	结合蒙特卡洛模拟，将 FCFE 模型中的每个参数调整为与取值范围内的某个概率相对应，以考虑到市场的不确定性。Schwartz & Moon（2010）运用蒙特卡洛模拟对亚马逊进行估值，认为增长率是互联网企业价值的决定因素	该模型通过蒙特卡洛模拟对 FCFE 模型估值进行了优化，但仍未考虑对企业金融生态、科技附加值的计量
梅特卡夫定律	$V = K \times N^2$	乔治·吉尔德（1993）认为一个网络的价值等于该网络内的节点数的平方，而且该网络的价值与联网的用户数的平方成正比。其中，K 为价值系数，N 为用户数量	该模型适用于互联网企业，无法体现蚂蚁集团金融业务的价值计量

在商业模式方面，借助 BASIC 等基础信息技术的赋能，蚂蚁集

团的商业模式布局始于数字支付下的技术支持；随后不断延展至环保公益、信用免押、挂号看病等丰富的数字生活服务领域，成功达到引流目的；进而通过数据驱动的金融服务，逐步形成了微贷、理财、保险三大平台业务，实现了数字金融流量变现，这也是当前蚂蚁集团营收增长的主要来源。在普惠金融目标的驱动下，蚂蚁集团所定位的优质长尾客户呈现爆发式增长，为强大的协同效应和良性循环的金融生态的构建提供了有力支持。未来，蚂蚁集团还将基于其金融生态下的大数据特色，充分利用数据库、区块链等智能技术来进行金融创新，拓展创新业务。

综合表 2-2 的分析，鉴于蚂蚁集团自身的商业模式特点，现有估值模型的直接运用会产生诸多局限性及与蚂蚁集团的不匹配性，蚂蚁集团现有的 IPO 估值体现了严重的估值逻辑扭曲。[①] 长期而言，扭曲的估值逻辑会给资本市场带来不利的经济后果与负面示范效应：

（1）蚂蚁集团原定的 2.1 万亿元估值显然是简单地参照科技公司的估值模型来确定的，体现了典型的重"科技属性"轻"金融属性"的估值导向，这在很大程度上偏离了蚂蚁集团当前商业模式的本质，即"主要的科技金融属性＋次要的金融科技属性"。

（2）蚂蚁集团现有的 IPO 估值未充分考虑所处的金融监管环境变革所产生的系统性影响，未将金融风险、技术风险等风险要素纳入对蚂蚁集团价值的重大修正中。

（3）蚂蚁集团现有的 IPO 估值在方法论上未体现蚂蚁集团金融生态的估值哲学。在普惠金融目标驱动下，"金融＋科技＋生态战略"的组合使得蚂蚁集团具备产生长尾效应的能力，对蚂蚁集团的估值不能简单地将各分部价值相加获得，需要考虑蚂蚁集团在金融生态下的协同效应，这是一个新的估值理论问题。

---

① 我们认为，当前中国资本市场对蚂蚁集团的估值扭曲逻辑存在一定程度的"有意视而不见"，这一现象的产生在本质上是由当前中国资本市场的总体伦理水平决定的。

2.3 多重属性与估值伦理

2.3.1 科技金融属性风险

互联网平台存款具有开放性、利率敏感性高、以异地客户为主、客户黏性低、可随时支取等特征，存款稳定性远低于线下（孙天琦，2020）。相较于传统金融企业，互联网平台的引入，使得企业的微观金融属性风险被进一步放大，此类新金融企业面临更为严峻的金融风险。以蚂蚁集团为例，具体包括：

（1）流动性风险。蚂蚁集团通过大量表外融资的方式开展金融业务，削弱了自身应对不良贷款的流动性能力。

（2）客户风险。蚂蚁集团主要定位于年轻一代和优质长尾客户，而无论是年轻一代的超前消费理念还是长尾客户的过度借款行为都会增加企业借贷的违约率，从而对企业借贷、消费等基础金融业务产生负面影响。

（3）信用风险。在传统金融企业中，信用风险主要指一方违约所带来的风险。对于基于大数据的科技金融企业来说，信用风险还包括因信用评估模型的数据质量和完整性有限，从而产生的数据误用及数据泄露风险，这些都会影响蚂蚁集团依赖客群信用业务的展开。

数字金融极大地改变了金融服务的提供方式和金融产业格局，这些新型金融服务提供商必然会对金融稳定产生影响（孙天琦，2020）。同时，这些金融服务提供商也会受到系统性金融风险的影响。系统性风险由多种内外部因素引起，会对企业所处的金融环境造成冲击。科技金融企业的高杠杆融资方式会在行业中快速集聚风险，这种高杠杆的融资会导致极大的风险隐患，一旦底层借款人发生违约，就可能诱发系统性金融风险。

良好的金融监管环境是科技金融企业健康、有序发展的基础保障。互联网金融的本质仍没有超越金融范畴，金融监管框架意在投资者保护（赵渊和罗培新，2014）。在传统监管环境下，对具有技术加持的科技金融企业往往存在监管力度不足、监管滞后，甚至部分业务监管空白等问题。监管力度不足的原因在于无法充分估计互联网平台的技术影响。以蚂蚁集团为代表的科技金融企业所提供的第三方服务的频率、程度都不同于传统金融机构，这使得传统金融监管对蚂蚁集团的作用会明显减弱，并伴随服务规模的不断增大而形成新的风险。监管滞后源于难以同金融科技更新速度匹配，不仅限于监管能力滞后，还包括配套监管数据的缺失、数据真实性问题以及潜在的隐私问题。监管空白伴随着新金融业务的新形式、新技术、新业态产生，监管真空区存在大量的金融隐患。以新金融企业的加密资产和数字货币为例，该类资产不受地理边界的约束，可能助长跨境套利行为，如果没有国际监管协作，一国的监管规定在另一国境内难以发挥作用（孙天琦，2020）。

　　科技金融面临着金融与科技的双维度风险，坚持科技治理与法律治理相结合的监管体系能及时、有效地应对各类风险（刘江涛等，2019）。金融业务风险是科技金融企业的主要风险，金融业务会受到金融监管环境变化的直接影响，严监管环境会使具有金融属性的企业原有的业务模式发生调整，甚至限制部分业务的发展。以蚂蚁集团受到《网络小贷办法》的影响为例：

　　（1）《网络小贷办法》规定，在单笔联合贷款中网络小贷公司的出资比例不得低于 30%。在此之前，并未对经营网络小额贷款业务的小额贷款公司的最低出资比例做出限制，这就使得蚂蚁集团的蚂蚁小贷以 360 亿元表内贷款驱动了 18 000 亿元联合贷款[①]，以 1%～2% 的出资比例撬动的联合贷款留下了潜在的金融风险。调整过后，蚂蚁集团面临增加出资比例或者降低融资规模的压力。

――――――――――

　　①　该数据根据蚂蚁小贷业务 2020 年以前的数据测算得出。

（2）《网络小贷办法》规定，经营网络小贷业务的公司所使用的互联网平台运营主体的注册地与该小额贷款公司的注册地要在同一省、自治区、直辖市行政区域内。在此之前，鉴于不同省市的融资杠杆差异①，蚂蚁集团选择在重庆注册小额贷款公司牌照，然后通过互联网在全国开展小贷业务。此行为在其他省份严格来讲属于非法金融活动，不属于监管范畴。调整过后，蚂蚁集团需要同步支付宝或两家网络小贷公司的注册地，以遵循同一注册地点的相关规定。

（3）《网络小贷办法》对贷款金额和贷款用途做了进一步限定。具体来说，限制自然人户均贷款余额上限为30万元或其最近3年年均收入的三分之一，法人和其他组织及其关联方户均贷款余额不超过100万元；要求网络小贷公司明确约定并监控贷款者的贷款用途，而且贷款者获得的贷款不能用于债券投资、股票投资、购房等。这要求蚂蚁集团进一步加强对贷款业务金额和后续用途的监管，从而增加蚂蚁集团的现有贷款业务成本。

2.3.2　金融科技属性风险

金融科技风险是具有金融科技属性企业的特有风险，具体包括人工智能、风险管理、安全、区块链、物联网、计算及技术基础设施等基础技术风险，以及科技战略布局拓展进程中的特定技术创新风险。技术风险不仅会作用于企业技术平台，还会作用于企业的商业模式。蚂蚁集团的商业模式决定了其除了会受到行业系统性风险、金融风险、监管风险、利率风险、政策风险等市场风险的影响外，潜在的技术风险也会影响其依托技术平台的相关业务的发展，进而间接影响企业价值。金融科技风险除了会影响蚂蚁集团自身的微贷、理财、支付、保险等科技金融业务外，还会波及由蚂蚁集团提供金融科技服务的其他金融企业。因此，金融科技风险具有显著的传染性和放大效应。

---

① 重庆市允许的融资杠杆为2.3倍，其他省市为一半。

2.3.3　复杂属性下的估值逻辑

复杂的双重属性使得企业在估值时需要同时考虑其科技实力和金融业务的双重价值。以蚂蚁集团为例，蚂蚁集团的估值逻辑来源于基础价值和溢出价值两部分。其中，基础价值由蚂蚁集团商业模式下的科技金融业态价值与金融科技业态价值共同构成；溢出价值侧重于科技金融生态圈的溢出效应，由企业的整合能力、创新能力、匹配程度等构成。

1. 以商业模式为起点的基础价值

商业模式是价值创造逻辑的起点，驱动企业技术平台和金融业态的建设。商业模式创新可以通过降低交易成本和增加价值增长点来助力企业实现价值创造（张新民和陈德球，2020）。互联网金融商业模式的混业经营特征不仅模糊了传统金融机构的边界，同时也模糊了金融产品与服务的边界，在创新与改革传统金融商业模式的基础上，还带来了范围经济与规模效应等优势（范逸男和任晓聪，2020）。基于蚂蚁集团拥有大量的用户、客群、商业伙伴等特征，已有学者提出了商业模式的概念模型（Osterwalder et al.，2003；秦志华和王永海，2013）。可以考虑采用 Osterwalder 的九要素模型来衡量企业的商业模式指标，该模型包含核心能力、资源配置、价值主张、分销渠道、目标顾客、伙伴关系、客户关系、成本结构、盈利模式九要素。

数字金融科技平台是蚂蚁集团商业模式下金融业态的支持系统，它支持着企业的金融产品创新，丰富了企业的金融服务种类。蚂蚁集团的科技属性主要源于产品创新、技术升级所共同引发的未来科技变革。鉴于蚂蚁集团不可忽视的未来科技变现价值，应在其估值模型中体现一定的科技附加价值。企业科技类属性涉及活跃用户数、数字化程度、交互程度、网络效应、人才等多个要素，其中活跃用户数尤为重要。不同于边际价值递减的传统行业，互联网环境下的用户数量的增加会带动互联网价值的提升，而互联网价值的提升又会吸引更多用户使用，逐步形成良性循环（曾丽婷，2019）。蚂蚁集团的主要用户包括交易平台、商家、金融机构合作伙伴（如银行、基金管理公司、保险公司、证券公司及其他持牌金融机构）等，具有海量用户支持和较高的用户黏性。此外，人才也是金融科技企业的关键资源，科技属性下的人才是指具有一定创新能力和创新精神，提供技术支持、承担关键技术研发的企业人才。截至 2020 年 6 月 30 日，蚂蚁集团拥有 16 660 名员工，其中技术人员 10 646 名，占总员工比例高达 64%，未来具有较高的人才价值转换潜力。

2. 以金融生态为前提的溢出价值

金融生态（financial ecology）是蚂蚁集团的主要价值创造来源。受商业模式驱动和技术平台支持，金融监管变革下的金融生态主要聚焦于企业当前的支付、微贷、理财、保险四大平台业务。"科技＋金融"复合的金融生态催生了蚂蚁集团的溢出价值。"科技＋金融"是指在原有商业模式下的技术平台和金融业态融合，它们共同创造出企业的增量价值。从企业生态观的视角来看，优秀的商业模式可以类比为运行良好的生物生态系统（Moore，1993）。

蚂蚁集团的金融生态指的是其生态圈内的金融"多物种"的共生状态，其招股说明书中显示"支付宝 App 年度活跃用户超 10 亿人，月度活跃商家超 8 000 万人，月度活跃用户达 7.11 亿人，数字金融年度活跃用户达 7.29 亿人，金融机构合作伙伴超 2 000 家，接受线上支付服务的国家和地区超 200 个"。通过进一步对丰富的金融"物种"进行排列组合，蚂蚁集团产生了溢出价值。科技金融生态系统是一个不同"物种"间通过资源互补和互利合作实现协同创新的价值创造过程（张忠寿和高鹏，2019）。通过完善科技与金融信息共享平台、创新贷款模式、打造科技金融生态圈、培育复合型科技金融人才、强化科技金融风险管理等措施，可以实现科技金融与科技创新的深入协同（罗文波和陶媛婷，2020）。蚂蚁集团作为科技金融企业，其溢出价值主要源于企业的创新、整合和匹配所带来的价值共创。创新是指通过技术平台创新来打造企业的新金融业态及新商业布局，从而在竞争中取得优势；整合是指通过对用户、平台等各类资源的有效整合，实现资源效用的最大化；匹配则是指企业的创新价值同商业模式的匹配程度。金融监管变革背景下蚂蚁集团基本估值逻辑如图 2-2 所示。

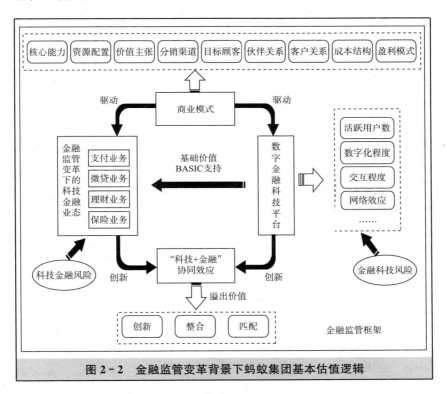

图 2-2　金融监管变革背景下蚂蚁集团基本估值逻辑

　　基于前述估值逻辑，本章拟初步构建蚂蚁集团的估值模型。这一估值模型的核心思想包括：契合蚂蚁集团的商业模式本质；合理估计金融监管变革下科技金融风险和金融科技风险对企业基础价值的影响；充分体现蚂蚁集团互联网金融生态所带来的溢出价值。蚂蚁集团初步估值模型如下：

$$V = \frac{BP}{SupI}\left(\frac{\sum FI/N_1}{R_{FI}} + \frac{\sum IT/N_2}{R_{IT}}\right)(1+C)$$

式中，V 表示企业价值；BP 表示企业商业模式价值指标，基于 Osterwalder 的九要素模型的价值函数来计量；$SupI$ 表示对企业的监管强度指标，该指标值越大，表明企业面临的金融监管环境越严格；FI 表示企业科技金融业态的价值创造，采用加权平均资本成本的两阶段模型来计量；R_{FI} 表示企业的科技金融风险；IT 表示企业的金融科技所带来的价值创造，依据梅特卡夫定律提出的模型计量；R_{IT} 表示企业的金融科技风险；N_1、N_2 分别表示企业科技金融业务模块和金融科技业务模块在产品市场中的同类竞争程度，即企业具有垄断优势时，系数值越小，该模块所带来的价值越高；C 表示企业在"金融＋科技"下的生态协同效应系数，反映企业生态溢出价值占企业基础价值的比例。在上述模型中，FI 和 IT 都需要细分到具体的业务领域加以展开。

具体来说，BP 是关于企业商业模式九要素指标的价值函数，公式如下：

$$BP = f(核心能力、资源配置、价值主张、分销渠道、目标顾客、伙伴关系、客户关系、成本结构、盈利模式)$$

单项 FI 表示当前某项科技金融业务价值，公式如下：

$$FI = \sum_{t=1}^{n} \frac{FCFE_t}{(1+WACC)^i} + \frac{FCFE_{n+1}}{(1+WACC)^n(WACC-g)}$$

式中，$FCFE_t$ 表示预期第 t 年的公司自由现金流；$FCFE_{n+1}$ 表示预期第 $n+1$ 年的公司自由现金流；$WACC$ 表示加权平均资本成本；g 表示 n 年后稳定的增长率。

单项 IT 表示当前某项金融科技业务价值，公式如下：

$$IT = K \times P \times \frac{N^2}{R^2}$$

式中，K 表示变现因子；R 表示节点的距离；N 表示用户规模；P 表示溢价率系数。

C 是关于企业创新能力指标、整合能力指标、商业模式匹配程度指标的价值函数，公式如下：

$$C = f(\text{创新能力指标、整合能力指标、商业模式匹配程度指标})$$

不同于传统的单一估值方式，该估值模型是一个复合估值模型，结合了不同属性业务的估值方法。其主要创新在于：提出将科技金融业务与金融科技业务分离进行估值；将商业模式评价、科技金融风险与金融科技风险要素纳入估值框架；添加了企业金融生态的溢出价值。鉴于部分指标实际取值无法定量估算，本模型仅为初步估值框架（逻辑），主要目的是为此类企业的估值提供估值思想与基本估值逻辑。我们认为，蚂蚁集团等科技金融企业不适用于传统的估值模型，因此，在进行估值时，需要结合商业模式评价、风险要素变化、业务属性、生态溢出价值等内容，以适应科技金融企业的价值计量需求。

需要特别指出的是，公司估值永远是一门"艺术"，市场最终的估值水平由理性的估值逻辑和市场伦理水平共同决定，资本市场中的估值伦理问题与理性的估值方法论同等重要。因此，资本市场利益相关者与监管部门除关注估值逻辑外，更应关注注册制背景下具有复杂属性与复杂业态的公司在估值过程中可能出现的由重大利益和信息不对称驱动的非伦理现象。研究注册制背景下"有效市场如何发现有效价格"的保障机制并杜绝潜在的估值非伦理行为，成为一个新兴的重大课题。

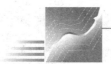

第 3 章　知识资本
与薪酬伦理

　　对新经济企业而言，若能在薪酬治理、知识资本与共同富裕三者之间形成正反馈循环，那么企业的价值创造与共同富裕便能同时实现；若三者之间形成负反馈循环，那么企业的价值创造不具有长期可持续性，共同富裕的目标也更难以实现。党的十八大以来，习近平总书记对促进全体人民共同富裕做出了一系列重要论断，共同富裕的实现有赖于有效市场的初次分配、有为政府的再分配和有爱社会的三次分配之间的有机协同。自 2020 年以来，初次分配占我国居民收入的比重一直居高不下（80%～85%），企业为员工支付的薪酬在初次分配中扮演了重要角色，因此薪酬治理是初次分配中的关键环节，在推进共同富裕中发挥着极为重要的作用。薪酬伦理关注薪酬治理的公平性、合理性和透明度，它要求企业在薪酬治理的过程中不仅要考虑经济效益，还要兼顾社会责任和员工的合理权益，然而薪酬伦理不仅与共同富裕的要求紧密联系，还与新经济企业的知识资产、竞争优势和长期价值创造能力息息相关。在知识经济时代，知识资本已成为企业持续提升创新能力和价值创造能力的重要源泉，这就需要不断加大知识资本的投入力度，最终实现企业劳动生产率的质的飞跃。而重视知识资本需要从价值分配改革入手，从过去的按资分配体系逐渐过渡到现代经济中的按"知"分配，充分释放"知识生产者"的智慧与才能，让他们源源不断地为社会和企业创造财富，成为社会经济发展的强力"发动机"。

2021 年 9 月 30 日，联想集团正式向上交所科创板递交了 IPO 的申请材料，标志着其开启资本市场新篇章的雄心。然而，仅一周后，即 10 月 8 日，上交所便发布了《关于终止对联想集团有限公司公开发行存托凭证并在科创板上市审核的决定》，这一突如其来的转折令市场哗然。联想集团迅速做出响应，在紧接着的一个交易日撤回上市申请，这一闪电般的操作不仅刷新了 A 股市场 IPO 申请撤回的最短纪录，更引发了社会各界对其科创属性认定、高管薪酬体系等的广泛讨论与深刻反思。以此为契机，本章深入剖析联想集团这一典型案例，从分配效率和分配正义的双重视角出发，系统探讨薪酬治理机制、知识资本积累与共同富裕目标之间的内在联系与基本规律。本章旨在为读者理解新经济时代背景下企业价值创造的内在逻辑、探索共同富裕的实现路径提供有价值的参考与启示。同时，也期望能够激发读者对于如何在新兴经济体中平衡企业发展与社会责任、促进经济成果公平分享的思考与讨论。

3.1　知识资本与价值创造

3.1.1　联想集团价值创造的基本逻辑："贸工技"战略下的营销驱动

宏碁创始人施振荣先生提出了"微笑曲线"理论，该理论指出在整个产业链体系中，企业的研发活动和营销活动位于微笑曲线的两端，属于高附加值的领域，是企业应该努力发展的方向。研发活动能够为企业提供新工艺和新技术，有利于企业提升自身的创新能力，形成产品质量的独特优势；营销活动有利于培养良好的市场声誉，增强消费者忠诚度，推动企业的销售活动。不同企业根据自身的竞争优势和资源禀赋，选择不同的主攻方向。基于基础资源的不同分配方式，可以将企业的战略分为营销驱动的"贸工技"战略和技术驱动的"技工贸"战略。当下学术界对这两种战略并无明确的定义，但是，在实践中两种战略的选择一直是市场热议的话题。市场对这两种战略的争议点主要聚焦于联想集团与华为的比较上（陶勇，2017）。

2016—2021 年，联想集团的年均研发投入强度（研发费用占营业收入比重）为 2.72%，年均营销投入强度（销售费用占营业收入比重）为 5.62%，前者不及后者的一半；而在该期间，华为的年均研发投入强度为 16.21%，年均营销投入强度为 9.98%，前者约为后者的 1.6 倍，具体数据如表 3-1 所示。

表 3-1　2016—2021 年联想集团与华为研发/营销投入强度比

项目	联想集团	华为	均值差	T 值
研发/营销投入强度比	0.49	1.63	1.15***	9.36

注：***表示在 1% 的水平上显著，下同。
资料来源：Wind 数据库。

通过研发投入强度和营销投入强度数据的对比，可以看出两家企业不同的战略选择。联想集团的资源投入主要集中于营销活动，试图通过连续的并购行为实现技术的升级换代。而华为则走上了截然不同的发展道路，其不断加大自主研发力度，展现了明显的研发驱动倾向。两家企业 2016—2021 年研发/营销投入强度比的显著差异 T 检验结果表明，联想集团是"贸工技"战略的忠实"信徒"，而华为则是"技工贸"战略的坚定拥护者。在商业模式推陈出新的新经济时代，作为价值创造基本逻辑的这两种战略导向将导致企业在知识资本和绩效表现上出现巨大差异。

3.1.2　联想集团"贸工技"战略下的知识资本与薪酬体系

智慧资本分为人力资本、结构资本和顾客资本（Bontis，1998），其中人力资本与知识资本相当接近。知识资本的使用成本和价值分配,其核心在于"知识工人"的价值创造和价值分配过程,这在财务会计中体现为雇员费用(黄世忠,2020)。因此,判断一家企业对知识资本的重视程度,可以通过其构建的薪酬治理体系加以辨析。

本章通过手工收集年报中的数据,初步构建了联想集团和华为的知识资本与薪酬体系,如表 3 - 2 所示。从表 3 - 2 可以看出,2016—2021 年联想集团参与激励计划/持股员工的年均比例为 20.00%,华为为 54.10%;联想集团长期激励费用占雇员费用比例为 5.60%,华为为 8.76%。这表明:华为是一家重视知识资本、积极激励员工成长的企业;相对而言,联想集团对知识资本的重视程度要弱得多。华为在员工规模庞大的基础上(2021 年,华为员工数量为 19.5 万人,联想集团为 7.5 万人),仍保持了对普通员工的激励。华为是 100% 由员工持股的民营企业,通过员工持股计划将公司的长远发展和员工的个人贡献及成长有机地结合在一起,形成了共同奋斗与分享机制。华为营业收入的 21.84% 由"知识生产者"所共享。战略选择深刻影响着企业的资源分配和经营决策。作为"贸工技"战略的拥趸,联想集团的资源主要向营销模式和分销渠道倾斜。

表 3 - 2　2016—2021 年联想集团与华为知识资本与薪酬体系

项目	联想集团	华为	均值差	T 值
参与激励计划/持股员工比例	20.00%	54.10%	34.1***	7.90
长期激励费用占雇员费用比例	5.60%	8.76%	3.16*	2.08
知识资本	266.77 亿美元	9 078 亿元		
知识资本占营业收入比重	8.26%	21.84%	13.58***	11.43

注:* 表示在 10% 的水平上显著,下同。

3.1.3　联想集团的价值创造能力与宏观利润表

自经济全球化和信息革命以来,经济形态逐渐从工业经济进化并转型为知识经济,经济增长动力逐渐从有形资产转变为人力资源、知识资本、研究开发、客户关系等无形资产。20 世纪 90 年代是美国知识经济发展迅猛的时期,为 GDP 腾飞做出重要贡献,知识经济的兴起促成了投入要素的重大转变，以知识、智力和技能为主的无形生产要素变得愈发关键（陈继勇，2001）。自人类社会进入新经济时代以来，价值创造的最大贡献者不再是手握雄厚资金的资本家，而是掌握了知识和技能的"知本家"。知识资本已超越土地、劳动力和资本等生产要素，成为企业创造价值的重要驱动因素（黄世忠，2020）。新经济时代下，企业对待知识资本的态度不同，价值创造能力也会因此产生差异。

经济增加值（EVA）拓展了传统的剩余收益评价方法，表 3-3 揭示了联想集团的价值创造能力。从表 3-3 可见，2016—2021 年联想集团累计 EVA 为 27.17 亿美元，换算成人民币约为 182.28 亿元[①]，同期华为累计 EVA 达 2 644.50 亿元，这反映出两家公司的价值创造能力具有显著差异。此外，在该期间，联想集团累计 EVA 占营业收入的比重只有 0.84%，意味着联想集团每创造 100 元的营业收入，股东真正获得的剩余收益只有 0.84 元；而华为的这一比率为 6.25%，是联想集团的 7.4 倍。

表 3-3　2016—2021 年联想集团与华为 EVA 比较

项目	联想集团	华为	均值差	T 值
累计 EVA（亿元）	182.28	2 644.50		
累计 EVA 占营业收入比重（%）	0.84	6.25	3.16	2.08

传统利润表（亦称微观利润表）只关注为股东创造的利润，而忽视为其他利益相关者所创造的价值。微观利润表中的计算等式如下：营业收入－成本（不含人工）－员工总体薪酬－利息费用－税收费用＝税后利润（归股东享有）。借鉴黄世忠（2020）的研究，将微观利润表中的员工总体薪酬、利息费用和税收费用进行移项，可以得到宏观利润表中的计算等式：价值创造总额（营业收入－成本（不含人工））＝价值分配总额（员工总体薪酬＋利息费用＋税收费用＋税后利润）。宏观利润表的左边为企业价值创造总额，其右边则为企业价值分配总额。

---

① 2016—2021 年美元对人民币的平均汇率为 6.710 0，数据来自 CSMAR 数据库。

宏观利润表将企业作为社会的一个有机组成部分进行评价，综合考虑了企业为构建知识资本所付出的成本、为债权人创造的价值、为政府机构创造的价值和为股东创造的价值，对评价一家企业的价值创造能力和价值分配体系大有裨益（黄世忠，2020）。

2016—2021 年联想集团与华为宏观利润表（累计）比较如表 3-4 所示。从表 3-4 可以看出，2016—2021 年联想集团的员工总体薪酬占期间内价值创造总额的 77.17%，高于华为的 65.03%。这从表面上看似乎与前面的结论不符，实则不然，主要是因为：（1）该指标为价值分配相对指标，由于联想集团价值创造能力较弱，因此该比例显得较高。（2）由于华为股权系全体员工所有，因此华为员工享有华为价值创造总额的真实比例为表 3-4 中"员工总体薪酬占比＋税后利润占比"，即 65.03%＋27.57%＝92.60%。（3）联想集团存在高度不平衡的薪酬体系（高管与非高管薪酬差距非常大），后面将进行阐述与分析。

表 3-4　2016—2021 年联想集团与华为宏观利润表（累计）比较

项目	联想集团（亿美元）	华为（亿元）
价值创造：		
营业收入	3 229	42 334
成本（不含人工）	2 883	28 374
价值创造总额	346	13 960
价值分配：		
员工总体薪酬（占比）	267（77.17%）	9 078（65.03%）
利息费用（占比）	14（4.05%）	421（3.02%）
税收费用（占比）	17（4.91%）	612（4.38%）
税后利润（占比）	48（13.87%）	3 849（27.57%）

注：华为年报中未披露高管薪酬，为增强两家公司数据可比性，员工总体薪酬为公司全体员工薪酬，包含高管薪酬。

3.1.4　联想集团在知识资本匮乏下的财务绩效评价

对于企业来说，没有知识资本支撑的创新活动只能是无源之水、无本之木，最终势必会影响企业的绩效发展。

表 3-5 选取了毛利率、净利率、总资产周转率、权益乘数和利

息保障倍数等财务指标对联想集团和华为进行对比分析。在盈利能力指标上，联想集团显著弱于华为，2016—2021年年均毛利率比华为低37.57个百分点，净利率比华为低7.93个百分点，而总资产周转率却显著高于华为。从权益乘数和利息保障倍数指标看，联想集团的财务风险也高于华为，联想集团在经营过程中运用了更高的杠杆，2019—2021年负债率分别高达87.38%、90.05%、87.88%，该数值甚至高于部分房地产企业。这进一步佐证了联想集团的战略模式：重营销轻研发，通过保持产品的高周转率实现价值创造。联想集团的商业模式更像一家传统贸易企业，而不是新经济企业，知识资本与科创属性匮乏。

表3-5　2016—2021年联想集团与华为财务绩效比较

项目	联想集团	华为	均值差	T值
毛利率（%）	2.57	40.14	37.58***	24.06
净利率（%）	1.34	9.27	7.92***	5.34
总资产周转率（次）	1.69	1.10	0.59***	5.57
权益乘数	7.82	2.80	5.01***	7.29
利息保障倍数	5.35	20.26	14.91***	6.88

3.2　薪酬差距与薪酬伦理

3.2.1　薪酬差距理论综述

企业薪酬差距一直是我国企业、政府和媒体十分关注的话题，学者们也对薪酬差距进行了广泛的实证研究。目前主要形成了两种基本观点：锦标赛理论和行为理论。

锦标赛理论运用博弈论的方法，系统研究了高管薪酬差距问题。锦标赛理论把高管视作晋升竞争中的比赛者，而获胜者可以得到全部奖金。随着经济形势的多样化和复杂化，企业内部团队活动愈发依赖完善的合作机制和科学的沟通流程，监控成本与日俱增，而合理的薪酬差距可以抑制监控成本的膨胀，从而降低代理成本。因此，适当扩大薪酬差距可以提升企业绩效，实现价值创造（Lazear，1981）。国内学者通过实证研究证实了高管团队内部薪酬差距符合锦标赛理论（林浚清等，2003；陈震，2006）；高管团队内部薪酬差距符合锦标赛理论，但高管与员工薪酬差距并无显著激励效果（卢锐，2007）；高管与员工的薪酬差距带来的能力激发的正面作用超过了"被剥削"感受带来的负面作用，从而提升了企业绩效（张晨宇和樊青芹，2012）。同时，适当的高管团队内部薪酬差距可以促进高管内部良性竞争，帮助高管克服对研发失败的风险厌恶，提升企业研发强度（王秀芬和杨小幸，2019）。

行为理论认为跨层级的薪酬差距是企业组织政治的重要组成部分，强调组织行为中公平和合作的重要性，认为薪酬差距会导致非核心高管团队成员以及普通员工产生心理落差，不利于整个组织有序地开展合作，会削弱企业的竞争力和凝聚力，最终对企业绩效产生严重的负面影响。高管团队薪酬差距对组织未来绩效有负面影响，对于最终控制人类型为国有股份的企业，高管与员工薪酬差距同样对未来绩效有负向作用（张正堂，2008）。高管团队内部薪酬差距、高管与员工薪酬差距均与公司成长性呈负相关（夏宁和董艳，2014）。公司高管团队内部薪酬差距与企业绩效呈负相关，这种负向关系在有非内部晋升机制的企业中更显著（巫强，2011）。从员工离职的角度研究发现，高管团队内部薪酬差距增大会引发高管间的信任危机、团队内部成员离职，最终对企业绩效带来负向作用（张兴亮和夏成才，2016）。

3.2.2　中国 A 股上市公司薪酬差距表现

进一步地，我们研究了 A 股上市公司高管与员工平均薪酬差距（以二者之比表示）的行业分布（结果见表 3－6），分类标准为证监会《上市公司行业分类指引》（2012 年修订）。除制造业采用二级行业分类外，其余行业均采用一级行业分类。由表 3－6 可知，2012—2021 年 A 股上市公司高管与员工薪酬差距的均值为 4.16 倍；从行业分布来看，房地产业和金融业等的薪酬差距较大，薪酬治理问题较为突出。

表3-6 2012—2021年A股上市公司高管与员工薪酬差距的行业分布

行业	2012年	2013年	2014年	2015年	2016年	2017年	2018年	2019年	2020年	2021年	均值
房地产业	37.75	9.01	7.68	6.50	6.54	9.16	8.20	8.23	8.06	5.61	10.75
金融业	7.28	6.66	6.16	5.89	5.81	5.08	5.12	5.73	6.98	2.73	5.70
纺织服装、服饰业	6.85	5.55	5.04	5.76	5.01	6.07	5.59	4.94	5.18	7.88	5.74
食品制造业	6.83	7.12	5.76	4.81	4.38	4.35	4.51	5.05	6.47	7.64	5.55
农副食品加工业	4.71	5.17	4.50	4.44	4.46	5.25	4.69	4.83	7.00	6.76	5.23
汽车制造业	5.00	11.51	4.45	4.39	4.17	4.47	4.23	4.30	4.74	4.67	4.91
其他制造业	9.68	8.04	5.24	4.85	3.54	3.27	3.01	3.59	5.62	3.79	4.47
家具制造业	6.40	7.34	2.77	3.14	3.58	4.29	4.50	6.05	5.78	6.91	4.92
医药制造业	5.41	5.66	4.26	4.85	4.08	3.88	4.32	3.97	5.53	5.31	4.65
批发和零售业	5.58	5.35	4.35	4.58	4.29	4.46	4.07	4.05	4.93	5.20	4.64
租赁和商务服务业	4.25	4.18	3.56	5.02	4.21	4.86	4.88	4.69	5.24	4.62	4.60
纺织业	5.23	4.64	4.30	4.64	4.73	4.55	3.98	4.14	4.79	6.59	4.71
卫生和社会工作	5.13	4.53	3.56	3.06	3.80	5.36	4.15	4.95	5.70	5.68	4.59
综合	4.27	4.17	4.69	4.49	5.66	4.38	3.95	3.53	4.74	5.50	4.52
非金属矿物制品业	4.52	4.23	3.82	3.91	3.76	4.34	4.36	4.49	5.50	6.61	4.61
黑色金属冶炼和压延加工业	4.04	4.36	3.84	3.86	2.96	4.62	5.92	5.35	3.97	3.94	4.32

续表

行业	2012年	2013年	2014年	2015年	2016年	2017年	2018年	2019年	2020年	2021年	均值
造纸和纸制品业	5.93	4.53	3.71	4.30	4.52	3.51	3.41	4.27	5.73	5.93	4.54
住宿和餐饮业	3.19	7.05	2.97	3.33	4.47	4.04	4.23	5.02	3.81	3.90	4.21
橡胶和塑料制品业	5.35	4.57	3.74	3.51	3.62	3.59	2.96	4.01	5.92	4.85	4.20
印刷和记录媒介复制业	3.87	3.90	4.73	4.16	4.29	3.96	3.45	3.69	4.67	3.45	3.99
计算机、通信和其他电子设备制造业	4.46	3.99	3.62	3.90	3.71	3.68	3.45	4.19	5.06	5.02	4.14
电气机械和器材制造业	4.14	4.31	3.98	3.91	3.77	4.20	3.33	3.76	4.77	5.06	4.12
废弃资源综合利用业	5.82	3.45	4.60	4.75	4.37	3.87	2.45	3.44	3.87	4.59	3.88
农、林、牧、渔业	3.04	3.02	2.49	3.53	3.14	3.77	3.97	4.64	6.49	5.52	4.03
酒、饮料和精制茶制造业	5.08	5.15	4.09	4.12	3.42	3.46	3.52	3.09	3.32	4.68	3.93
化学原料和化学制品制造业	4.00	3.79	3.28	3.88	4.27	3.62	3.36	3.49	4.40	4.67	3.88
建筑业	4.07	3.76	3.31	3.57	3.87	3.63	3.54	3.66	3.94	2.95	3.64
金属制品业	5.51	5.16	3.63	3.75	3.44	3.36	2.99	3.06	3.82	4.69	3.76
文教、工美、体育和娱乐用品制造业	4.58	3.51	3.83	3.42	3.06	3.20	3.17	3.32	4.59	4.50	3.66
化学纤维制造业	3.93	3.56	3.53	3.61	3.40	2.85	3.21	3.59	4.19	5.43	3.71
采矿业	4.24	3.39	3.35	3.18	3.01	3.16	3.15	3.43	4.12	4.25	3.51
文化、体育和娱乐业	3.35	3.38	3.47	3.38	3.34	3.92	3.47	3.10	3.22	2.63	3.33

续表

行业	2012年	2013年	2014年	2015年	2016年	2017年	2018年	2019年	2020年	2021年	均值
有色金属冶炼和压延加工业	3.75	3.28	3.23	2.89	3.07	3.74	3.32	3.43	4.12	5.50	3.62
交通运输、仓储和邮政业	3.89	3.88	3.89	3.18	2.55	3.09	3.45	3.43	3.47	2.95	3.35
信息传输、软件和信息技术服务业	4.87	4.10	3.37	3.32	3.16	2.88	2.65	2.94	3.62	3.26	3.30
专用设备制造业	4.16	4.15	3.19	3.15	2.84	2.50	2.70	3.31	4.21	4.43	3.39
水利、环境和公共设施管理业	3.33	3.40	3.01	3.31	2.83	2.96	2.54	3.18	4.19	3.83	3.26
通用设备制造业	4.12	3.53	3.24	3.17	2.91	2.92	2.59	2.79	3.77	4.15	3.27
石油加工、炼焦和核燃料加工业	4.16	3.61	2.62	2.27	3.03	2.94	2.96	3.26	3.20	3.26	3.10
教育	2.77	3.06	2.53	3.04	2.88	2.77	2.54	2.50	4.18	2.89	2.93
铁路、船舶、航空航天和其他运输设备制造业	3.35	2.79	2.66	2.88	2.07	2.35	2.12	2.61	3.30	3.17	2.70
皮革、毛皮、羽毛及其制品和制鞋业	2.21	1.67	1.61	2.51	2.83	2.80	2.42	3.02	3.67	16.13	3.78
科学研究和技术服务业	2.73	1.89	2.11	2.38	1.84	2.42	2.30	2.63	3.54	4.09	2.76
仪器仪表制造业	2.69	2.68	2.62	2.57	2.35	2.05	1.90	2.40	3.37	3.58	2.62
电力、热力、燃气及水生产和供应业	2.77	2.63	2.52	2.50	2.46	2.38	2.25	2.25	2.38	2.67	2.46
木材加工和木、竹、藤、棕、草制品业	2.44	2.17	1.90	1.48	1.58	2.31	2.42	2.31	2.94	5.10	2.53
居民服务、修理和其他服务业						3.22	2.05	5.15	2.87		1.90
总计	6.04	4.70	3.84	3.91	3.70	3.75	3.54	3.81	4.65	4.60	4.16

注：空白处表示该类别在该年度无统计数据。

资料来源：国泰安 CSMAR 系列研究数据库。

3.2.3　联想集团薪酬伦理问题

控制权和所有权的分离是近代公司发展史上的一座重要里程碑，它构成了现代商业基石，但"内部人控制"问题也随之产生（陈湘永等，2000）。作为公司所有者的股东并不实际参与公司的日常经营管理，公司的管理层在监督薄弱的情形下可以利用手中的职权有意实施某种战略，以达到满足自己私利的目的。

根据联想集团 2021 年披露的招股说明书可知，联想控股通过直接和间接持股及一致行动安排可行使发行人已发行股份表决权的 43.48%，为发行人的控股股东。联想控股的股权较为分散，持有联想控股 5% 以上的股东及持股明细如表 3-7 所示。联想控股的董事会不存在由单一股东或多名股东联合控制的情况，因此，联想集团无实际控制人。

表 3-7　持有联想控股 5% 以上的股东及持股明细

项目	股份类别	持股数量（股）	持股比例
中国科学院控股有限公司	内资股	684 376 910	29.04%
北京联持志远管理咨询中心（有限合伙）	H 股	480 000 000	20.37%
中国泛海控股集团有限公司	内资股	400 000 000	16.97%

实际上，联想控股的净利润主要是由联想集团贡献的。联想集团作为联想控股的主要合并子公司，2012—2021 年对联想控股净利润的贡献比例高达 62.20%，这表明联想控股的高管薪酬实质上也可被视为主要来源于联想集团经营业务创造的利润。因此，本章将联想控股和联想集团的高管薪酬[①]数据进行合并处理。需要注意的是，有部分董事在联想集团和联想控股双重任职，领取双份报酬奖励。[②] 2012—2021 年联想集团高管薪酬统计如表 3-8 所示。可知，联想集

---

①　本章统计的高管薪酬是指公司年报中披露具体薪酬的董事、监事和高级管理人员的薪酬，但剔除了独立董事和独立监事的薪酬。

②　朱立南和赵令欢在 2011—2021 年担任联想集团的非执行董事，在 2011—2019 年担任联想控股的执行董事，于 2020 年起担任联想控股的非执行董事。

团高管合计薪酬（含权益激励）占净利润比重高达 5.29%，与国内其他相关企业相比，这一比例明显过高。[①]

表 3-8 2012—2021 年联想集团高管薪酬统计　单位：万美元

年份 （高管人数）	高管合计薪酬 （不含权益激励）	高管合计薪酬 （含权益激励）	高管合计薪酬 （不含权益激励） 占净利润比重	高管合计薪酬 （含权益激励） 占净利润比重
2012（6）	636	2 500	1.00%	3.94%
2013（5）	652	5 558	0.80%	6.80%
2014（4）	656	3 052	0.79%	3.68%
2015（5）	637	3 235		
2016（5）	597	3 020	1.12%	5.64%
2017（4）	634	2 996		
2018（5）	763	3 058	1.28%	5.13%
2019（5）	536	4 778	0.81%	7.18%
2020（5）	544	5 352	0.46%	4.54%
2021（5）	568	3 324	0.28%	1.64%
合计	6 224	36 873	0.89%	5.29%

表 3-9 反映了 2012—2021 年联想集团高管与员工薪酬差距以及高管团队内部薪酬差距情况。[②] 2012—2021 年联想集团高管与员工的平均薪酬差距大致保持在 20 倍的水平；在考虑高管权益激励后，高管与员工的平均薪酬差距进一步加大，2013 年甚至达到惊人的 219.39 倍。社会比较学理论认为，公司员工会将自身薪酬与周围的人和公司高管进行对比，其工作积极性与自身对组织体系公平性

[①] 从联想集团的年报来看，柳传志从 2012 年开始不在联想集团领取薪酬；而联想控股的年报显示，2011—2019 年柳传志共从联想控股领取薪酬 5.01 亿元，其中，2013 年的总薪酬高达 1.85 亿元。2020 年朱立南从执行董事转为非执行董事后，获得巨额中长期激励计划奖励和退休金计划奖励，总薪酬从 4 800 万元上涨为 6 200 万元。除此之外，联想集团在 2015/2016 财年和 2017/2018 财年处于亏损状态，净利润分别为 -1.28 亿美元和 -1.89 亿美元，但联想集团对其高管的激励并未相应下调。

[②] 由于华为年报中并未披露高管具体薪酬，因此本章未对两家公司的薪酬差距进行对比分析。

的认知密切相关，人们在薪资严重不平等的组织里面合作意愿更弱，从而降低公司绩效（O'Reilly et al.，1988）。不平衡的薪酬分配体系会降低普通员工的合作意愿，成为企业内部协调机制的绊脚石，最终给企业创新能力和绩效发展带来负面影响。

表 3－9　2012—2021 年联想集团高管与员工薪酬差距

及高管团队内部薪酬差距情况

年份	高管与员工薪酬差距	高管与员工薪酬差距（含权益激励）	高管内部薪酬差距	高管内部薪酬差距（含权益激励）
2012	15.79	62.06	18.21	30.86
2013	25.74	219.39	24.12	47.04
2014	27.98	130.17	12.06	18.06
2015	20.42	103.72	17.76	34.21
2016	21.70	109.80	10.60	17.86
2017	23.42	110.60	10.84	16.84
2018	21.75	87.17	2.18	5.04
2019	15.21	135.54	3.49	5.66
2020	11.30	109.06	11.19	3.23
2021	14.64	85.60	8.86	15.69
平均倍数	19.79	115.31	11.93	19.45

联想集团的高管内部薪酬差距比高管与员工薪酬差距略小，2012—2021 年保持在约 12 倍的水平。对于非核心高管成员来说，高管团队内部薪酬差距的加大会影响其工作积极性，从而对企业未来绩效产生负面影响（张正堂，2008）。在考虑权益激励后，联想集团的高管内部薪酬差距上升至约 19 倍。可以认为，联想集团的激励政策是"定向""重点"激励特定高管，而对于其他非核心高管或普通员工，采取少激励甚至忽视的态度。

表 3-10 列示了 2012—2020 年联想集团高管与员工薪酬之比与A 股、H 股同行业平均数的比较情况。从表 3 - 10 可以看出，

2012—2020 年，联想集团的高管与员工薪酬差距（不含权益激励）平均值为 18.78 倍，远高于 A 股同行业公司的均值 4.06 倍，也高于 H 股同行业公司的均值 13.77 倍，这展现了联想集团对高管薪酬的"慷慨"和对广大"知识创造者"（即普通员工）的"吝啬"。联想集团为规避研发风险而选择在卖方市场采取"贸工技"战略（陶勇，2017），重营销轻研发，从而导致知识资本与科创属性匮乏。相对剥削理论认为，普通员工会将自身薪酬与公司高级别管理层的薪酬进行对比，如果普通员工认为他们没有得到应有的回报，就会产生消极怠工情绪，导致企业凝聚力下降（Cowherd et al.，1992）。对于普通员工而言，在看到本公司薪酬差距比同行业其他公司薪酬差距大时，更容易滋生不满情绪，导致对公司目标漠不关心，最终影响公司整体的合作机制、协同效应和持续创新能力。

表 3 - 10   2012—2020 年联想集团高管与员工薪酬差距与同行业比较

年份	联想集团（不含权益激励）	联想集团（含权益激励）	H 股同行业平均数	A 股同行业平均数
2012	15.79	62.06	15.09	4.46
2013	25.74	219.39	16.13	3.99
2014	27.98	130.17	13.93	3.62
2015	20.42	103.72	11.00	3.90
2016	21.70	109.80	12.44	3.71
2017	23.42	110.60	12.28	3.68
2018	21.75	87.17	14.61	3.45
2019	15.21	135.54	9.85	4.19
2020	11.30	109.06	13.01	5.06
平均数	18.78	110.40	13.77	4.06

注：1. A 股行业分类参照证监会《上市公司行业分类指引》（2012 年修订）二级行业分类标准，具体为计算机、通信和其他电子设备制造业；H 股行业分类参照恒生行业分类系统二级行业分类标准，具体为资讯科技器材业。

2. A 股高管薪酬为从公司获得的税前报酬总额，H 股高管薪酬包括袍金、薪酬与津贴；员工平均薪酬剔除了高管薪酬部分，高管薪酬中剔除了独立董事和独立监事的薪酬。

资料来源：CSMAR 数据库。

薪酬伦理是新经济企业面临的重要议题，它不仅会影响知识资本的积累（从而影响价值创造），还会影响共同富裕目标的实现。换言之，对新经济企业而言，若能在薪酬治理、知识资本与共同富裕三者之间形成正反馈循环，那么企业的价值创造与共同富裕便能同时实现；若三者之间形成负反馈循环，那么企业的价值创造不具有长期可持续性，共同富裕也更无从谈起。因此，对于新经济企业而言，分配效率（影响价值创造）与分配正义（影响共同富裕）要么同时实现，要么同时缺失。

3.3　薪酬治理与共同富裕

3.3.1　日本的薪酬治理

　　如何正确处理分配效率与分配正义的问题，既是公司治理的重要课题，也是社会治理的重要议题；它不仅关系到公司自身的经营发展，还关系到社会的稳定和民众的公平感。对此，世界各国根据自身经济特点和公司治理结构特点，对薪酬治理进行了持续的探索。日本在公司治理结构上与我国有相似之处，都具有较高的股权集中度。早在 20 世纪 80 年代，日本普通员工的收入就已经处于世界前列，但相较其他发达国家，日本公司高管的薪酬却一直处于低位（刘昌黎，2009）。2009 年部分发达国家 CEO 及普通员工薪酬情况如表 3 - 11 所示。从表 3 - 11 可以看出，2009 年日本普通员工人均年收入达到 546 万日元，是同期美国普通员工人均年收入的 1.14 倍、英国的 1.62 倍、新加坡的 3.19 倍。日本员工人均年收入超过英美等国家，高管人均年收入却保持在较低水平，2009 年 CEO 人均年收入为 5 901 万日元，是同期美国 CEO 人均年收入的 36.03%、英国的 72.90%、新加坡的 78.11%。由此可见，虽然日本从明治维新以来一直学习美国的经济制度，但薪酬并没有向"国际高水平"看齐。

表 3-11 2009 年部分发达国家 CEO 及普通员工薪酬情况

国家	CEO 人均年收入（万日元）	员工人均年收入（万日元）
美国	16 376	478
英国	8 095	337
新加坡	7 555	171
日本	5 901	546

　　日本公司较小的薪酬差距与其特有的社会观念、监管体系和税收制度有着紧密联系。从社会观念来看，受历史传统观念的影响，日本企业对协调的重视程度胜过竞争，终身雇用制、年功序列制和工资递延等制度都强调了协调的思想，奠定了收入分配相对公平的基础。从监管体系来看，日本董事协会定期公布《经营者报酬指南》，为公司高管薪酬的确定提供指导方针。各行业在《经营者报酬指南》的指导下，对行业薪酬总额加以限制，如日本机械工业联合会规定高管月薪须在 70 万至 120 万日元的区间内（李博和魏明月，2019）。从税收制度来看，日本拥有相对完善的税收制度，高收入群体除了主要缴纳个人所得税之外，如果接受赠与或者遗产继承，还需要按照接受赠与额或继承遗产额缴纳相应的税款。由此可见，日本的税收制度起到了一定的再分配作用。1966—1978 年日本税收的再分配率基本保持在 4% 的水平，有效降低了基尼系数，防止了收入差距的进一步扩大（朱博，2014）。

　　日本的薪酬治理体现了社会文化、制度传统与经济发展阶段的互动，在特定历史时期有效维系了相对均衡的分配格局，为薪酬治理提供了一个可借鉴范式。然而，日本薪酬治理的局限性亦随时代变迁显现，如终身雇佣与年功序列制在当今老龄化加剧的背景下，逐渐暴露出对创新活力的抑制，日本企业管理者更倾向于维持现状以避免风险，"不求有功但求无过"的保守倾向加剧。这也揭示出在缩小薪酬差距的同时，任何分配体系都还需在传统根基与现实需求间动态调适。

3.3.2　薪酬治理与共同富裕建设

习近平总书记在中央财经委员会第十次会议上发表重要讲话，强调："共同富裕是社会主义的本质要求，是中国式现代化的重要特征。"当前，我国社会主义现代化建设已经进入新征程，共同富裕是我国现代化的重要目标。与此同时，我国在推进共同富裕的过程中也面临诸多挑战。共同富裕的实现有赖于有效市场的初次分配、有为政府的再分配和有爱社会的三次分配之间的有机协同，这三大分配环节的核心都涉及分配效率和分配正义。我国劳动报酬在国民收入分配中的比重偏低，这不利于初次分配的公平与合理（王玉玲，2015）；城乡居民间、地区间和行业间收入差距较为明显，收入分化趋势尚未得到根本性扭转（罗明忠，2022）。有学者认为，应完善针对高收入人群、行业薪酬限制的规范和制度，防止马太效应的出现（陈卫东等，2022）。

薪酬治理是公司治理的重要课题之一，关系着企业价值创造能力的提升与共同富裕目标的实现。在知识经济时代，良好的薪酬治理体系可以营造公平的工作环境，促进人力资本的协调合作，从而推动新经济企业的价值创造。基于"贸工技"战略导向的薪酬体系导致联想集团过于侧重非研发驱动，从而使其知识资本与科创属性匮乏，最终给公司价值创造能力和共同富裕目标实现带来负面影响。对新经济企业而言，薪酬治理与知识资本之间存在动态关系，若薪酬体系能够精准匹配知识型员工的创新诉求，则企业的价值能得到一定提升。为实现共同富裕背景下的薪酬治理，可以参考以下政策建议。

1. 薪酬话语权制度

2014 年 8 月 29 日，中共中央政治局召开会议并审议通过了《中央管理企业负责人薪酬制度改革方案》，首次对央企负责人的履职待遇设置上限。习近平总书记主持会议，指出："要逐步规范国有企业收入分配秩序，实现薪酬水平适当、结构合理、管理规范、监督有效，对不合理的偏高、过高收入进行调整。"这项改革方案的通过标志着我国央企负责人薪酬管理进入了新阶段。

但当下我国上市公司高管薪酬制定流程仍缺乏明确规范。《上市公司治理准则》第四十二条规定："薪酬与考核委员会的主要职责包括：（一）研究董事与高级管理人员考核的标准，进行考核并提出建议；（二）研究和审查董事、高级管理人员的薪酬政策与方案。"高管薪酬过高不仅会对股东利益造成损害，也营造了一种不平等的工作氛围，容易激发普通员工的不满情绪，不利于实现共同富裕。

全球许多资本市场为限制高管薪酬采取了多种措施，因此逐渐形成了薪酬话语权（say on pay）制度。[①] 该制度要求公司在股东大会前准备高管薪酬方案，并由股东进行表决。薪酬委员会在制定方案时需要充分考虑股东意见，同时公开披露股东投票结果。这一制度的出台限制了高管薪酬的不合理增长，并增强了薪酬的业绩敏感性（张必武和石金涛，2005）。我国资本市场可借鉴推行薪酬话语权制度，提高股东在决定高管薪酬中的地位，遏制部分上市公司畸形的薪酬体系，提升我国上市公司薪酬治理水平。同时，应加强对普通员工薪酬的披露，比如披露 CEO 与公司员工薪酬中位数的比值[②]，以反映公司内部薪酬差距，减少公司创造的价值集中于某一个人或某一团体的现象。

2. 高管薪酬专项审计

《上市公司治理准则》第五十六条第一款规定："董事和高级管理人员的绩效评价由董事会或者其下设的薪酬与考核委员会负责组织，上市公司可以委托第三方开展绩效评价。"薪酬委员会作为对董事和高级管理人员进行绩效评价的主要组织，其成员构成应包含一定数量的人力资源专家。同时，股东可委托第三方审计师对与薪酬治理相关的内部控制进行专项审计，以确保薪酬制定流程的规范性和科学性。

3. 强化薪酬伦理建设

公司董事和高级管理人员由于身处公司核心位置，对公司薪酬

---

① 实施薪酬话语权制度的地区主要集中在北美洲和欧洲，具体的国家和地区包括但不限于美国、英国、加拿大、法国、德国、意大利、比利时、芬兰、挪威、日本等。

② 一般而言，薪酬中位数低于平均数。美国证券交易委员会要求上市公司披露 CEO 薪酬与员工薪酬中位数的比值，以更全面地反映公司总体薪酬差距，特别是高管与普通员工的薪酬差距。

决策起着重要作用，因此相关人员的伦理水平显得尤其关键。一方面，加强高管伦理建设，强化法律意识和分配正义意识，提高自身修养，这是建立健全良好薪酬治理体系的重要基础。另一方面，加强薪酬伦理教育对于营造公平正义的分配氛围、提升全体员工的幸福感和创造力也具有重要的意义，这最终将使每个员工都有机会利用自身技能和智慧实现人生价值，进而使员工的人生价值与公司价值同时达到最大化。

第4章　庞氏行为
与分红伦理

随着金融市场的日益复杂和全球化，当企业决策者的利益与广大股东、债权人乃至社会公众的利益发生冲突时，企业行为的伦理边界问题日益凸显，如可能会存在特定的利益主体利用有限责任与股份制的"好处"与"便利"，从而"合法合理"地侵占其他利益相关者的利益这一新型的潜在非伦理行为。具体来说，本章探讨了一种新的潜在非伦理行为，即公司破产危机与巨额现金分红并存。当企业无分红能力时进行的分红，其本质便是庞氏分红（Ponzi dividend），当前中国A股上市公司存在普遍、广泛而持续的庞氏分红行为。这一行为的一个具体情境可能是：在债务规模持续扩张、存量负债高企、流动性高度紧张的情况下，企业仍持续实施巨额分红。

2020年9月24日，一份名为《恒大集团有限公司关于恳请支持重大资产重组项目的情况报告》的内部红头文件①在市场上广泛流传。文中，恒大集团有限公司（简称恒大集团）② 恳请有关部门能够放行恒大地产借壳深深房 A（000029.SZ）回归国内资本市场，否则恒大地产将无法在 2021 年 1 月 31 日前偿还战略投资者的 1 300 亿元本金外加 137 亿元"分红"，这将可能引发系统性金融风险。③ 2021 年 7 月 19 日，美国彭博新闻社转载了《广发银行向法院申请冻结恒大地产等 1.32 亿元银行存款》一文，引发市场一片哗然，这条新闻成为正式引爆恒大债务危机的导火索。2021 年 8 月 19 日，中国人民银行、银保监会相关部门约谈恒大集团高管，要求恒大集团努力保持经营稳定，积极化解债务风险。次日，恒大集团（3333.HK）收跌 11.87％，截至 2021 年年底，股价较年内高点下跌幅度超过 85％。④

　　恒大集团自 2009 年上市以来，凭借高负债、高杠杆、高周转与低成本的"三高一低"策略快速扩张，自 2016 年起连续多年销售额位列行业第一，并于同年开始进入世界 500 强。⑤ 与此同时，其负债规模也由 2009 年的 499 亿港元迅速扩张至 2020 年的 19 507 亿港元，

---

　　①　2020 年 9 月 24 日，恒大集团在其官网发出严正声明，表示相关文件和截图凭空捏造、纯属诽谤，对公司造成了严重的商誉损害。恒大集团已向公安机关报案，坚决用法律武器维护公司合法权益。

　　②　恒大集团在开曼群岛注册成立，于 2009 年在港交所上市。恒大集团间接全资控股广州市凯隆置业有限公司，后者持有恒大地产集团有限公司（简称恒大地产）60.29％的股份。

　　③　2017 年，恒大集团控股的恒大地产共完成三轮合计 1 300 亿元的战略投资。在引入第二轮 150 亿元融资时达成对赌协议，若恒大地产重组深深房 A 在 2020 年 1 月 31 日前未完成，相关投资者将有权在期限届满前两个月内，要求回购所持股权或者股权补偿；而在引入第三轮 600 亿元融资时，第三轮战略投资对赌协议的重组期限推迟至 2021 年 1 月 31 日。2020 年 11 月 22 日，恒大集团发布公告称，恒大地产 1 300 亿元战略投资中，1 257 亿元战略投资已签订补充协议转为普通股，剩余 43 亿元权益战略投资的本金已由集团现金支付后回购。

　　④　恒大集团债务危机的风险传导效应仍在持续发酵，截至 2025 年 3 月 20 日收盘，其股价较 2021 年 12 月 3 日收盘跌幅高达 92.75％。

　　⑤　其 2020 年年报披露的营业收入为 5 072.48 亿元，在 2021 年世界 500 强排名中位于第 122 位。

年均复合增长率高达 39.55%。截至 2021 年 6 月底，恒大集团共有 1.71 万亿港元的债务，其中一年内到期的债务为 1.43 万亿港元，而账面非受限货币资金仅有 1 043 亿港元，短期债务现金缺口高达 1.33 万亿港元。① 然而，与之形成鲜明对比的是，2013—2019 年，恒大集团的股利支付率始终维持在 50% 左右；2009—2020 年，其累计平均股利支付率高达 43.43%。2009—2020 年恒大集团分红情况统计如表 4-1 所示。据统计，许家印家族②在这 12 年间共分得的现金股利高达近 600 亿港元。

表 4-1 2009—2020 年恒大集团分红情况统计 单位：万港元

年份	现金分红总额	股利支付率	许家印家族分红金额
2020	240 955	25.11%	184 957
2019	939 059	48.68%	721 479
2018	2 070 030	48.51%	1 603 446
2017	1 694 755	58.13%	1 307 842
2016	——	——	——
2015	627 414	50.25%	462 027
2014	795 104	49.76%	553 790
2013	869 082	54.18%	551 258
2012	270 132	23.88%	183 123

---

① 关于恒大集团资金链断裂的简要回溯如下：(1) 2021 年 6 月 29 日晚间，三棵树 (603737.SH) 发布公告称，公司应收恒大集团逾期商票金额 5 137.06 万元。(2) 2021 年 7 月 28 日，淮北矿业 (600985.SH) 公告称，恒大集团某子公司存在逾期未支付工程价款及违约金 40 126.28 万元。(3) 2021 年 8 月 2 日，利欧集团发布公告称，请求恒大集团向公司支付广告费 7 123.4 万元、逾期付款违约金 1 619.4 万元。(4) 2021 年 9 月 9 日，媒体爆料恒大财富（恒大集团间接全资附属公司）未能兑付本应于 9 月 8 日到期的理财产品。据后续媒体报道，恒大财富所涉及未兑付的理财产品存量规模约为 400 亿元。(5) 2021 年 9 月 13 日，恒大集团向投资者发布了兑付方案，包括现金分期兑付、实物资产兑付、冲抵购房尾款兑付。(6) 2021 年 12 月 3 日，恒大集团发布公告称，公司未能偿还一笔金额为 2.6 亿美元的私募债，这是恒大集团首次出现公开市场债务违约。广东省人民政府当晚立即约谈了许家印并派出工作组督促推进企业风险处置工作。
② 许家印家族控制的鑫鑫（BVI）有限公司与均荣控股有限公司合计持有恒大集团超过 60% 的股份。

续表

年份	现金分红总额	股利支付率	许家印家族分红金额
2011	349 275	24.88%	237 891
2010	226 028	25.34%	152 840
2009	11 932	10.04%	8 116
合计	8 093 766	43.43%	5 966 769

本章的主要目的是引发读者思考并讨论：是否存在特定的利益主体利用有限责任与股份制的"好处"与"便利"，从而"合法合理"地侵占其他利益相关者的利益这一新型的潜在非伦理行为？是否需要进一步探索相关制度与机制的完善以有效抑制这一潜在非伦理行为？为此，本章从恒大集团分红现象出发，基于庞氏骗局的基本内涵，对庞氏分红行为的界定、判别与监管进行较为系统的梳理，以期引发市场与管制的双重力量加入对这一潜在非伦理行为的规制中。

4.1 庞氏骗局与庞氏分红

4.1.1 庞氏骗局

为更好地理解、分析和定义庞氏分红行为，需要追溯庞氏骗局的来源。庞氏骗局（Ponzi scheme）源于 20 世纪一位名叫查尔斯·庞兹（Charles Ponzi）的意大利人所进行的一项金融诈骗活动。[①] 庞氏骗局的基本模式表现为：组织者以高回报低风险为诱饵，吸引投

---

① 1919 年，查尔斯·庞兹宣称购买欧洲的某种邮政票据再转卖给美国便可以获利，并表示所有的投资在 45 天之内都可以获得 50% 的回报。最早的一批投资者在规定时间内拿到了庞兹承诺的回报，于是后面的投资者大量跟进。在一年左右的时间里，有近 4 万名波士顿市民成为庞兹赚钱计划的投资者。然而，庞兹只是利用新投资者的资金来向老投资者支付利息和短期回报，以制造赚钱的假象进而骗取更多的投资。一年后庞兹破产，被利益冲昏头脑的人们如梦方醒，此后人们将这类诈骗行为称为庞氏骗局。

资者投入资金，以新投资者的资金来支付之前投资者的回报，并以
此进行不断的循环。① 与庞氏骗局紧密相关的概念则是庞氏融资
（Ponzi finance），它是美国经济学家海曼·明斯基（Hyman Minsky）
在金融不稳定假说（financial instability hypothesis）中严格定义的
专门术语。庞氏融资是指债务人在没有足够的现金流保障的情况下通
过借新债还旧债或出售资产的方式来维持对债务本金和利息的支付。
明斯基对庞氏融资的判别标准设定为：（当期经营现金流＋期初现金存
量）－（债务本金＋利息＋股息）<0，即企业在动用历年的现金存量和
当期经营净现金流之后，仍然无法满足经营、付息还本和股利支付
所需的现金。显然，庞氏骗局必然是一种欺诈融资行为，而庞氏融
资通常与边缘性或欺诈性的融资活动相关联，但其最初的意图并不
一定是欺诈。庞氏骗局因其欺诈的实质以及对现实社会的重大影响，
相关研究较多；而围绕庞氏融资，学者们则主要探究其与金融不稳
定的关系，以验证明斯基金融不稳定假说的正确性。目前，国内外
针对庞氏骗局的相关研究主要有以下三类。

第一类研究是从经济金融的视角出发，探究某一活动是否属于
庞氏骗局并分析其风险。例如，有学者以"e租宝"事件为例，分析
了互联网金融或 P2P 平台中庞氏骗局的性质、特征、成因及风险
（冯雨等，2016；孙春凤，2017）。有学者探讨了商业银行理财的影
子金融本质，指出银行理财可能导致金融体系陷入庞氏金融的风险
（刘新华和孙欢欢，2015）。有学者对银行理财是否属于庞氏骗局进
行了探究，认为利差下降可能导致庞氏骗局风险，因此呼吁加快
这一产品运作模式的转变（苏薪茗，2014）。有学者从消费者保护
的视角出发，指出银行理财存在不当引诱销售、信息不透明等问
题，其实质上成了庞氏骗局（王斐民等，2014）。有学者对以以太
坊货币为平台的庞氏骗局进行了分析，并识别出了 138 个庞氏骗局
（Bartoletti，2019）。

---

① 美国证券交易委员会官方网站。

第二类研究是从微观个体的视角出发，探究投资者陷入庞氏骗局的成因。有学者利用中国"e 租宝"88.9 万名投资者的微观数据，研究发现信任是使投资者陷入庞氏骗局的重要原因。无论是过往投资及时还款所产生的对平台的信任，还是基于权威广告的外部信任背书，都会对投资者的投资决策产生影响，进而使他们更容易陷入庞氏骗局（王正位等，2019）。有学者对印度尼西亚庞氏骗局的 98 名投资者进行了调查，结果发现投资者普遍存在乐观主义和过度自信等认知偏差，这些偏差导致他们更有可能卷入庞氏骗局（Hidajat et al.，2020）。有学者通过对牙买加庞氏骗局的 402 名投资者的调查结果进行分析，发现风险承受能力较强的人更有可能接触庞氏骗局（Tennant，2011）。

第三类研究是从法律监管的角度出发，对如何打击庞氏骗局提出建议。有学者建议加强金融立法，通过明确界定非法集资与民间合法借贷之间的界限等方式加大刑事打击力度（赵敏，2016）。有学者建议监管部门设立保密举报平台，编制金融犯罪的清单以震慑金融机构（Uppiah，2018）。有学者认为集资行为具有天然的风险性，庞氏骗局因其欺诈的本质和高风险性应被归类为集资诈骗（范淼，2015）。

4.1.2　庞氏分红

庞氏分红这一概念衍生自庞氏骗局和庞氏融资。国外关于庞氏分红的研究极少，相关研究主要集中在现金股利政策领域。在国内，庞氏分红的概念首见于谢德仁 2013 年发表的《企业分红能力之理论研究》。在该文中，他首先对自由现金流的界定与计量问题进行了深入的研究，在此基础上提出了企业分红能力的概念，即企业是否有在正值的留存收益边界内可持续地向股东分配企业自由现金流量的能力。他认为，企业在某个时点上具备分红能力的充要条件是企业留存收益为正值，同时还拥有源自自由现金流量的自由现金。换言之，企业分红能力受制于源自自由现金流量的自由现金和留存收益的双重边界。因此，企业在无分红能力时进行的分红，其本质便是庞氏分红。

基于谢德仁的开创性研究，其他学者也对庞氏分红的定义进行了辨析，认为庞氏分红是指企业在有盈利但无现金的情况下，通过举债的方式向投资者支付普通股股利（涂必玉，2014）。有学者将庞氏分红定义为上市公司超能力派现的财务行为，并从经营现金净流量、自由现金流量、利润、行业水平四个维度选取指标来刻画庞氏分红行为并构建庞氏分红指数（杨宝和任茂颖，2017）。

　　在庞氏分红原因的研究方面，有学者以 2013—2017 年沪深 A 股上市公司为样本，研究发现股权集中度会抑制上市公司的庞氏分红行为（王进朝和张永仙，2019）；有学者以我国 2010—2016 年沪深 A 股上市公司为样本，研究发现高管权力与庞氏分红行为呈显著负相关（王进朝和田佳楠，2019）。在庞氏分红后果的研究中，有学者分析了现金股利对企业投资活动的影响，发现资本市场上存在长期自由现金匮乏的企业通过发放现金股利（即庞氏分红）获得外部融资便利，从而提升后续投资活动水平的现象（廖珂，2015）。

　　基于以上关于庞氏分红的基本界定，我们认为，庞氏分红是现金股利分配的一种非伦理行为，其本质表现为分红现金全部（或部分）来源于债务资本和（或）权益资本的本金而非企业经营成果所累积的自由现金。追溯分红现金的来源是判别是否发生庞氏分红行为的关键。由于公司在特定时点的存余现金是各种现金流量（如经营、投资和融资活动产生的现金流量）持续混合的结果，准确追溯分红现金的来源并非易事。在性质上，庞氏分红的现金来源又可以进一步分为债务资本以及债务资本与权益资本的结合，前者属于最为经典的庞氏分红现金来源，而后者则包含了对股东权益资本的部分返还。

4.2　分红能力与庞氏分红

　　前已述及，准确追溯分红现金的来源并非易事。总体而言，与企业现金分红行为联系更为紧密的应当是收付实现制下的经营成果

（即可供股东分配的自由现金流量）。由于正向的净利润并不一定意味着有同等的现金流量净流入，在现金流与净利润错配的情况下，企业很可能会存在庞氏分红问题。有学者基于自由现金流量视角并采用逐年滚动累计调整的方法，将公司自由现金流量减去向融资性债权人支付的利息后所得的调整后的股东自由现金流量视为公司为股东创造的价值，然后将这部分股东自由现金流量与实际分配的现金股利进行比较，以此对庞氏分红行为加以判别（诶德仁，2020）。我们认为，这是迄今为止对庞氏分红行为最科学、最精确的测度方法。[①] 本书将该方法称为累计流量法。

然而，对庞氏分红行为的判别不仅要契合动态的"自由现金净流入"条件，还要同时契合静态的"现金存量"要求。此外，累计流量法需要企业生命周期内或自 IPO 以来各个年度的连续、完整的数据，其测算过程略为复杂。因此，除累计流量法之外，本章尝试用两个更为简便的方法对庞氏分红行为加以判别，即当期流量法与当期存量法。

4.2.1 累计流量法

根据《公司法》的规定，当公司有可供分配的利润时，遵照缴纳税款、弥补亏损、提取法定公积金、提取任意公积金、分红的分配顺序，即企业分红的先决条件是存在可供分配的留存收益。然而，企业在当年盈利较少甚至亏损的情况下也可能进行大比例现金分红，这部分的分红可能来源于以前年度的经营成果。因此，我们可以将公司自 IPO 年度至当年度的累计分红总额与累计创造的可供股东分配的自由现金流量进行比较，若前者大于后者，则说明存在庞氏分红行为。累计流量法在本质上属于一种历史导向的庞

---

① 有学者采用当期数据的四个指标（分红对利润的比例、分红对经营现金净流量的比例、每股自由现金流量及分红水平与行业总体分红对比）的加权平均值构建了庞氏分红指数（杨宝和任茂颖，2017）。但我们认为，该指数只能体现分红的多少（未必属于庞氏分红），是对超额分红倾向的一种概率测算，而非对庞氏分红行为的直接判别。

氏分红判别方法。

累计流量法的判别公式设定为：从 IPO 年度至当年度累计的现金分红总额－相应的累计可供股东分配的自由现金流量。其结果若大于 0，则属于庞氏分红；反之，则不属于。

4.2.2　当期流量法

累计流量法的优势是考虑了历史自由现金流量在当期的结余，从而防范了由于现金分红的跨期调节而误判当期分红的庞氏分红性质。然而研究发现，平均而言，公司当期现金分红中"跨期调节"的比例与概率可能是非常低的。我们以 1998—2020 年 A 股所有上市公司为样本（剔除金融类上市公司和数据缺失样本，共得到 47 771 个有效样本）对上市公司现金持有比例进行了统计分析。结果显示：货币资金/平均资产的平均值是 18.14%；但如果考虑当期现金持有（历史结余）对未来一年的资本性开支和规模扩大导致的营运资本增加的保障（"对眼前的紧急保障"），即扣除对未来一年的投资与经营扩张保障后的资产的现金含量（（当年现金余额－次年资本性支出－次年营运资本增加额）/当年年末资产余额），这一比例的平均值为－39.74%。可见，在判别庞氏分红行为时不考虑自由现金流量的"跨期调节"（即将每年都视为"历史已结清状态"）具有很高程度的现实合理性。因此，在理论上也可将分红行为视为主要是对当期经营成果的一种分享，这样我们就可以从当期经营成果维度获得一个更为简便的测度潜在庞氏分红的方法，即当期流量法：判断当期现金分红是否高于当期所创造的可供股东分配的自由现金流量。基于上市公司平均而言持有现金的比例较低，当期流量法假定"以前年度所创造的累计可供分配的自由现金流量"总体上处于"历史已结清状态"，在现实中具有较高程度的平均意义上的合理性。因此，当期流量法本质上属于一种现时导向的庞氏分红判别方法。

在当期流量法下，潜在的庞氏分红行为的判别公式可以设定为：当年现金分红总额－当年可供股东分配的自由现金流量。若结果大于 0，则属于庞氏分红；反之，则不属于。其中，自由现金流量指的是当期企业经营活动产生的现金净流量，在剔除企业长期资本投入后的余量。由于公司对于债权人的利息支出是刚性的，且不属于可供股东分配的自由现金流量范畴，所以可供股东分配的自由现金流量＝经营活动产生的现金流量净额－资本支出－利息支出。其中，经营活动产生的现金流量净额直接取自现金流量表数据；资本支出取自现金流量表中"购建固定资产、无形资产和其他长期资产支付的现金"项目数据；利息支出包括费用化和资本化利息，且为现金支出，其金额等于"分配股利、利润或偿付利息支付的现金"项目数据减去当年实际支付的现金股利。

4.2.3　当期存量法

无论是当期流量法还是累计流量法，都是从企业经营成果的角度来审视企业现金分红的合理性，但我们也需要认识到管理层在制定分红政策时同样应关注现金分红后企业是否拥有足够的面向未来的"现金深度"。如果现金分红可能会危及企业对债务（尤其是即将到期的债务）的偿还能力，此时的现金分红就有庞氏分红的嫌疑。基于债权权益具有优先清偿权的属性，如果当期现金分红的经济后果直接表现为对即将到期债务安全性的威胁，那么这种现金分红在实质上具有庞氏分红的基本属性。在此意义上，从未来导向的视角出发，也可以从分红后现金存量的维度对是否属于庞氏分红行为加以简便判别，即当期存量法：判断当期现金分红是否导致了过低的现金持有水平，从而影响企业正常的生产经营和未来对（即将）到期债务的偿还。因此，当期存量法本质上属于一种未来导向的庞氏分红判别方法。

具体而言，当期存量法又可细分为以下三种严格程度逐步递增的判别方法：（1）分红后现金存量－有息负债余额；（2）分红后现金存量－未来一年内到期的有息负债余额；（3）分红后现金存量－当年新增有息负债。在上述三个公式中，若计算结果小于 0，则属于庞氏分红；反之，则不属于。

4.2.4 当期流量法下庞氏分红的现金来源分析

根据公司金融理论，公司创造的自由现金流量由所有的清偿权者（债权人和股东）享有，用公式表示为：企业自由现金流量＝股东自由现金流量＋债权人自由现金流量。其中，股东自由现金流量表现为收到现金股息、股票回购、扣除新的资本性投入后的净流入；债权人自由现金流量表现为收到现金利息、债务偿还、扣除新增债务后的净流入。因此，企业自由现金流量＝（支付现金股利＋股票回购－股东资本性投入）＋（利息支出＋偿还债务－新增债务）。

基于数据的可得性，如果不考虑股票回购因素的影响，又可将上述公式整理为：支付现金股利－（企业自由现金流量－利息支出）＝股东资本性投入＋债务净增加额；亦可表示为：支付现金股利－可供股东分配的自由现金流量＝股东资本性投入＋债务净增加额。因此，根据前面定义的当期流量法，若当期现金分红超过当前创造的可供股东分配的自由现金流量（即被判别为庞氏分红行为），则从当期视角（不考虑分红资金的跨期调节）来看，必然由股东或债权人或两者兼有在当前提供了正向的现金流入，这样我们就可以简便地追溯庞氏分红行为的现金来源。

为此，我们定义如下两个指标：（1）指标 A：股东当年投入的现金流量净额，即不考虑股利发放和股份回购的情况下第 t 年股东新增的资本性投入＝第 t 年 IPO 筹资净额＋增发筹资净额＋配股筹资净额＋发行可转债筹资净额；（2）指标 B：债权人当年投入的现金流量净额，即第 t 年债权人新增的债权投入＝筹资活动现金流入合计－股东当年投入现金流量净额－（筹资活动现金流出合计－分配股利、利润或偿付利息支付的现金）。指标 A 与指标 B 的正负组合共产生如表 4-2 所示的 4 类严重程度递减的庞氏分红类型，其中第 Ⅳ 类的经济实质系分红资金的跨期调节，属于形式上的庞氏分红，即在本质上属于非庞氏分红。

表 4 - 2　当期存量法下庞氏分红的不同类型

庞氏分红类型	指标组合分布	含义与严重程度
第Ⅰ类	指标 A＝0 且指标 B＞0	表现为企业将来自债权人的资金以现金分红的形式输送给股东，可能会影响债权人债务的正常清偿，属于"最为严重"的庞氏分红
第Ⅱ类	指标 A＞0 且指标 B＞0	表现为企业同时将来自债权人和股东的资金以现金分红的形式输送给股东，尽管部分分红现金来自"权益资本的返还"，但也可能会影响对债权人债务的正常清偿，属于"较为严重"的庞氏分红
第Ⅲ类	指标 A＞0 且指标 B≤0	表现为企业将对股东超募的资金以现金分红的形式返还给股东，属于"程度较轻"的庞氏分红
第Ⅳ类	指标 A＝0 且指标 B≤0	表现为企业将以前年度创造的自由现金流量的结余在当前分配给股东，系分红资金的跨期调节，属于形式上的庞氏分红，即本质上属于非庞氏分红

4.3　庞氏分红与金融稳定

4.3.1　基于恒大集团的庞氏分红判定

　　本节利用前述三大维度下的 5 种①判别方法对恒大集团从上市次年（2010 年）至 2020 年共 11 年间的 10 次分红行为进行判别，统计结果如表 4 - 3 所示。根据表 4 - 3 可知，在当期流量法、累计流量法、当期存量法 1、当期存量法 2、当期存量法 3 下，恒大集团 10

――――――――

①　当期存量法有 3 种相通但有差别的具体方法。

次现金分红被判别为庞氏分红的平均比例分别为 80%、100%、100%、80%、60%。其中，被上述 5 种方法同时判别为庞氏分红的有 4 个年度（占 40%），被 4 种及以上的方法同时判别为庞氏分红的则有 8 个年度（占 80%）。这表明，总体而言，恒大集团存在较为严重的庞氏分红行为，且上述 5 种判别方法对其庞氏分红行为的测度也较为一致。

表 4-3 恒大集团庞氏分红行为判别结果（Y/N）

年份	当期 流量法	累计 流量法	当期 存量法 1	当期 存量法 2	当期 存量法 3
2010	Y（第 I 类）	Y	Y	N	Y
2011	Y（第 I 类）	Y	Y	N	Y
2012	Y（第 II 类）	Y	Y	Y	N
2013	Y（第 II 类）	Y	Y	Y	Y
2014	Y（第 I 类）	Y	Y	Y	Y
2015	Y（第 I 类）	Y	Y	Y	Y
2016	—	—	—	—	—
2017	Y（第 I 类）	Y	Y	Y	Y
2018	N	Y	Y	Y	N
2019	Y（第 II 类）	Y	Y	Y	N
2020	N	Y	Y	Y	N
判别为 Y 的比例 （不考虑未分红年度）	80%	100%	100%	80%	60%

注：未获得 2016 年公开分红数据。

如前所述，采用现时导向的当期流量法可以较为方便地追溯当期分红的潜在资金来源，从而可以将庞氏分红区分为 4 种[①]严重程度递减的不同类型。根据表 4-3，在当期流量法下，恒大集团 10 个现金分红年度中仅 2018 年和 2020 年不属于庞氏分红，且其余 8 个年

---

① 在实质上属于庞氏分红行为的只有 3 种，第 4 种仅在形式上属于庞氏分红行为，即实质上属于非庞氏分红行为。

度的庞氏分红类型为"最为严重"的第Ⅰ类（共 5 个年度）或"较为严重"的第Ⅱ类（共 3 个年度），即在 10 次现金分红中有 8 次分红都涉及通过债权人提供正向的现金流入用于当年的分红，其中有 3 个年度还涉及通过"权益资本的返还"的形式进行分红。

4.3.2　基于 1998—2020 年中国 A 股上市公司的判定

因财政部制定的《企业会计准则——现金流量表》于 1998 年 1 月 1 日起在所有企业施行，所以本部分以 1998—2020 年 A 股所有上市公司为样本，在剔除金融类上市公司和数据缺失样本后，共得到 47 771 个有效样本，其中 30 577 个样本在当年度实施了现金股利分配，分红公司占比约为 64％。使用的所有数据来自 CSMAR 数据库和 Wind 数据库。

1. 中国 A 股上市公司庞氏分红行为判别结果

在累计流量法下，我们比较了 A 股上市公司自 IPO 年度（1998 年）至当年度的累计分红总额与累计创造的可供股东分配的自由现金流量，统计结果如表 4 - 4 "Panel A"所示。共有 25 060 个观测样本被该法判别为存在庞氏分红行为，占存在分红总样本的 81.96％。[①] 这表明，总体而言，A 股上市公司的庞氏分红行为广泛、普遍而持续地存在。

表 4 - 4　中国 A 股上市公司庞氏分红行为判别结果（1998—2020 年）

Panel A：累计流量法下的判别结果		
现金分红样本数	庞氏分红样本数	庞氏分红样本所占比例
30 577	25 060	81.96％
Panel B：当期流量法下的判别结果		
现金分红样本数	庞氏分红样本数	庞氏分红样本所占比例
30 577	20 359	66.58％

———————

① 有学者在累计流量法下发现在进行现金分红的公司中有 87％的公司存在庞氏分红行为，与本部分的研究结果一致（谢德仁等，2020）。

续表

Panel C：当期存量法下的判别结果		
（1）分红后现金存量－有息负债余额		
现金分红样本数	庞氏分红样本数	庞氏分红样本所占比例
30 577	14 826	48.49%
（2）分红后现金存量－未来一年内到期的有息负债余额		
现金分红样本数	庞氏分红样本数	庞氏分红样本所占比例
30 577	10 785	35.27%
（3）分红后现金存量－当年新增有息负债		
现金分红样本数	庞氏分红样本数	庞氏分红样本所占比例
30 577	4 171	13.64%

在当期流量法下，我们比较了全样本当年度现金分红与当年度创造的可供股东分配的自由现金流量，统计结果如表 4－4 "Panel B" 所示。共有 20 359 个观测样本被该法判别为存在庞氏分红行为，占存在分红总样本的 66.58%。

在当期存量法下，我们分别比较了分红后现金存量与有息负债余额、分红后现金存量与未来一年内到期的有息负债余额以及分红后现金存量与当年新增有息负债，被判别为存在庞氏分红行为的比例分别为 48.49%、35.27%、13.64%，结果如表 4－4 "Panel C" 所示。

可见，除标准最为严格的"当期存量法 3"以外，其他 4 种方法测度的结果均表明中国 A 股上市公司存在较为普遍的庞氏分红行为。

此外，为了消除单一判别法的缺陷，我们在综合使用 5 种判别方法的基础上，对年度分红通过多种判别方法的观测值频率分布进行了统计。例如，若年度分红仅满足上述 5 种方法中的一种，则该观察值归入"1/5"这组，满足其中两种的则归入"2/5"这组，以此类推，结果如表 4－5 所示。从表 4－5 可以看出，仅有不到 12% 的样本公司当年度不满足 5 种庞氏分红判别方法中的任何一种；合计有 43.75% 的观察值要满足 5 种庞氏分红判别方法中的 3 种及以上（"3/5"＋"4/5"＋"5/5"）。这说明，采用综合判别的方法也倾向于反映中国 A 股上市公司存在广泛而普遍的庞氏分红行为。

表 4-5　满足多种判别方法的频率分布

满足的判定条件数	样本数	占比
0/5	3 618	11.83%
1/5	4 143	13.55%
2/5	9 440	30.87%
3/5	4 367	14.28%
4/5	5 968	19.52%
5/5	3 041	9.95%
总计	30 577	100.00%

2. 中国 A 股上市公司庞氏分红行为类型判别结果

按照前述当期流量法下庞氏分红现金来源的追溯方法，我们对存在庞氏分红行为的 A 股上市公司样本进一步分类，以判断相应的庞氏分红行为究竟损害了哪方的利益，统计结果如表 4-6 所示。

表 4-6　中国 A 股上市公司庞氏分红行为类型判别结果

庞氏分红行为类型	样本数	占比
实质上的庞氏分红行为：		
第 Ⅰ 类	10 945	53.76%
第 Ⅱ 类	2 091	10.27%
第 Ⅲ 类	3 155	15.50%
形式上的庞氏分红行为：		
第 Ⅳ 类	4 168	20.47%
合计	20 359	100.00%

根据表 4-6 可知，实质上的庞氏分红行为（第 Ⅰ、Ⅱ、Ⅲ 类之和）的总占比为 79.53%，性质最为严重的第 Ⅰ 类庞氏分红行为占比高达 53.76%，表明有超过一半的庞氏分红行为的本质是将债权人提供的融资以现金股利的方式转移给股东。显然，第 Ⅰ 类庞氏分红行为将不利于对债权人的保护，可能已经成为大股东掏空上市公司主

要的"隐蔽隧道"。

3. 中国 A 股上市公司庞氏分红行为的年度与行业分布

图 4-1 描述了 1998—2020 年中国 A 股上市公司庞氏分红行为的变动趋势。总体来看，中国 A 股上市公司庞氏分红行为的概率分布并未呈现出显著的波动性。2008 年 10 月 9 日修订后实行的《上市公司证券发行管理办法》① 出台，将原先公开发行证券条件一般规定中的"最近三年以现金或股票方式累计分配的利润不少于最近三年实现的年均可分配利润的百分之二十"调整为"最近三年以现金方式累计分配的利润不少于最近三年实现的年均可分配利润的百分之三十"。在再融资新规实施后，当期流量法下庞氏分红样本所占比例由 2009 年的 32.13％快速攀升至 2011 年的 55.73％，并在 2011—2014 年维持在 50％以上，初步表明半强制现金分红政策在一定程度上刺激了上市公司的庞氏分红行为。

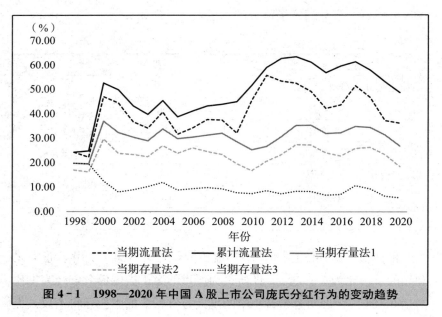

图 4-1　1998—2020 年中国 A 股上市公司庞氏分红行为的变动趋势

① 该办法现已失效。

进一步地，我们研究了中国 A 股上市公司庞氏分红行为的行业分布，分类标准为证监会《上市公司行业分类指引》（2012 年修订），除制造业采用二级行业分类外，其余行业均采用一级行业分类，结果如表 4 - 7 所示。根据表 4 - 7 可知，在当期流量法下，从行业分布来看，家具制造、金属制品、建筑类、公用事业类上市公司的庞氏分红现象较为严重，而与我们预期相偏离的是房地产业的庞氏分红现象并不严重，占比仅为 37.24%，但房地产业第 I 类庞氏分红占庞氏分红总样本的比例高达 73.27%，为所有行业中的最高水平。

表 4 - 7　中国 A 股上市公司庞氏分红行为的行业分布（%）

行业名称	当期流量法		累计流量法	当期存量法 1	当期存量法 2	当期存量法 3
	占比	其中：第 I 类	占比	占比	占比	占比
家具制造业	57.06	47.42	70.00	27.65	18.18	8.82
金属制品业	55.09	51.48	66.89	39.35	34.45	10.04
废弃资源综合利用业	54.55	44.44	54.55	42.42	48.28	9.09
建筑业	53.42	63.61	63.40	46.32	30.40	8.49
居民服务、修理和其他服务业	53.41	61.70	73.86	46.59	45.45	14.77
水利、环境和公共设施管理业	52.57	56.77	62.65	44.47	30.86	16.40
橡胶和塑料制品业	49.68	49.89	61.65	35.49	31.10	9.32
电力、热力、燃气及水生产和供应业	49.20	63.09	59.39	57.48	40.36	21.29
汽车制造业	48.20	47.78	57.95	28.84	21.54	6.09
电气机械及器材制造业	47.98	50.60	58.46	27.21	21.72	7.59
文教、工美、体育和娱乐用品制造业	47.89	47.06	61.97	18.31	15.49	4.93
皮革、毛皮、羽毛及其制品和制鞋业	47.46	55.36	54.24	24.58	20.34	2.54
通用设备制造业	47.09	47.46	56.09	26.09	20.96	6.55
交通运输、仓储和邮政业	47.01	61.32	63.51	50.56	30.20	15.19

续表

行业名称	当期流量法		累计流量法	当期存量法 1	当期存量法 2	当期存量法 3
	占比	其中：第Ⅰ类	占比	占比	占比	占比
计算机、通信和其他电子设备制造业	46.42	48.08	55.40	20.99	16.30	5.41
有色金属冶炼及压延加工业	45.99	57.40	58.07	47.21	40.92	13.50
仪器仪表制造业	45.78	45.49	53.83	14.93	10.22	4.91
科学研究和技术服务业	45.32	39.35	53.51	13.45	7.89	4.09
专用设备制造业	45.28	49.86	55.71	23.07	17.56	5.73
化学原料及化学制品制造业	44.66	55.74	55.19	34.47	27.49	10.56
农副食品加工业	44.24	52.73	53.77	37.41	34.42	12.52
医药制造业	43.64	50.35	52.32	26.83	21.08	6.94
其他制造业	42.49	53.26	54.27	31.64	27.41	8.55
食品制造业	42.35	44.60	53.68	26.84	19.52	6.56
纺织服装、服饰业	41.05	51.18	53.70	24.32	19.09	8.75
租赁和商务服务业	40.35	55.17	49.39	28.87	20.53	9.22
信息传输、软件和信息技术服务业	39.91	48.91	47.27	11.76	7.95	2.91
采矿业	39.40	56.27	50.53	41.92	27.98	10.55
非金属矿物制品业	39.30	54.31	50.69	37.50	30.44	10.91
农、林、牧、渔业	37.65	60.13	42.74	29.42	24.62	10.41
纺织业	37.44	52.66	47.54	31.81	29.24	7.63
铁路、船舶、航空航天和其他运输设备制造业	37.44	49.66	45.77	20.00	14.34	4.49
化学纤维制造业	37.42	57.38	46.22	37.83	33.26	12.47
木材加工及木、竹、藤、棕、草制品业	37.25	60.53	50.00	29.41	28.43	12.75
房地产业	37.24	73.27	49.55	47.29	23.83	13.48
印刷和记录媒介复制业	36.76	36.00	46.32	18.38	16.18	3.68

续表

行业名称	当期流量法		累计流量法	当期存量法 1	当期存量法 2	当期存量法 3
	占比	其中：第Ⅰ类	占比	占比	占比	占比
批发和零售业	35.87	58.11	42.72	28.80	24.24	7.24
黑色金属冶炼及压延加工业	35.47	62.14	48.32	48.76	38.50	15.47
造纸及纸制品业	33.99	55.79	45.80	37.39	34.85	9.12
酒、饮料和精制茶制造业	28.69	50.49	39.10	19.55	17.16	7.17
文化、体育和娱乐业	27.80	43.28	32.57	11.20	6.11	4.15
住宿和餐饮业	26.09	51.85	32.37	22.22	14.36	7.25
石油加工、炼焦及核燃料加工业	25.61	53.68	39.62	27.22	20.35	8.63
卫生和社会工作	25.33	47.37	29.33	21.33	14.67	6.67
综合	24.41	58.12	28.81	24.49	19.07	6.34
教育	23.33	42.86	20.00	13.33	13.33	6.67

4.4　基本结论与监管建议

4.4.1　基本结论

恒大集团近 2 万亿元的债务危机及多年持续的巨额分红现象引起资本市场、学术界与监管部门的广泛关注。历史地看，有限责任与股份制是人类经济文明史上的重大制度发明，它有效地将股东与公司法人的责任与风险进行分离，从而能大规模集聚资本以促进经济繁荣。然而，基于对恒大集团分红现象的考察，本章提出了一种新的潜在非伦理行为假设，即是否存在特定的利益主体利用有限责任与股份制的"好处"与"便利"，从而"合法合理"地侵占其他利益相关者的利益。该非伦理行为的可识别情景包括：在债务规模持续扩张、存量负债高企、流动性高度紧张的情况下企业仍持续实施巨额分红，等等。为此，本章从庞氏骗局的视角出发，对上市公司庞氏分红行为的界定、识别与监管进行了较为系统的研究，以期引发市场与监管的双重力量加入对这一潜在的非伦理行为的规制中。

企业分红能力受制于源自自由现金流量的自由现金和留存收益的双重边界（谢德仁，2013）。因此，企业在无分红能力时进行的分红，其本质便是庞氏分红。本章沿袭这一基本思想，将庞氏分红视为现金股利分配中的一种非伦理行为，其本质表现为分红现金全部（或部分）来源于债务资本和（或）权益资本的本金而非企业经营成果所累积的自由现金。追溯分红现金的来源是判别是否发生庞氏分红行为的关键。

在此基础上，本章对庞氏分红行为的判别方法进行了较为细致的研究，除基于历史导向的累计流量法（谢德仁等，2020）之外，本章还创新性地提出了分别基于现时导向和未来导向的当期流量法和当期存量法。总体而言，累计流量法最符合庞氏分红的本质定义，但其对数据的完整性要求较高，测算过程略显复杂；而当期流量法建立在"以前年度累计可供分配的自由现金流量"在平均意义上处于"历史已结清状态"这一现实合理假定的基础上，其测算方法更为简洁方便，与累计流量法的测算结果之间的一致性程度也较高；当期存量法则以当期现金分红的经济后果是否直接表现为对即将到期债务安全性的威胁作为判别关键，也具有简便易行的优势。进一步地，本章还基于当前流量法创新性地通过追溯分红现金的来源将庞氏分红行为区分为严重程度递减的4种类型，其中3种为实质上的庞氏分红行为，1种则为形式上的庞氏分红行为。

最后，本章基于上述三大维度下的5种判别方法，对恒大集团和1998—2020年中国A股上市公司的庞氏分红行为进行了初步的检验。研究发现，总体而言，恒大集团和中国A股上市公司都存在普遍、广泛而持续的庞氏分红行为，且大多数庞氏分红行为属于性质

较为严重的第Ⅰ类，表现为将来自债权人的资金以现金分红的形式
输送给股东。

4.4.2 对庞氏分红行为的监管建议

自股利无关论（dividend irrelevancy theory）（Modigliani &
Miller，1961）以及股利之谜（the dividend puzzle）（Fisher Black，
1976）提出以来，有关现金分红的学术研究可谓汗牛充栋。总体而言，
是否分红或分红多少属于公司内部的一项"自由"财务政策。长期以
来，分红水平低被认为是我国上市公司的显著特征，监管部门认为该
行为严重损害了投资者的利益，也不利于资本市场的长期发展。为改
善该状况，中国证监会分别于 2006 年和 2008 年颁布相关文件，将上
市公司的再融资资格与现金分红明确联系起来，因此，它们也被称为
半强制分红政策①。然而，本章的研究表明，中国 A 股上市公司存在
普遍、广泛而持续的庞氏分红行为。基于庞氏分红行为的非伦理性质
以及 2020 年国务院发布的《关于进一步提高上市公司质量的意见》，
本章认为需要重新评估半强制分红政策的有效性与精准性。

1. 关于再融资资格与现金分红松绑

半强制分红政策切实提高了公司支付现金股利的积极性和主动性，
但也不免会激励一部分公司为满足监管规定而进行基于融资动机的分
红。如果其分红在本质上属于庞氏分红，则会损害公司价值（尤其是
债权人权益）。因此，本章建议将再融资资格与现金分红松绑，充分释
放股利分红的信号作用，并且积极引导现金分红能力强的公司进行分
红，培育成熟的现金分红文化，减少为了融资而进行的分红或利用债
权人和投资者的本金而进行的庞氏分红。

2. 细化分红要求以保护债权人权益

近年来，中国证监会对分红监管政策进行了细化和改进，并没

---

① 关于半强制分红政策的界定以及相关政策文件的主要规定，可参阅：李常青，魏
志华，吴世农. 半强制分红政策的市场反应研究［J］. 经济研究，2010，45（3）：144 -
155.

有采取"一刀切"的监管模式，而是积极鼓励上市公司根据行业、发展阶段与盈利水平进行现金分红，增加分红频率。结合现有政策与本章对庞氏分红的研究结论，建议监管部门在指导上市公司现金分红决策时，着重关注现金分红是否损害债权人的利益，可以结合当期现金流量法来追溯分红现金的来源，以免出现"损债权人、肥股东"的情况，从而有力保护债权人权益。另外，监管部门还可以从当期存量法的视角来判断公司的现金分红能力，从而逐步细化更为恰当的分红政策要求。

3. 增强现金分红信息披露与透明度

2012 年 5 月，中国证监会发布了《关于进一步落实上市公司现金分红有关事项的通知》，要求上市公司必须严格制定并执行利润分配政策，并且在定期报告中详细披露。此外，在证券交易所的网站上已有专门展示上市公司分红情况的页面①。这些举措实际上也是为了提高分红信息的透明度，让投资者能够更好地利用信息做出投资决策。本章建议，在引导上市公司进行利润分配管理以及设立现金分红的长期制度安排以外，还可出台现金分红信息披露规范，使分红信息规范化、可比化，充分呈现是否进行现金分红以及现金分红分配比例的合理性、必要性，提升投资者的决策有用性与信息透明度。

---

① 上海证券交易所官方网站。

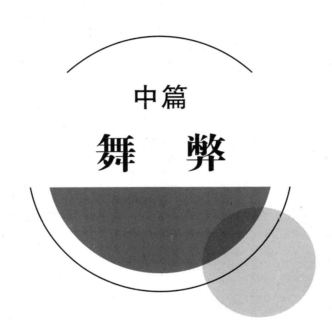

中篇

舞弊

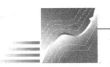

第5章 财务舞弊
与做空产业链

在资本市场的广袤舞台上，财务舞弊与做空行为如同暗流涌动，挑战着公众对资本市场的信任与信心。2020年4月2日，一纸关于在纳斯达克上市的中概股公司——瑞幸咖啡22亿元的造假公告轰动了整个资本市场。数月前，做空机构浑水代为发布的做空报告一语成谶。一时间，摩根士丹利、瑞士信贷、中金公司、海通国际等知名投行如坐针毡，四大会计师事务所之一的安永忙于自保，唯独瑞幸咖啡管理层仍然"元气满满"，这成为开年以来资本市场的一出闹剧。自2006年以来，美股市场中概股公司被做空机构先后狙击60余次，近年来战火又延伸至港股市场。从结果来看，强制退市者有之，私有化退市者有之，绝地反击者亦有之。虽然个别案例中做空机构折戟沉沙，但在大多数案例中，做空机构都赚得盆满钵满。以至于做空逐渐发展成为一个完整的产业链，产业链中各个主体的规模不断扩大、业务手段日臻完善，成为资本市场一道"靓丽风景"。

瑞幸咖啡事件，作为近年来备受瞩目的财务舞弊事件，不仅揭示了企业信息披露质量与透明度的严重不足，也再次将做空产业链这一复杂而隐秘的市场力量推向了公众视野。信息披露的真实性、准确性、完整性、及时性存疑是做空的根源，投资银行、做空机构、其他投资机构、律师事务所等相关方无不以信息披露为切入点。瑞幸咖啡的财务舞弊事件，如同一面镜子，映照出中概股公司在信息披露方面以及反做空方面存在的诸多漏洞与不足。在做空已经形成产业的背景下，如何在复杂多变的市场环境中提升自身信息披露的质量与水平，成为摆在中概股公司面前的一道必答题。同时，监管层、市场中介及投资者也需深刻反思，如何从瑞幸咖啡事件中汲取教训，深入挖掘做空事件背后的规律性问题，如何实施反做空举措，以推动我国资本市场向更加成熟、完善的方向迈进。

本章旨在以瑞幸咖啡被做空事件为契机，基于信息披露与财务舞弊视角，透过做空事件本身分析其背后的潜在逻辑，向读者呈现当前做空产业链的基本构成，并从反做空视角为监管者、上市公司、市场中介及投资者提供可能的借鉴。希望通过本章的探讨，读者不仅能够增进对成熟资本市场运作机制及监管体系的理解，更能激发对我国资本市场改革与发展路径的深刻思考。在全球化与金融一体化的背景下，如何完善我国资本市场的信息披露制度，强化财务舞弊的防范与惩治机制，促进市场各方主体的良性互动与共同繁荣，是摆在我们面前的重要课题。

5.1　信息披露与财务舞弊

瑞幸咖啡（Nasdaq：LK）公司总部位于厦门，自 2017 年 6 月注册成立以来便一直保持快速扩张的态势。2018 年 1 月，瑞幸咖啡在北京和上海开始营业。2019 年年末，其门店数量超过 4 500 家，仅两年便超越星巴克在华门店数量，成为我国最大的咖啡连锁品牌。
2019 年 5 月 17 日，瑞幸咖啡登陆纳斯达克，融资 6.95 亿美元，成
为世界范围内从公司成立到 IPO 时间最短的公司。同年，瑞幸咖啡
推出了小鹿茶、瑞即购及瑞划算等一系列新产品与新战略，进一步
巩固了其市场地位。2020 年 1 月，瑞幸咖啡完成增发并发行可转债，
融资规模超过 11 亿美元。在股权结构方面，董事长陆正耀为最大股
东，持股比例为 23.94％，拥有 36.86％的投票权；CEO 钱治亚持股
比例为 15.43％，拥有 23.76％的投票权；第三大股东 Sunying
Wong 持股比例为 9.72％。

　　根据瑞幸咖啡招股说明书及公开信息，其商业模式主要有三方
面要点：第一，以技术为驱动、数据为核心，与客户建立密切联系。
瑞幸咖啡不设置收银台，所有交易都依赖于手机客户端完成。这种
模式不仅便于分析客户消费行为，实现定向差异化营销，还减轻了
门店员工的工作量，提升了制作咖啡的效率，降低了成本。第二，
布局快取店和无人零售，实现全场景覆盖。所谓全场景，是指同时
涉足传统门店、无人零售和外卖三个领域，分别对应优享店、快取
店和外卖厨房店。其中重点在快取店，2019 年在所有门店中快取店
占比超过了 90％；其特点是门店面积小，位置大多集中在写字楼大
堂、企业内部以及人流量较大的地方，能够更贴近客户，这是瑞幸
咖啡得以高速扩张的重要原因。第三，主打高品质、高性价比。瑞
幸咖啡通过优质原材料、优质设备实现高品质，通过批量采购压低
成本，同时通过补贴模式实现高性价比。来自 Wind 数据库的数据显
示，其可统计的上市前融资共计四轮，合计融资额约 6 亿美元，投
资者中不乏贝莱德、黑石、新加坡政府投资公司及中金等知名机构。
但由于高额的补贴支出与营销支出，截至 2020 年年底，瑞幸咖啡仍
处于巨额亏损之中，自身造血能力不足迫使其必须通过不间断融资
来维持经营。

　　2020 年 1 月 31 日，知名做空机构浑水在其官方推特上发布了匿
名人士递交的关于瑞幸咖啡的做空报告，指出瑞幸咖啡在 2019 年度

通过虚增收入及支出进行欺诈，同时其商业模式存在重大缺陷。受此影响，瑞幸咖啡股价当日收跌 10.74％，最大跌幅为 26.51％。

2020 年 2 月 3 日晚间，瑞幸咖啡发布公告，否认做空报告中的所有指控。

2020 年 2 月 4 日，瑞幸咖啡 B 轮投资者、主承销商之一的中金公司进行回应，认为匿名沽空指控缺乏有效证据。同日，另一承销商海通国际也发布了观点类似的报告。加之此前摩根士丹利给出了 30 倍的增长预期、另一做空机构香橼对浑水报告的不支持，瑞幸咖啡当日股价涨幅达 15.6％，收复部分失地。

2020 年 3 月，瑞幸咖啡卖空仓位成倍放大，同时看跌期权数量巨额成交。

2020 年 4 月 2 日，瑞幸咖啡董事会宣布已成立特别委员会，负责对 2019 财年财报审计期间可能存在的 22 亿元造假问题展开调查。当日股价下跌 75.57％，最大跌幅为 81.3％，成交量较前一日激增 30 倍。同日，已有超过 6 家律师事务所以遗漏重大信息及误导性陈述为由，宣布发起对瑞幸咖啡的集体诉讼。

通过对上述案例背景进行分析，不难发现信息披露问题是做空的源头。在传统有效市场假说下，股价是投资者对于市场信息做出的反应。结合信息商品理论，企业需要不断生产并披露相关信息以满足投资者的决策需求，从而使证券价格能够准确地反映其价值，实现市场效率的提升（Fama，1965）。事实上，受制于委托代理问题及信息不对称问题，这一过程是异常坎坷的（Jensen and Meckling，1976）。在所有权和经营权分离的情况下，管理层与投资者之间、大股东与小股东之间存在代理问题，潜在的机会主义行为和逆向选择成为掣肘市场效率提升的重要因素。强化信息披露的关键在于缓解代理双方面临的信息不对称，如果一方（往往是管理层或大股东）利用信息优势来满足自身利益，这就为做空提供了契机。强化信息披露的目的正是减小优势方和劣势方的信息差，提升整个市场效率（汪炜和蒋高峰，2004）。可见，信息披露问题不仅是做空的源头，更是应对做空最有效的手段。

　　或许读者会有一个疑问，前述理论分析只阐述了信息披露与做空的关系，而对于此次瑞幸咖啡事件的关键词——欺诈，却只字未提。事实上，做空与欺诈并无必然关联。在实际案例中，信息披露与财务舞弊的关联性表现得尤为明显。例如，某些上市公司通过虚构交易、虚增收入等手段进行财务舞弊，导致财务报告中的数据严重失真。而由于信息披露不完善，这些舞弊行为往往难以及时被外界发现。试想这样一种情况：如果瑞幸咖啡董事会在收入造假后的第一时间就发现问题，并及时地履行公开披露义务，那么市场会自发地对此做出反应（当然，交易过程中可以卖空，这只是交易方式，并非本章所指的做空）。在自律或行政监管介入并施以惩戒后，这便形成一个完整的事件。由于所有投资者获取信息是同时的，因而做空机构并无信息优势，无法从中渔利；又因为企业忠实地履行了披露义务，律师事务所也难以以不实或诱导性陈述等为由提起集体诉讼。但问题也恰恰出在这里，信息披露要求企业提供的信息同时满足真实、准确、完整、及时四大要求，这是异常困难的。任何一个要件未得到满足，就会给做空机构提供可乘之机。

5.2　做空产业链

　　在美股市场，做空已经形成一个完整的产业链，如图 5 - 1 所示。做空机构由早期的单打独斗逐渐形成做空的"平台"，为其他市场参与者创造了"商机"，这些参与者包括投资银行、各类投资机构、律师事务所等。虽然这些市场参与者在上市公司存续期间所扮演的角色各不相同，但均在做空前后攫取了大量的利益。涉事公司及相应会计师事务所则在整个流程中处于相对被动的地位。最终，上市公司退市、破产或各方在诉讼前和解，则是各方利益博弈的结果。以下对做空产业链进行梳理，并结合瑞幸咖啡事件，深入分析整个流程是如何围绕信息披露问题展开的（陈汉文等，2018）。

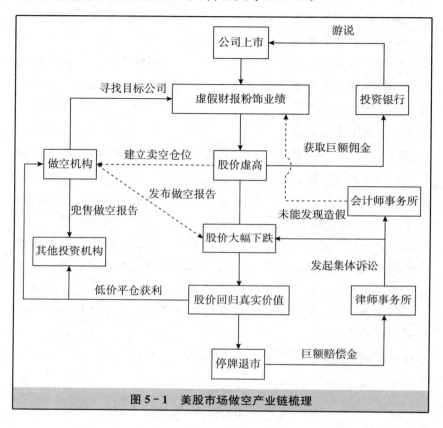

图 5-1　美股市场做空产业链梳理

5.2.1　投资银行的角色

在中概股上市中起牵头作用的是投资银行。在中概股出海的早期，大多数中国企业对海外上市程序并不熟悉，因此往往会信任投资银行并委托其推荐后续的保荐人、券商及其他服务中介。在利益的驱使下，有些投资银行或券商主动出击，充当起掮客的角色，诱导想去境外融资的中小企业主，夸大赴美上市的好处，游说企业去美国上市融资。在投资银行的协助下，中国企业在赴美上市过程中能享受到专业服务机构全程提供的量身定制服务，不需要自己摸索便能达到在美国上市的标准。由于大部分中介机构的费用与募集金额直接挂钩，这就导致它们有动机修饰财务报表、提高市盈率以求融到更多的资金，从而实现利益最大化。而按照 SEC 发布的 Rule 144 规则，这些"中字头"企业成功上市 180 天之后，投资者的锁定期将解除。专业投资银行退出后，公司管理层对于美国资本市场的运作和信息披露制度可能并不熟悉，很可能就此成为做空者的目标。而在做空机构发布质疑报告的初期，一些仍持有公司股票的机构往往为了维护自身利益，为公司发布正面报告或维持评级，以争取抛售股票的时间。可见，作为完全的利益追逐者，投资银行在为中国公司赴美上市开辟一条光鲜道路的同时，也可能为做空机构做空中概股埋下了伏笔。当然另一种极端情况是，投资银行在一开始或上市期间就与做空机构合谋，先推动公司上市再做空，使得中概股赴美上市成为一个彻底的骗局。

瑞幸咖啡可能并不在此之列。其主要管理层与部分投资者之间有多年的合作关系，且其主要团队亦有丰富的资本运作及上市经验。同时，其承销商瑞士信贷、摩根士丹利、中金公司和海通国际均是国际或国内知名投行，在声誉机制的约束下，从上市前期至上市阶段，关于瑞幸咖啡虽有争议，但其是否存在造假行为，仍然缺乏实质性证据，这将成为后续集体诉讼中判定承销团队责任的关键点。但从 2020 年 4 月 2 日瑞幸咖啡提交的实务监管文件来看，其可能的造假行为或许始于上市之后。

5.2.2　做空机构的角色

此次做空瑞幸咖啡的报告由知名做空机构浑水发布，但实际的报告起草者并非浑水。浑水成立于 2010 年 6 月 28 日，由美国人卡尔森·布洛克创立。布洛克毕业于南加州大学，主攻金融、辅修中文，后攻读了芝加哥肯特法学院的法学学位。他曾于 2005 年来到上海，就职于一家美国律师事务所；2008 年创办了一家仓储物流公司；2010 年创办浑水，主要业务方向便是做空在国外上市的中概股，其公司名称"浑水"也正是源自中国成语"浑水摸鱼"。多年来，受到浑水狙击的中概股有东方纸业、绿诺科技、中国阀门、多元环球水务、嘉汉林业、分众传媒及辉山乳业等数十家公司。此外，参与过中概股做空的机构还有香橼、烽火研究、格劳克斯、高谭研究、艾默生、匿名分析等。

做空机构的盈利模式十分清晰：首先，通过查阅资料、实地调研、相关方走访、聘请专业人士分析等手段进行分析调查并形成做空报告；其次，建立卖空仓位并发布做空报告；最后，与公司反复博弈，在股价下跌中平仓获利。但近年来，其做空手法日趋丰富。第一，做空报告不一定来源于做空机构，除做空机构外，企业的竞争对手、因利益分配不均而心生不满的内部人士等都有充分的动机揭露公司的黑暗面。此次瑞幸咖啡做空报告便并非出自浑水之手，而报告起草者之前还曾向另一家知名做空机构——香橼递交过同样的报告，而香橼并不认为这份报告所述内容是真实的。第二，做空机构还可与投资机构形成合力，联合做空，从而放大股价下跌幅度，以实现更高收益。

根据历次做空中概股的报告，可以发现做空报告的质疑手法主要包括对信息披露真实性、完整性等的质疑。企业信息披露需要"证实"，信息披露的四大要求缺一不可，而做空机构则只需要"证伪"，信息披露任何一个要件未得到满足，就可以成为被攻击的对象。信息披露真实性常被质疑的地方有收入项目（如此次瑞幸咖啡事件）、利润项目（如浑水做空东方纸业）、资产项目及非财务项目等，对信息披露完整性的质疑则主要针对关联方交易（如浑水做空嘉汉林业）、募集资金用途（如浑水做空多元环球水务）、并购活动（如香橼做空中国阀门）及公司治理（如浑水做空分众传媒）等。此次对瑞幸咖啡的攻击主要针对其收入与利润的真实性。对于调查结果及做空报告的可信度，暂不做评论。但从高昂的调查投入可以推断，在调查开始之前，此次做空的主导方应当已经获取了较为确切的瑞幸咖啡欺诈信息，且信息的提供者应当对瑞幸咖啡的经营具有深度了解。这表明，早在 2019 年，就已经有部分内外部人士掌握了瑞幸咖啡的欺诈信息，但直至 2020 年 4 月 2 日才正式公开披露。除真实性外，及时性问题同样堪忧，这对后续瑞幸咖啡涉诉将造成重大不利影响。

5.2.3 其他投资机构的角色

精明的做空机构不会仅靠做空上市公司来获利。如果说做空上市公司是低风险的获利方式，那么还存在一种无风险的获利方式——兜售做空报告。做空机构在编制完报告之后并不会即刻发布，而是会在向其他投资机构兜售做空报告的同时，与这些投资机构同时建立空仓。当做空报告公开发布之后，做空机构及其他投资机构可能会蓄意砸盘，进而引发恐慌性抛盘，以扩大股价的下跌空间，从而提升获利水平。

图5-2统计了瑞幸咖啡自上市以来的每期末未平仓卖空股数（美股市场每月发布两次）。

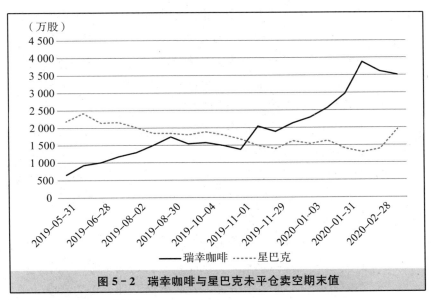

图5-2 瑞幸咖啡与星巴克未平仓卖空期末值

资料来源：Wind 数据库。

自2019年12月起，其空仓数量开始快速上涨；进入2020年后，持续保持在2 200万股以上的水平；2月后，更是攀升至3 500万股以上的水平。以90日均价34美元/股计算，当时的看空金额近

12亿美元。假定以4月2日收盘价6.4美元/股全部平仓，做空收益超过9亿美元。这还未包括更加巨额的看跌期权成交所带来的潜在收益。为方便对比，图中还统计了星巴克的相应情况。在可流通股份数量远高于瑞幸咖啡的情况下，星巴克的卖空仓位远低于瑞幸咖啡。在本轮做空过程中，做空机构及其他相关投资机构可谓获益颇丰。

5.2.4　律师事务所的角色

在做空产业链的尾端，则是各律师事务所。它们积极地代表因做空而遭遇损失的投资者对被做空公司提起集体诉讼，要求赔偿。集体诉讼一般有两种方式：一是受害人主动委托律师事务所发起诉讼；二是律师事务所发现问题后，主动联系受害人并提起诉讼。律师事务所之所以如此热衷于集体诉讼，是因为美国实行胜诉酬金制。如果集体诉讼案件胜诉，律师事务所可以按案件最后所取得的赔偿或挽回财物的一定比例收取报酬；但如果败诉，法律规定律师不得向委托人收取律师费，包括其为办理该案件所垫付的各项服务费。这样，一方面解决了昂贵诉讼费用的来源问题；另一方面又刺激了律师事务所积极参与集体诉讼，为中小投资者站台。专门代理证券诉讼案件的律师事务所在美国就超过200家。它们的主要工作便是积极主动地寻找各上市公司的财务报告与信息披露存在的疑点、误导信息，一旦发现问题，便主动联系并代表因股价下跌蒙受损失的投资者向这些上市公司发起集体诉讼。

此次对瑞幸咖啡提起诉讼的律师事务所包括GPM、Schall、Gross、Faruqi、Rosen和Pomerantz等，它们以瑞幸咖啡2019年相关报告存在信息遗漏和重大错误为由发起诉讼，且诉讼均已被受理。当然，这些律师事务所并不是单纯为正义而服务的，它们的主要目的是在保证企业具有赔偿能力的情况下（尽量不破产清算，除非破产清算所得收益更高），尽可能使被告企业赔偿金额最大化。在以往的集体诉讼案件中，较多案例以双方达成和解结束，被告方通常会赔偿投资者损失金额的 30％～50％，而律师事务所则可以从中得到约 30％的酬金。

5.2.5 其他相关方的角色

当公司被做空时，还可能同时牵连为其提供审计服务的会计师事务所。从审计需求的保险理论出发，审计的价值包含信息价值及保险价值。一方面，信息价值体现在审计师需要对公司的财务报告进行鉴证，并对财务信息提供合理保证，以降低财务报告使用者面临的信息风险；另一方面，保险价值进一步凸显了风险转移机制的重要性，财务报告使用者希望将其所面临的信息风险部分地转移给审计师。在做空发生之前，如果审计师未能发现公司存在的问题，而做空机构出具的报告最后得以印证，那么审计师不仅面临声誉上的损失，还可能成为被诉讼对象，为公司的粉饰报表、舞弊等行为承担连带责任。安然事件之后，安达信会计师事务所倒闭，这一事件促使美国政府出台《萨班斯-奥克斯利法案》（简称《萨班斯法案》，又称 SOX 法案），以进一步强化审计师的责任。在此次瑞幸咖啡事件中，安永在年报审计过程中发现了瑞幸咖啡存在的潜在问题，并推动了公司的内部调查，进而促成了欺诈行为的揭发，这展现出了安永高水平的职业判断与处置能力，体现了强大的求生欲。会计师事务所究竟能否全身而退，还要取决于调查结果对欺诈时间的判定。[①] 但毫无疑问的是，此次风波平息后，这必将成为审计界的一个经典案例。

而最后与做空相关联的可能是保险公司。上市公司数量不断增多使得董责险受到了越来越高的关注。董责险全称为"董事、监事、高级管理人员及公司赔偿责任保险"，是对公司董事、监事及高级职员在行使其职责时所产生的错误或疏忽的不当行为进行赔偿的保险。

———————————

① 2020 年 7 月 16 日，安永发布《关于瑞幸咖啡的声明》，指出瑞幸咖啡的财务造假行为始于 2019 年 4 月。由于安永并未对瑞幸咖啡 2019 年度财务报表出具审计报告，故其无须对瑞幸咖啡 2019 年度披露的财务信息承担审计责任。

由此，保险公司也被纳入做空产业链中，成为涉事公司诉讼失败后风险转移的对象，做空产业链中的相关方队伍进一步壮大。

5.2.6 产业链的运作

投资银行、做空机构、其他投资机构、律师事务所、会计师事务所以及保险机构在做空产业链中扮演着各自的角色。投资银行游说并帮助一些公司完成上市，从中获取巨额承销佣金。做空机构寻找目标公司，并与其他投资机构联合建立做空仓位，静待时机发布做空报告。若公司的股价由此大幅下跌，则它们买入平仓，从中渔利。而当公司股价大跌导致投资者利益受损时，律师事务所便积极推动投资者向公司及审计师提起集体诉讼，以获得丰厚的诉讼赔偿金。企业、会计师事务所及保险机构则可能成为做空产业链中的利益输出方。在这个紧密联系的产业链条中，投资银行、做空机构、其他投资机构以及律师事务所环环相扣、步步为营，从中获利颇丰。

应该看到，对于大部分参与做空的机构而言，攫取利益是其最终目的，但一切问题的根源在于企业未能真实、准确、完整、及时地披露相关信息。从这个角度看，做空成为外部监督的一个有效手段，时刻监督着上市公司的管理层，迫使他们不得不关注自己的言行、公司的治理结构中潜在的风险，这对净化市场环境、提升市场效率发挥了一定的积极作用（王性玉和王帆，2013）。然而，其代价是巨大的，市场最重要的参与者——企业和大部分投资者，在整个做空过程中损失惨重。

5.3 反做空举措

瑞幸咖啡欺诈及被做空虽仅是个案，但不应轻视，也不宜过度解读。虽然中概股在海外被多次曝出存在欺诈行为，但从历史数据来看，无论是规模、手段还是数量，远不及美国本土公司。更为重要的是，我们要从中汲取教训、发现问题，加以借鉴并不断完善国内相关制度，为我国资本市场建设提供正向助力，为我国金融市场国际地位提升奠定坚实基础。

5.3.1 监管机构

1. 做空制度的完善应循序渐进

前已述及，做空对于净化市场环境具有一定积极作用。但与此同时，在整个做空产业链运作之后，中介机构获益颇丰，而企业与绝大部分投资者则损失惨重，这一旨在提升市场效率的制度安排事实上演变成了市场财富转移的工具。诸如对奇虎360、新东方、中国恒大等中概股和港股的恶意做空更加凸显了做空的负面效应。美国资本市场尚且如此，在配套法律制度、市场交易制度、监管制度等仍有较大差距的情况下，我国资本市场对做空制度应保持应有的审慎及理性。

2. 以信息披露为核心的资本市场改革仍要扎实推进

从整个做空事件中不难看出，信息披露既是做空的起点，也是做空各个环节的焦点。除了信息披露的执行机制要不断改善优化外，关于高质量信息披露的内涵也应当深入研究，着力解决真实、准确、完整、及时四大要件之间的潜在矛盾，使信息披露更具执行力。

3. 强化企业内部控制，加大违法违规惩戒力度

在事前，应持续加强企业内部控制，提升公司治理水平，从源头上防范舞弊、欺诈等行为的产生；在事后，应依据《证券法》，逐步加大对上市公司违法违规的惩戒力度，约束公司管理层潜在的非理性行为。但也需要认识到，上述事前事后的监管是一个持续完善的过程，难以一蹴而就。事中的强化信息披露仍然是缓解当前资本市场突出矛盾最为快捷有效的手段。因此，应制定长期规划，将事前、事中及事后的监督与治理相结合，逐步实现从不敢造假、不能造假到不想造假的转变。

4. 完善其他方面的措施

应加快推进与发达市场之间的合作机制，形成双边监管的新模式；加强对境外上市公司的引导，既要有力地惩治跨国造假行为，也要旗帜鲜明地反对恶意做空行为；加强对市场中介参与相关业务的监管，从长期来看，更要明确市场中介对信息披露应负有的责任。

5.3.2　上市公司

1. 完善信息披露相关管理制度

上市公司内部应当构建一套完备的信息披露制度体系，建立健全与财务报告及非财务报告相关的内部控制机制，强化对信息披露质量的要求。从做空焦点来看，上市公司应重点关注对收入及利润等项目的披露，明确对资产、存货及现金等项目的披露要求，细化关联交易、募集资金运用、并购重组等事件的披露内容。

2. 完善治理结构，发挥治理层对信息披露的监督作用

就瑞幸咖啡事件的进展来看，治理层对于管理层的造假行为似乎并不知情，虽然真相仍有待进一步挖掘，但这至少表明监事会、独立董事、董事会专业委员会等没有发挥应有的作用。上市公司应从加强内部监督做起，持续强化治理作用的发挥，将欺诈等行为扼杀在萌芽状态。

3. 建立风险应对长效机制，增强对做空的应对能力

除瑞幸咖啡外，中概股被做空的案件不下 60 起，其中不乏优质公司被恶意做空。在日益复杂的资本市场环境中，上市公司需要建立风险应对长效机制。当恶意做空等事件发生时，应及时启动应急响应机制，联合多方力量应对风险，以将潜在损失降至最低，并最大限度地保护投资者利益。

4. 回归初心，潜心钻研业务，以实力谋求发展

在新经济环境下，企业面临更多发展机会，也面临更多诱惑。

此起彼伏的风口并不是企业一步登天的阶梯，而是大浪淘沙的滤筛。从长期来看，能在新市场中谋得一席之地的，仍然是那些坚守初心、实力过硬的企业。因此，在充分利用丰富市场工具的同时，企业更应潜心钻研业务，提升软硬实力，以谋求长远发展。

5.3.3　市场中介

1. 会计师事务所

秉持应有的职业道德规范，不断强化专业胜任能力只是对会计师事务所的基本要求。对于中概股赴美上市及未来可能出现的外国企业来华上市，会计师事务所应充分了解不同制度背景下的差异，明晰各项规则要求，提升业务针对性。同时，应充分学习和借鉴已有经验，对于特殊事项应当通过风险评估识别更多风险，执行更多针对性的审计程序以尽勤勉义务。这也是防止自身被作为"深口袋"① 的本质方式。

2. 律师事务所

在整个产业链中，律师事务所是完成最后一击的"拳手"，也有人认为其早在做空初期就与参与做空的机构具有密切关联，相互利用、从中渔利。同时，对于恶意做空造成的投资者损失，律师事务所却无法采取任何有效行动。从长期来看，既要持续强化律师事务所职业道德建设，也应深入探讨律师事务所在参与资本市场服务中所应享有的权利和应尽的义务。

3. 投资银行

作为资本市场最大的"中介"，其作用的有效发挥关乎资本市场的改革与发展。专业能力、声誉约束只能从形式上提升投资银行的服务水平，更为重要的是，投资银行应当秉持价值投资的理念与原则，正确认识到价值应当是与企业发展、市场发展乃至经济发展长

---

①　深口袋（deep pockets）是指具有较强经济赔偿能力的机构或个人，更容易成为法律追责的主要目标。

期密切关联的，遏制铤而走险的投机理念，从本质上打造成能够匹敌国际巨头的知名投资银行。

5.3.4 投资者

1. 建立与自身风险偏好相匹配的投资理念

国内市场上个体投资者数量众多，大幅的股价波动也在很大程度上反映了部分个体投资者的非理性行为（陈汉文等，2018）。个体投资者应当正确评价自身风险偏好，建立与之相匹配的投资理念，尊重市场、敬畏市场、谨慎投资。从长期来看，应持续提升机构投资者实力，降低个体投资者直接参与市场投资的比例，着力减少 A 股市场背离基本面的机构与散户博弈。

2. 防范"流动性陷阱"和高估值个股风险，对重点指标予以关注，充分识别卖空风险

流动性中等偏小的股票往往容易成为做空机构的攻击对象。这类股票一方面股价波动性较大，做空效果明显；另一方面也可以在股价下跌后保证做空机构能够买回充足的筹码来平仓。对于可以做空及有关联期权品种的股票，投资者应密切关注做空仓位和看跌期权的异常变化，防范因"黑天鹅"事件可能招致的损失。

第6章 瑞幸事件
与中概股危机

    中概股海外上市为中国企业在海外融得了巨额的增量资本，中美资本市场层面的合作对两国资本市场持续、健康、稳定的发展均具有系统性的重要影响。然而，繁荣景象背后也潜藏着诸多隐患和重大挑战。2020年1月31日，知名做空机构浑水发布了关于瑞幸咖啡（简称瑞幸）的做空报告，报告指出瑞幸存在严重的财务舞弊行为。瑞幸事件犹如一枚重磅炸弹，不仅震撼了全球资本市场，更触发了自中概股诞生以来的第二次深度信任危机。其深远的影响力和潜在的经济后果，使得瑞幸事件迅速成为资本市场关注的焦点。

    本章聚焦于瑞幸事件，深入剖析中概股危机背后的基本诱因——财务欺诈、公司治理问题与商业伦理缺失，审视美国投资者与监管机构对中概股公司的国际期望与现实之间的差距，探究美国监管机构对中概股监管的政治化趋势。本章旨在为读者提供一个理解中概股危机本质及未来发展方向的宝贵视角，并积极探索可能的解决方案，以期促进中概股乃至全球资本市场的健康发展。

6.1　基本诱因

2000—2020 年，先后共有 464 家中概股公司赴美上市，IPO 募集资金合计高达 740.52 亿美元，分别占同期美股（A 股）IPO 融资总额的 13%（17%），详见表 6-1。截至 2020 年 7 月 2 日，扣除已退市公司，尚有 255 家美股中概股公司，其合计总市值约为 1.8 万亿美元，分别约占当前美股（A 股）总市值的 4%（20%）。

表 6-1　2000—2020 年中概股 IPO 情况

年份	中概股 IPO 数量	中概股 IPO 融资额（亿美元）	美股 IPO 融资额（亿美元）	中概股融资占美股融资比例	A 股 IPO 融资额（亿美元）	中概股融资占 A 股融资比例
2000	10	6.70	43.14	16%	111.13	6%
2001	2	16.77	154.39	11%	86.88	19%
2002	2	—	7.86	—	67.90	—
2003	3	29.46	30.37	97%	66.11	45%
2004	17	44.87	86.47	52%	49.29	91%
2005	19	17.44	25.66	68%	7.46	234%
2006	18	21.52	59.30	36%	189.51	11%
2007	51	61.84	65.57	94%	674.68	9%
2008	27	2.60	197.47	1%	146.36	2%
2009	42	19.99	51.72	39%	246.21	8%
2010	63	17.00	177.62	10%	689.59	2%
2011	16	18.86	164.44	11%	384.19	5%
2012	5	1.87	415.64	0%	145.75	1%
2013	9	7.99	540.71	1%	—	—
2014	17	253.68	843.79	30%	94.28	269%
2015	15	3.94	337.83	1%	223.06	2%
2016	13	22.80	264.24	9%	211.70	11%
2017	29	35.79	447.52	8%	325.60	11%
2018	44	93.10	640.30	15%	195.01	48%

续表

年份	中概股 IPO 数量	中概股 IPO 融资额 （亿美元）	美股 IPO 融资额 （亿美元）	中概股融 资占美股 融资比例	A 股 IPO 融资额 （亿美元）	中概股融 资占 A 股 融资比例
2019	40	37.05	610.21	6%	358.35	10%
2020	22	27.25	331.89	8%	199.82	14%
总额	464	740.52	5 496.17	13%	4 472.88	17%

资料来源：Wind 数据库。

中概股危机的基本诱因包括财务欺诈、公司治理问题与商业伦理缺失等。2010 年 6 月，致力于对中概股公司进行"财务打假"的浑水率先出击，对东方纸业发布了首份做空报告。由此，中概股公司开始遭受来自境外媒体、做空机构、监管机构、投资者等多方铺天盖地的质疑，引发了 2010—2012 年的第一次中概股信任危机。此次危机直接导致赴美上市的中国企业数量从 2010 年的 63 家锐减至 2011 年的 14 家，降幅为 77.78%；退市企业数量则从 2010 年的 7 家增加到 2011 年的 41 家，增幅高达 485.71%，这一数字是过去 20 年退市数量总和的 2 倍。随着第一次中概股危机的持续发酵，2011—2016 年共有 150 家中概股公司退市，这一数字远大于该期间的新增 IPO 总数（68 家）。1996—2020 年在美上市、退市的中概股数量如图 6-1 所示。第一轮中概股危机的具体诱因如表 6-2 所示。

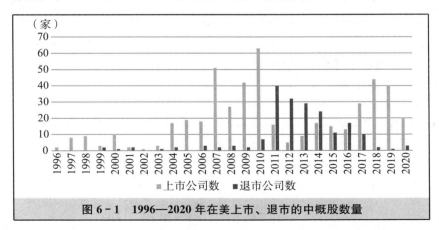

图 6-1　1996—2020 年在美上市、退市的中概股数量

资料来源：根据 Wind、CSMAR、Compustat 数据库梳理汇总得出。

表6-2　第一轮中概股危机的具体诱因（2010—2012年）

具体诱因	代表性企业
虚假信息披露（如远高于同行的毛利率、伪造财务报表、夸大收入）	东方纸业、中国绿色农业、中国生物、分众传媒、中国高速传媒、旅程天下、奇虎360
隐瞒关联交易或严重依赖关联交易	中国阀门、新泰辉煌、嘉汉林业、多元环球水务
超低价发行	新博润、泰诺斯资源
管理层问题（如内部人士转移资金、可疑交易）	绿诺科技、银泉科技、新华财经、泰诺斯资源、美国超导、新泰辉煌、东南融通
选择信誉不佳的审计师事务所	中国阀门、绿诺科技、哈尔滨电气
过度外包、依赖代理和中间商	多元水务、东南融通、嘉汉林业
更换过审计师、CFO	绿诺科技、中国生物、新泰辉煌、展讯通信
不符合SEC上市要求	艾瑞泰克、万得汽车、瑞达电源、盛大科技
境内外报表数据存在显著差异	泛华保险、绿诺科技、哈尔滨电气
经营模式不被国外投资者认可	同济堂、新华悦动传媒、多元环球水务

随着第一次中概股危机的爆发，2010年以来，全球新增超过40家做空机构，浑水、香橼、格劳克斯、匿名分析、美奇金等知名做空机构应运而生，2010—2019年共累计做空中概股公司超过130家，具体如表6-3所示。其中，浑水共发布了20家中概股公司的做空报告，其中10家已经退市；香橼先后狙击了20家中概股公司，其中15家股价跌幅超过66%，7家已经退市。

表6-3　2010—2019年被知名做空机构做空的中概股公司

做空机构	创立时间	做空对象
浑水	2010年	东方纸业、绿诺科技、中国高速频道、多元环球水务、嘉汉林业、展讯通信、分众传媒、傅氏科普威、新东方、网秦、奇峰国际、来宝集团、辉山乳业、敏华控股、圣盈信、好未来、安踏体育、瑞幸、学而思、跟谁学

续表

做空机构	创立时间	做空对象
香橼	2009 年	中国科技发展集团、新泰辉煌、中国 VOIP 数字、银泉科技、新华财经、金融界、美国超导、奥瑞金钟业、泓利焦煤、中国生物、中国新博润、中阀科技、中国高速传媒、德尔集团、东南融通、斯凯网络、哈尔滨泰富电气、奇虎 360、恒大地产、跟谁学
格劳克斯	2011 年	首钢资源、西部水泥、中金再生、青蛙王子、旭光高新材料、德普科技、旅程天下、海湾资源、龙腾矿业、中国医疗技术、搜房控股、中国天然气、瑞年科技、首钢福山资源、中滔环保、丰盛控股
匿名分析	2011 年	超大现代、华宝国际、奇虎 360、久益环球、天合化工、神冠控股、御泰中彩控股、新昌集团控股、中国信贷、瑞声科技
美奇金	2011 年	中国绿色农业、京东、武汉长江发展、盈泰科技、泛华金控、优信、百济神州
GMT Research	2014 年	北务水控集团、去哪儿网、中国恒大、神州租车、中国宏桥、新浪、国药控股、西藏水资源、中通快递、中国圣牧、天鸽互动、比亚迪股份、科通芯城、敏华控股、中国绿地博大绿泽、瑞声科技、丰盛控股、长和、恒安国际、同程艺龙、拼多多、海量教育、海底捞、中国铁塔、中国光大集团、好未来、新秀丽、爱奇艺、国药控股、博华太平洋、联想、中国燃气、中国飞鹤、信义玻璃、58 同城、金蝶国际、中国中药、康哲药业、中国生物制药
艾福瑞力	2011 年	山东博润、西安宝润、普大煤业、德尔集团、希尔威矿业、索昂生物、中国绿色农业、中国清洁能源、中国教育集团
博力达思	2018 年	浩沙国际、中新控股、恒安国际、和信贷、波司登
杀人鲸	2018 年	新秀丽、万国数据、拼多多、诺发集团、澳优乳业、卡森国际、康哲药业
灰熊	2019 年	58 同城、跟谁学

注：此表中的被做空的中概股公司包括在港股及美股上市的公司。
资料来源：根据各家做空机构官网信息整理。

瑞幸事件引发了第二次中概股信任危机，2020 年 2—5 月共有 9 家中概股公司被做空，其被做空的具体诱因如表 6-4 所示。

表 6-4　9 家中概股公司被做空的具体诱因（2020 年 2—5 月）

目标公司	做空机构	报告时间	具体诱因	经济后果
瑞幸	浑水	2020 年 2 月 1 日	财务欺诈、商业模式缺陷与若干危险信号	2020 年 4 月 2 日，自曝存在严重财务舞弊行为，股价一度暴跌 81.30%；2020 年 6 月 29 日停牌
康哲药业	杀人鲸	2020 年 2 月 6 日	财务造假、实际控制人腐败交易	2020 年 2 月 6 日，停牌
58 同城	灰熊	2020 年 2 月 13 日	虚增收入、并购赶集网为虚假交易、管理层进行利益输送	2020 年 2 月 13 日，股价下跌 4.85%
嘉楠科技	Marcus Aurelius Value	2020 年 2 月 20 日	隐瞒关联交易、客户和经销商问题频发、商业模式无法持续	2020 年 3 月 20 日，被做空后一个月内股价下跌超过 50%
跟谁学	灰熊、香橼、浑水、天蝎创投	2020 年 2 月 24 日至 7 月 2 日共 9 次做空	虚增收入 70%、多个未披露的关联方、大量虚假注册用户	被做空当日分别有不同幅度的股价下跌
联想集团	GMT Research	2020 年 2 月 26 日	疑似财务造假、管理层风险	2020 年 2 月 26 日，股价下跌 5.73%
中国奥园	匿名分析	2020 年 3 月 3 日	虚增合约、明股实债	2020 年 3 月 3 日，股价微跌
晶科能源	博力达思	2020 年 3 月 4 日	财务造假、虚构销售额、董事长违规行为	2020 年 4 月 4 日，被做空一个月股价下跌逾 35%
爱奇艺	Wolfpack Research	2020 年 4 月 7 日	业绩造假、虚增收入及用户数量	2020 年 4 月 9 日，股价下跌 6.93%

综合分析可以发现，引发两次中概股危机的公司层面基本诱因

可归结为以下三个方面：（1）财务欺诈。中概股公司财务欺诈的手段主要包括欺诈性财务报告和管理层侵吞资产两类。其中，前者主要包括虚增营业收入、虚增利润、虚增资产、虚减费用、虚减成本、虚减负债、提供虚假信息、虚构交易、掩饰交易或事实；后者则主要包括管理层挪用或侵吞公司资产、管理层同主要股东的可疑股票交易、抛售公司股票等。（2）公司治理问题。股权结构是公司治理问题的逻辑起点，VIE 协议控制模式①在中概股公司中被广泛使用，但其法律漏洞也会导致管理层恶意转移国内 VIE 公司的主要资产，而美国投资方无法得到中国法律的保护，相关责任人则得不到相应的惩罚。因此，VIE 股权架构、大股东掏空公司、关联交易等是最为常见的中概股公司治理问题。（3）商业伦理缺失。在当前中国私募股权投资（PE）、风险投资（VC）的文化背景下，部分 PE、VC 机构对中概股公司进行恶意布局或与创始人合谋，共同且"有节奏"地安排融资计划、盈余管理计划及退出计划，这也是中概股危机的基本诱因之一——商业伦理缺失。瑞幸事件再次反映了中概股公司商业伦理与会计职业道德的脆弱性及其治理的急迫性。长期而言，免于再次发生中概股危机的治本之策在于在这些领域的"三管齐下"，即提高会计审计的透明度、强化公司治理及改善商业伦理环境。

6.2　期望差距

截至 2020 年 7 月 31 日，纽约证券交易所（NYSE）、纳斯达克证券交易所（NASDAQ）、美国证券交易所（AMEX）三大交易市场的股票总市值约 300 万亿元，而 A 股总市值约为 70 万亿元，香港市场的总

---

①　VIE 协议控制模式是离岸公司通过外商独资企业，与内资公司签订一系列协议来成为内资公司业务的实际受益人和资产控制人，以规避《外商投资产业指导目录》对于限制类和禁止类行业限制外资进入的规定。

市值约为30万亿元。可见，相较于中国内地和香港资本市场，资本最为丰富的美国资本市场能为中概股公司提供更大的融资空间。

若中概股公司被迫全体"搬家"，则最终回归路径将主要指向A股和H股。回归A股后，中国企业仍有望通过被纳入新兴市场全球指数获得外资投入，明晟（MSCI）、标普道琼斯（S&P Dow Jones）、富时罗素（FTSE Russel）三大指数巨头已先后宣布纳入部分中国A股因子。但所纳入的A股企业相对较少，且在各新兴市场全球指数中所占权重相对较低，因此通过纳入新兴市场全球指数获得的融资额远不如中概股在美国IPO所筹集的资金。基于上调至20%的纳入因子，A股企业在MSCI新兴市场指数中所占的权重已从初始的0.73%上调至4.2%。① 同时，境外投资者持有A股的总额也从2016年12月的380亿美元（占市场总额的0.67%）增长至2019年10月的1 950亿美元（占市场总额的3.03%），这意味着境外投资者在2016—2019年增持A股约1 570亿美元。尽管如此，A股企业通过纳入指数吸引到的存量资金以及纳入因子上调后带来的增量资金，仍低于当前美国投资者直接持有的中概股市值（1.8万亿美元）。同样地，鉴于当前美国拟进一步限制进出口中国香港的资金流动，存量的中概股公司若退市并进入H股，美国进入中国香港市场的资本将受限，这仍无法弥补在美直接融资渠道被切断所失去的融资便利和融资力度。

综上，在政治逆全球化、资本层面"去中国化"的背景下，美国资本市场仍具有不可比拟的募集资金优势，在美上市这一吸引外资的途径在未来较长时间内具有不可替代的重要作用。因此，我们需要寻找、总结与反思美国资本市场投资者与监管机构对中概股公司的国际期望差距，完善自身的证券市场制度来弥补这些差距，从而使中美两国在证券发行与证券监管合作方面达到新的均衡状态。

---

① 资料来源：MSCI中国官方网站。

1. 扩大与增加中国证券执法权力的范围与种类

执法有力的监管机构是实施有效证券监管及促进证券监管国际合作成功的前提。比较中美两国对证监会执法权的规定，可知 SEC 具有强制传唤涉案人员、申请搜查令、起诉权、刑事案件移送权、行政处罚权等权限。在正式调查程序中，SEC 能够实施强制获取证词，传唤证人作证，冻结账户和搜查，强制被调查人提供任何与调查相关的账户信息、文件、信件、备忘录或其他文档，获取被调查对象的银行账户、通信记录等措施。《多德-弗兰克华尔街改革和消费者保护法案》（Dodd-Frank Wall Street Reform and Consumer Protection Act，简称《多德-弗兰克法案》）第 929E 条进一步授权 SEC 可以向法院申请签发在美国全境适用的、要求相关人员出庭作证或者提供证据材料的传票，这一规定扩大了人员调查范围，保障了调查的展开和成效。相比之下，中国证监会目前的执法权力范围过小，种类也较少。随着我国证券市场的国际化发展，明确并扩大这些监管权力显得更加必要和紧迫。

2. 建立海外上市中国公司的境内监管标准

中概股这一类海外上市公司财务舞弊等问题频发，实际上暴露了我国对境外上市的本国企业境内监管的严重不足，甚至存在监管空白。这种监管空白主要表现在以下两方面：一方面，没有对本国企业境外上市的过程进行必要的、最低限度的监管；另一方面，没有对本国企业境外上市后的境内日常运营进行必要的、最低限度的监管。因此，建议尽快制定并出台海外上市公司的境内监管标准。①

3. 出台中概股公司审计质量的特别规定

审计监管合作是中美跨境监管的突破口。早在 2012 年，SEC 就指控"五大"会计师事务所的中国业务存在违规，并于 2014 年暂停了"四大"会计师事务所中国分所对在美上市公司的审计资格。虽

---

① 需要注意的是，截至本书出版，仍未出台海外上市公司的境内监管标准。

然后续双方达成了和解，但中概股的审计质量不高等问题一直受到多方诟病。因此，建议出台有关中概股公司审计的特别规定，对为中概股进行审计的会计师事务所执行质量控制特别规定，从而将审计质量提高至 PCAOB 所期望的水平。①

4. 制定我国证券监管长臂管辖的实施细则

2019 年修订的《证券法》第二条第四款规定："在中华人民共和国境外的证券发行和交易活动，扰乱中华人民共和国境内市场秩序，损害境内投资者合法权益的，依照本法有关规定处理并追究法律责任。"这一新增的长臂管辖条款为中国证监会向海外上市企业伸出"长臂"实施监管提供了法律依据。然而，目前我国《证券法》的长臂管辖还只是处于初步法条制定阶段，规定较为笼统且宽泛，没有明确的适用标准和适用范围。因此，建议借鉴美国证券法域外管辖的效果标准、行为标准等类似原则或标准，扩大域外管辖灵活操作的范围，尽快制定我国证券监管长臂管辖的具体实施细则。②

5. 制定中美跨境证券监管全面合作路线图

长期以来，中美在对中概股公司的跨境监管合作上收效甚微，造成了极大的期望差距。一方面，中美间签订的双边备忘录，如《中美证券合作、磋商及技术援助的谅解备忘录》，仅概括性指出"主管机构特此表明其意向，彼此将向对方提供获取信息和证券材料方面的协助，以便于各自对其本国证券法规的实施"。谅解备忘录对于操作层面的规定较少，缺乏可实际应用的具有针对性、前瞻性的合作条款。另一方面，境外上市公司的投资者遍布全球，存在诸多管辖权主体，不同主体间存在监管重叠或无法获取部分必要的跨境

---

① 《关于加强境内企业境外发行证券和上市相关保密和档案管理工作的规定》自 2023 年 3 月 31 日起施行，该规定为相关主体在境外上市活动中的保密和档案管理工作提供了更清晰明确的指引。

② 为了规范我国境内企业直接或者间接到境外发行证券或者将其证券在境外上市交易，我国出台了《境内企业境外发行证券和上市管理试行办法》，并自 2023 年 3 月 31 日起施行。

监管信息，加大了对此类上市公司的监管协调难度。这使得中国证监会有时无法按境外监管机构的要求提供协助，削弱了证券监管国际合作与协调的效果与作用。[①]

因此，建议尽快制定中美跨境证券监管全面合作的路线图。首先，中国应签署国际证监会组织（IOSCO）于 2017 年发布的《关于磋商、合作与信息交换加强版多边谅解备忘录》；其次，将审计监管合作作为突破口，从协助提供底稿到对事务所审计项目联合检查，再扩展到对事务所质量控制联合检查，争取最终签订中美审计监管等效协议；最后，签署全面的中美跨境证券监管合作协议。

6.3　监管政治化

随着中美关系不断紧张升级，加上新冠疫情的蔓延，许多国家纷纷提出要重塑相对独立的经济体系，从而掀起了一股席卷全球的逆全球化浪潮（陈方若，2020）。作为经济全球化进程的对立面，"逆全球化"（de-globalization）特指在经济全球化发展到一定阶段后所出现的不同程度和不同形式的市场再分割现象（佟家栋和刘程，2017）。此前有学者研究发现，由于高收入国家经济疲软、不平等加剧、全球力量平衡发生重大转变，世界经济出现了逆全球化浪潮（唐宜红和符大海，2017）。还有学者表示，从 2014 年开始，逆全球化浪潮已经愈发高涨（王孝松，2017）。对于美国现存的社会、经济问题，除非真正尝到苦果，否则美国政府在"逆全球化"的道路上不会退却，将中国视为主要战略竞争对手的国家安全战略还会继续下去（周琪，2020）。可以预见，金融市场也会成为中美双方的交锋之地。

---

①　2022 年 8 月 26 日，中国证监会、财政部与 PCAOB 签署了审计监管合作协议，形成了符合双方法规和监管要求的合作框架。

一直以来，由于无法获取必要的跨境监管信息，以及未能同中方开展有实质性进展的跨境监管合作，SEC 也在声明中多次提及位于新兴市场或在新兴市场有重要业务的外国发行人的投资存在巨大的风险，并直接提醒美国投资者谨慎投资中概股，详见表 6-5。在美国"逆全球化"和"去中国化"的政治背景下，美国的反应也体现出对中概股有意扩大打击范围，并呈现出将证券监管政治化的倾向。

表 6-5　SEC 声明中提及的中概股主要风险及具体表现

主要风险	具体表现
重大信息披露和披露责任	• 在美上市的外国公司信息披露的范围、信息披露的质量因公司、行业和管辖区而异； • 在美上市的外国公司未能提供重大准确且完整的风险披露信息，包括有关美国当局和投资者的有限权利和补救措施； • 美国投资者无法充分获取与中概股相关的信息
财务报告	• 有关新兴市场潜在投资的财务信息的披露频率、可用性和质量会有所不同，在美上市的外国公司（中概股）适用的会计准则不同且财务信息的质量参差不齐； • 在美上市的外国公司（中概股）大部分不能提供高质量、可靠的财务信息和其他信息，包括公司的经营环境和情况信息
监管和执行能力受限	• SEC 缺乏对在美上市的外国公司（中概股）的实际检查和执行能力。 • PCAOB 仍然无法检查在 PCAOB 注册的中国公司的审计工作底稿
其他风险	• 未充分发挥独立审计师和审计委员会的作用； • 对在美上市的外国公司高管的后续追责能力有限
补救措施有限或者几乎不存在	• 在美国很常见的股东索赔（包括集体诉讼和欺诈索赔），在许多新兴市场，通常很难或不可能从法律或实践角度进行追究

资料来源：美国证券交易委员会官网。

　　2020 年 4 月 21 日，SEC 发布《新兴市场投资涉及重大信息披露、财务报告和其他风险，补救措施有限》（Emerging Market Investments Entail Significant Disclosure, Financial Reporting and Other Risks; Remedies are Limited）的声明。声明指出："与美国国内相

比，包括中国在内的许多新兴市场，信息披露不完全或具有误导性的风险要大得多，并且在投资者利益受到损害时，获得追索的机会要小很多。"声明多次直指中国市场，强调在中国市场推广和执行SEC、PCAOB 相关标准的能力是有限的。该声明也可被视为对中概股历年来积累问题的一次"爆发式"的集中反应。2020 年 4 月 23日，SEC 主席杰伊·克莱顿（Jay Clayton）有史以来第一次在媒体上公开提醒投资者近期在调整仓位时不要投资中概股。SEC 的激烈反应凸显了其对中概股的财务欺诈、公司治理问题、商业伦理缺失等问题的高度重视，也是美国意图在资本市场层面"去中国化"的直接表现。

美国《外国公司问责法案》对外国公司在美上市提出了额外的信息披露要求，规定任何一家外国公司连续三年未能遵守 PCAOB的审计要求①，将被禁止在美国上市。同时，该法案还要求在美上市公司证明其不由外国政府拥有和控制，并规定发行人必须在PCAOB 无法进行上述检查的每一年份，向 SEC 披露国有股比例、属于中国共产党官员的董事的姓名等信息。该法案出台的背后，除了为处理中概股财务造假问题寻找有效法律手段外，其相关条文中也透露出了浓郁的泛政治化倾向，对中概股的打击扩大化和"去中国化"趋势较为显著。这一法案的核心在于以强化监管之名而将中概股驱而除之，在缺乏中美跨境监管合作的背景下，中国企业赴美IPO 的大门基本关闭，直接切断中国企业在美的融资途径。② 此外，已取得一定进展的中美投资协定谈判，在 2017 年后就停滞不前，未能重启，也明显可以窥见美国在国际投资领域的"去中国化"迹象。③

2020 年 8 月 6 日，美国总统金融市场工作组（President's Working Group on Financial Markets）发布了《保护美国投资者免受中国公

---

①　《萨班斯法案》规定了 PCAOB 有定期检查在美注册的会计师事务所的权力，包括可以查阅审计工作底稿。

②　2021 年 SEC 通过了《外国公司问责法案》最终修正案。

③　截至本书出版，中美投资协定谈判仍未正式重启。

司重大风险的报告》（Report on Protecting U. S. Investors from Significant Risks from Chinese Companies）。该报告就如何保护美国投资者免受因投资中国公司而面临重大风险提出了以下五大建议：

（1）强化审计工作报告的评估标准，并修订美国证券交易所的上市标准，以确保 PCAOB 能够获得主要审计公司的审计工作文件，作为首次和持续在美国证券交易所上市的条件。

（2）要求发行人加强并突出披露对非合作司法管辖区（NCJs）的投资风险，包括发布解释性说明，以提高投资者的风险意识。

（3）审查已向 NCJs 发行人敞口的注册基金的风险披露情况，以提高投资者对投资于此类基金的风险认知。

（4）鼓励或要求追踪指数的注册基金对指数及其指数提供者进行更深入的尽职调查，披露指数的构建过程。当来自包括中国在内的 NCJs 发行人的信息不可靠、过时或者较少时，应该考虑指数编制的准确性及其对基金业绩的潜在影响。

（5）增强披露投资顾问指南。在考虑对包括中国在内的 NCJs 进行投资时，就信托义务方面向投资顾问发布指南。由此可见，美国总统金融市场工作组的报告已经开始将资本市场层面的"去中国化"推进到具体的操作与实践层面。

中概股多年赴美上市历程，既是中国企业融入全球资本市场的缩影，也折射出跨境监管的深层矛盾。瑞幸事件引发的第二次信任危机，暴露出了企业存在财务欺诈、公司治理问题与商业伦理缺失等问题。回溯过往，2010—2012 年的首轮信任危机导致 150 家中概股公司退市，远超同期 IPO 数量；2020 年开始的第二次信任危机中，做空机构精准狙击企业的商业模式漏洞，监管政治化使危机升级为系统性风险。其中，美国《外国公司问责法案》的出台与 SEC 监管长臂的强化，实则裹挟"去中国化"的战略意图，将资本市场异化为地缘政治的博弈场。

展望未来，破局之道需双向发力：于内，亟须构建境外上市企业的境内监管框架，扩大证券执法权限，推行审计质量的强制标准，

确保《证券法》中关于长臂管辖的细则落地；于外，应以审计监管
为突破口，积极推动签署中美跨境监管等效协议，加入 IOSCO 多边
备忘录，重塑互信基础，弥合"监管期望差"，方能在逆全球化浪潮
中守住资本市场国际化的阵地，实现中概股从规模扩张向质量与规
模并重的范式转型。

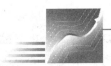

第 7 章　康美舞弊
与特别代表人诉讼

2021 年 11 月 12 日，广州市中级人民法院对全国首例证券集体诉讼案做出一审判决，责令康美药业财务造假年度的主审计机构——正中珠江会计师事务所及其合伙人、签字注册会计师，对康美药业应赔偿给投资者的 24.59 亿元损失承担 100％的连带责任。此案是新《证券法》确立中国特色证券特别代表人诉讼制度后的首单案件①，也是迄今为止法院审理的原告人数最多、赔偿金额最高的上市公司虚假陈述民事赔偿案件。

长期以来，投资者保护领域一直面临着力度不足的问题与挑战。在司法实践中，针对证券市场虚假陈述所引发的民事侵权纠纷，集体诉讼机制尚属空白，我国司法体系亦未曾广泛采用集体诉讼模式来处理此类案件，导致集体诉讼在实质

---

① 自特别代表人制度实施以来，已陆续发生了康美药业案、泽达易盛案、美尚生态案及金通灵案。

上处于司法实践的缺失状态。随着资本市场对高质量发展的要求日益迫切，新《证券法》在既有的投资者保护行政法规框架之上，开创性地推出了一系列革新举措。其中，特别代表人诉讼制度成为此次修订中有关投资者保护的最大创新点。此次证券特别代表人诉讼案件的成功办理，对于促进注册会计师与投资者之间的良性互动、提高资本市场的有效性具有重大而深远的意义。

特别代表人诉讼制度的实施，为我国证券市场审计保险功能的全面发挥奠定了坚实的制度基石。审计保险理论揭示了会计师事务所通过承担赔付责任，实际上在向投资者进行一种风险转移与补偿的深刻内涵。这一理论的成立与否，高度依赖于诉讼权利的有效行使及补偿机制的健全程度，康美药业的判决无疑为这一理论假说的检验提供了最为直接且有力的实证场景。借助该判决所创造的自然实验条件，本章在审计保险价值的探讨中，采用了实证研究方法，即以我国 A 股上市公司作为研究样本，通过考察康美药业造假案判决当日尚处于被诉之中的会计师事务所（简称受诉事务所）的客户公司（简称受诉事务所客户）对该判决的股票市场反应，实证检验审计的保险价值。本章旨在为读者理解新《证券法》中的特别代表人诉讼制度、审计保险与投资者保护效应提供参考和启发。

7.1　特别代表人诉讼

新《证券法》最具有创新性和突破性的亮点是，在第九十五条第三款创设了中国特色证券集体诉讼制度——特别代表人诉讼制度。证券集体诉讼又称证券集团诉讼、证券群体诉讼，是指多个原告以集合的方式汇总其索赔诉求，要求被告就其证券违法行为对给原告造成的损失进行赔偿的诉讼机制（汪志海，2021）。

长久以来，我国股票市场的投资者保护主要依靠行政治理，而司法机制（尤其是民事诉讼机制）对投资者的保护非常有限（夏立军，2014）。在资本市场高质量发展的要求下，新《证券法》在现有投资者保护相关行政法规①的基础上，做出了一系列新的制度安排。其中，建立中国特色证券集体诉讼制度，即特别代表人诉讼制度，成为此次修订中有关投资者保护的最大创新点。该制度规定，投资者保护机构受五十名以上投资者委托，可以作为代表人参加诉讼，并为经证券登记结算机构确认的权利人依照规定向人民法院登记，但投资者明确表示不愿意参加该诉讼的除外。这种"默示加入、明示退出"的制度安排，针对性地解决了我国此前证券民事诉讼领域"明示加入、默示退出"的弊端，从根本上提高了投资者提起民事诉讼的便利性，增加了同一诉讼案件中的侵权赔偿金额，进而激发了投资者、律师事务所发起诉讼的积极性。比如，2006 年 7 月，在我国首起会计师事务所虚假陈述证券民事赔偿案中，华伦会计师事务所因其未能发现及披露其客户蓝田股份有限公司的虚假陈述行为，对原告的经济损失承担了连带赔偿责任，但因为只有 83 名原告，索赔金额也仅为 617 万元（最终被判决赔偿 540 多万元）；假定在特别代表人诉讼制度下，原告人数增至 2万人，索赔金额增至 10 亿元，这对于华伦会计师事务所无疑是毁灭性的打击。这意味着，在特别代表人诉讼制度下，若涉案的会计师事务所被判承担连带赔偿责任，将面临巨额赔偿，由此可产生前所未有的制度威慑力。

对于重大的制度变革和法律修订，在首个适用案例出现之前，包括直接利益相关者在内的全体社会成员均会持观望态度。国内外概莫能外。有研究发现，美国上市公司对于 SEC 推出的执法合作计划（Enforcement Cooperation Program）并无反应，但在首个满足该计划规定而被奖励的公司案例出现后，市场做出了明显反应（Leone et al.，2021）。针对在新《证券法》下会计师事务所是否真

---

① 2013 年发布的《国务院办公厅关于进一步加强资本市场中小投资者合法权益保护工作的意见》（国办发〔2013〕110 号）。

的会面临巨额赔偿，学术界围绕会计责任与法律责任的厘清、补充赔偿责任与连带赔偿责任的界定、会计师事务所的赔偿能力、对审计市场和注册会计师行业发展的影响、法律执行严厉程度以及是否会常态化等问题进行了大量且广泛的讨论。在实践中，连带责任比例的判定一直是一个难点，甚至在同一案件中会出现前后不一的判决情况。比如，2019 年 12 月，法院判决瑞华会计师事务所（特殊普通合伙）（简称瑞华所）对被告成都华泽钴镍材料股份有限公司（简称华泽钴镍）的赔偿义务在 60% 的范围内承担连带赔偿责任；而 2020 年 5 月，法院改判瑞华所对被告华泽钴镍的赔偿义务承担 100% 的连带赔偿责任。一时间，关于新《证券法》实行后将从严界定会计师事务所责任的说法盛行。但在对上市公司中安科的民事诉讼中，瑞华所承担的法律责任由 2020 年年底一审判决确定的 100% 连带责任变为 2021 年 5 月二审判决确定的 15% 连带责任。

2021 年 11 月 12 日，广州市中级人民法院对康美药业证券集体诉讼案做出一审判决，责令康美药业财务造假年度的主审计机构——正中珠江所会计师事务所（简称正中珠江所）及其合伙人、签字注册会计师对于康美药业应赔偿给投资者的 24.59 亿元损失承担 100% 的连带责任。2022 年 7 月 21 日，正中珠江所被注销执业证书，并随之解散。这是新《证券法》确立中国特色证券特别代表人诉讼制度后的首单案件，也是迄今为止法院审理的原告人数最多、赔偿金额最高的上市公司虚假陈述民事赔偿案件。证券监管部门高度肯定了该案的标杆、引领和示范意义，并表达了扎实推进特别代表人诉讼常态化的坚定决心。随之，之前关于特别代表人诉讼制度是否会得以落实并发挥效力的观望态度逐渐消散。另外，在该判决宣告之前，有关正中珠江所和其他受诉事务所的审计责任界定、被诉信息已经披露（如表 7-1 所示），此次判决的增量信息在于特别代表人诉讼制度下的巨额赔偿。因此，该案例为检验审计理论研究中的一个基础理论问题——审计保险价值，提供了绝佳的实践场景。

表 7-1 康美药业造假案关键时间线

日期	案件相关进展
2018 年 10 月 15 日	自媒体文章质疑康美药业财务报表资金真实性，认为存在多方面造假行为
2019 年 5 月 9 日	康美药业发布会计差错更正信息公告，声称公司自查发现其 2017 年的财务报表中存在重大差错
2019 年 5 月 17 日	证监会初步查明康美药业 2016 年至 2018 年的财务报告存在重大虚假
2019 年 5 月 28 日	正中珠江所对上交所问询函做出回应，澄清在康美药业审计过程中不存在差错和过失
2019 年 8 月 16 日	证监会发布对康美药业的行政处罚决定，将其行为定性为有预谋、有组织，长期、系统实施的财务造假行为
2020 年 5 月 4 日	证监会对康美药业做出 60 万元顶格行政处罚及市场禁入决定
2020 年 12 月 31 日	康美药业公告称收到广州市中级人民法院（简称广州中院）所发《应诉通知书》，因证券虚假陈述责任纠纷被提起普通代表人诉讼
2021 年 2 月 20 日	证监会对正中珠江所及其 4 名签字注册会计师做出行政处罚决定
2021 年 3 月 26 日	广州中院发布普通代表人诉讼权利登记公告；中证中小投资者服务中心（简称投服中心）公开接受投资者委托
2021 年 4 月 8 日	投服中心向广州中院提交 56 名投资者证据材料，申请将普通代表人诉讼转换为特别代表人诉讼
2021 年 4 月 16 日	广州中院发布特别代表人诉讼权利登记公告，首单特别代表人诉讼成功转换
2021 年 4 月 23 日	投服中心向中国证券登记结算有限责任公司调取康美药业案权利人名单
2021 年 4 月 30 日	投服中心将调取的权利人名单向广州中院予以登记
2021 年 6 月 5 日	揭阳市中级人民法院（简称揭阳中院）裁定受理康美药业破产重整申请
2021 年 7 月 22 日	投服中心代表全体原告，以特别代表人诉讼诉请金额向破产管理人申报债权
2021 年 8 月 10 日	投服中心在康美药业破产重整案第一次债权人会议表决中被选为债权人委员会成员，并得到破产法院揭阳中院的确认，行使监督债务人财产的管理和处分、监督管理人执行职务、提议召开债权人会议等职权

资料来源：中国证监会官网以及《证券时报》发布的中证中小投资者服务中心"十二问答"。

7.2　投资者保护

党的十八大以来，习近平总书记对资本市场做出了一系列重要指示批示，为新时代资本市场改革发展指明了方向。投资者是资本市场发展之本，尊重投资者、敬畏投资者、保护投资者既是资本市场践行以人民为中心发展思想的具体体现，也是证券监管部门的根本监管使命（易会满，2020）。自 20 世纪 90 年代 LLSV① 开创了法与金融学的研究以来，法律制度对国家金融体系形成、金融市场配置资源效率以及投资者保护水平等的影响，引起了社会各界的高度关注。其中，强有力的投资者保护是资本市场高效活跃发展的必要条件（姜付秀等，2008；姜国华等，2006；辛宇和徐莉萍，2007）。

在新《证券法》出台前，我国中小投资者若因上市公司的证券虚假陈述行为导致自身投资利益受损，意欲提起证券集体诉讼，面临现实困境。其原因在于：我国证券集体诉讼制度起步晚，诉讼参与方式不完善。2003 年 1 月颁布的《最高人民法院关于审理证券市场因虚假陈述引发的民事赔偿案件的若干规定》明确指出，"集体诉讼"的适用范围仅限于证券市场因虚假陈述引发的、当事人人数确定的情形；2019 年 6 月颁布的《最高人民法院关于为设立科创板并试点注册制改革提供司法保障的若干意见》虽然将起诉时当事人人数尚未确定的情形纳入了证券代表人诉讼制度中，但仍然维持了投资者"登记加入"的诉讼参与方式。因此，尽管各类法规及司法解释条文中有所涉及，但集体诉讼在目前的司法实践中基本没有先例可循（汤欣，2019）。我国资本市场证券集体诉讼制度的发展历程如表 7-2 所示。

---

① LLSV 是在法与金融学领域进行开创性研究的四位经济学家姓氏首字母缩写。

表7-2　我国资本市场证券集体诉讼制度的发展历程

施行时间	制度及其内容
1982 年 10 月	《中华人民共和国民事诉讼法（试行）》：未涉及群体性诉讼方面的规定。
1991 年 4 月	《中华人民共和国民事诉讼法》（1991 年通过）：我国证券集体诉讼制度最早的法律渊源。 第五十三条　当事人一方或者双方为二人以上，其诉讼标的是共同的，或者诉讼标的是同一种类、人民法院认为可以合并审理并经当事人同意的，为共同诉讼。共同诉讼的一方当事人对诉讼标的有共同权利义务的，其中一人的诉讼行为经其他共同诉讼人承认，对其他共同诉讼人发生效力；对诉讼标的没有共同权利义务的，其中一人的诉讼行为对其他共同诉讼人不发生效力。 第五十四条　当事人一方人数众多的共同诉讼，可以由当事人推选代表人进行诉讼。代表人的诉讼行为对其所代表的当事人发生效力，但代表人变更、放弃诉讼请求或者承认对方当事人的诉讼请求，进行和解，必须经被代表的当事人同意。
1999 年 7 月	《中华人民共和国证券法》以及此后 2004 年、2005 年、2013 年、2014 年的四次修订或修正中，均未涉及代表人诉讼相关内容。
2002 年 1 月	《最高人民法院关于受理证券市场因虚假陈述引发的民事侵权纠纷案件有关问题的通知》（法明传〔2001〕43 号，简称《虚假陈述民事侵权纠纷通知》）：对于虚假陈述民事赔偿案件，人民法院应当采取单独或者共同诉讼的形式予以受理，不宜以集团诉讼的形式受理。
2003 年 2 月	《最高人民法院关于审理证券市场因虚假陈述引发的民事赔偿案件的若干规定》（法释〔2003〕2 号，简称《虚假陈述民事赔偿规定》）：允许投资者以单独诉讼、共同诉讼、起诉时当事人人数确定的代表人诉讼三种方式提起诉讼。
2015 年 2 月	《最高人民法院关于适用〈中华人民共和国民事诉讼法〉的解释》：对代表人诉讼制度给出了细化解释和司法实践指导。
2019 年 6 月	《最高人民法院关于为设立科创板并试点注册制改革提供司法保障的若干意见》（法发〔2019〕17 号）：在证券代表人诉讼制度中纳入起诉时当事人人数尚未确定的情形，但投资者需"登记加入"。

续表

施行时间	制度及其内容
2020 年 3 月	《中华人民共和国证券法》（2019 年修订）：创设了中国特色证券集体诉讼制度——特别代表人诉讼制度。 第九十五条第三款　投资者保护机构受五十名以上投资者委托，可以作为代表人参加诉讼，并为经证券登记结算机构确认的权利人依照前款规定向人民法院登记，但投资者明确表示不愿意参加该诉讼的除外。
2020 年 7 月	《最高人民法院关于证券纠纷代表人诉讼若干问题的规定》（法释〔2020〕5 号）：我国证券集体诉讼制度真正落地。
2022 年 1 月	《最高人民法院关于审理证券市场虚假陈述侵权民事赔偿案件的若干规定》（法释〔2022〕2 号）：细化证券虚假陈述民事赔偿责任的构成要件。

此外，2014 年修正的《证券法》（简称旧《证券法》）在民事诉讼条件和民事责任界定方面也未能为集体诉讼效能的发挥提供支撑。具体表现在：（1）行政前置条件阻碍了司法机制效能的发挥。许多证券民事诉讼的法令条文中都设置了投资者起诉的前置条件，限定起诉对象只能是因虚假陈述受到行政部门行政处罚的上市公司或者因虚假陈述被人民法院做出刑事判决的上市公司[1]，如 2002 年 1 月施行的《虚假陈述民事侵权纠纷通知》及 2003 年 2 月施行的《虚假陈述民事赔偿规定》。（2）重刑事责任，轻民事处罚。以往在上市公司虚假陈述的司法实践中，往往强调公权力执法，忽视事后民事救济，对责任主体的惩戒机制存在"以罚代赔"的状况，然而行政罚款数额相较于广大投资者因财务舞弊所遭受的损失总额往往是少之又少（汪志海，2021）。

为此，新《证券法》大幅提高了对会计师事务所等证券服务机构的处罚力度，并强化了审计师的民事赔偿责任，这有助于特别代表人诉讼制度效能的发挥。

---

[1]　本章的主检验研究样本中包括正中珠江所的客户公司。此外，考虑到这类客户公司的市场反应中同时交杂着对事务所的声誉、赔偿能力的预期，无法很好地分离审计的信号价值和保险价值，因此本章在稳健性检验中剔除了正中珠江所的客户公司重新进行检验。

7.3 审计保险价值

7.3.1 研究假设与设计

审计保险理论始于 20 世纪 80 年代美国对审计师的诉讼爆炸时期，是以风险转移理论为立论基础的审计需求假说。本质上，会计师事务所承担赔付责任是对投资者的一种转移支付（Schwartz，1997）。审计保险价值的形成必须同时满足两个前提：一是信息使用者具有向会计师事务所提起诉讼的权利；二是会计师事务所具有相应的赔偿能力（Menon & Williams，1994）。在国外，有关审计保险价值的存在性研究可追溯至 20 世纪 80 年代初，截至目前尚无定论（如 Menon & Williams，1994；Baber et al.，1995；Willenborg，1999）；在国内，部分学者借助不同事件（如会计师事务所改制、民事诉讼改革）或情境（如政府官员变更）提供了关于审计保险价值存在性的相关证据，但也未达成共识（李茫茫和黎文靖，2017；倪慧萍和时现，2014；王春飞和陆正飞，2014；伍利娜等，2010）。鉴于审计保险价值是建立在诉讼权利和补偿程度基础上的，康美案判决为检验审计保险假说提供了最直接的实践场景。

首先，从审计保险价值形成所需的两个前提出发，探讨康美案判决是否验证了以及如何验证审计保险价值存在不确定性。一方面，康美案判决是适用特别代表人诉讼制度后的首单案件，也是迄今为止法院审理的原告人数最多、赔偿金额最高的上市公司虚假陈述民事赔偿案件，具有非常重要的标杆、引领和示范意义。证券监管部门也表达了扎实推进特别代表人诉讼常态化的坚定决心。[①] 因此，通过康美案判决可预期，投资者起诉会计师事务所的权利将得到

---

① 证监会：推进特别代表人诉讼常态化 [J]. 中国证券报，2021-11-13.

保障且相较以往行权具有便利性，投资者获得的赔偿将基本能涵盖其遭受的损失。由此，审计保险价值有望真正得以实现（Dye，1993；Wallace，2004）。在此情况下，受诉事务所客户对康美案判决应该存在显著的正向反应。另一方面，假定康美案判决的 24.59亿元均由负有 100%连带责任的正中珠江所赔付，正中珠江所将因无法赔付而破产。这种"掏光"会计师事务所的"口袋"（out of pocket）的倾向将直接导致无法满足审计保险价值的第二个条件，股票市场将因审计保险价值的丧失而产生负向反应。例如，Laventhol & Horwath（简称 L&H）会计师事务所的破产直接导致投资者丧失了对审计师的潜在求偿权，因而原 L&H 的审计客户公司股价下跌（Menon & Williams，1994）。如果此类案件判决成为常态，则可以预期受诉事务所客户会对康美案判决做出负向反应。当然，还存在第三种可能性，即受诉事务所客户不会对康美案判决做出任何反应。可能的原因至少有两点：其一，会计师事务所与被审计单位及其关键少数个人承担连带责任，而且会计师事务所的赔付能力并不必然强于被审计单位及其关键少数个人，所以会计师事务所不大可能赔付 100%。根据央视网 2021 年 12 月 23 日的报道，24.59 亿元已由康美赔付到账，赔付速度令投资者满意。① 因此，会计师事务所可能仍然不会成为赔付的主体。其二，社会公众对于康美案判决是一次警示与威慑，还是会成为常态化现象，存在较大分歧，这将反映在投资者股票交易的决策和信念上，进而导致市场对康美案判决的反应不强烈或没有反应。

其次，从审计保险价值的预期后果看，康美案判决所引发的市场正向或负向反应均能验证审计保险价值的存在。一种观点认为，企业以股东名义购买审计服务本质上是一种购买保险的行为，投资者要求会计师事务所赔偿损失是理所应当的（Hope & Langli，2010；Kothari et al.，1988）；通过加大会计师事务所的民事责任可

---

① 康美药业造假案执行赔款 投资者赔付已陆续到账.（2021-12-23）. 央视网.

以提高审计质量、切实保护投资者的利益（Dye，1993；Palmrose，1994），进而促进资本市场的高质量发展，因而，民事责任规定越严格越好。与之相对立，另一种观点则认为，若投资者的所有投资损失均可通过"掏光"会计师事务所"口袋"来挽回，则将可能导致投资者投资效率的下降（Liao & Radhakrishnan，2016；Lu & Sapra，2009；Schwartz，1997）、审计行业的人才吸引力下降、审计市场的供给减少或者审计收费增加（Laux & Newman，2010；Venkataraman et al.，2008）、注册会计师在执业时更加谨慎而不一定是更加勤勉（Thoman，1996），因此会计师事务所的民事责任应适度（Radhakrishnan，1999）。虽然这两种观点都承认了审计的保险价值，但它们对于未来制度导向和政策演进的启示却截然不同——前者倾向进一步从严，加大事务所的民事赔偿责任；后者则主张匹配、适度的民事赔偿责任。因此，根据这两种相反的观点，可以形成不同的预期：依据前者，则可预期受诉事务所客户会对康美案判决产生正向的反应；依据后者，则可预期受诉事务所客户会对康美案判决产生负向的反应。

基于此，本章提出如下零假设：

H0：在其他条件相同的情况下，受诉事务所客户的股价在康美案判决后的短窗口期内未发生异常变动。

本章以截至 2021 年 11 月 13 日上交所、深交所及北交所的 A 股上市公司为初始研究样本，共得到 4 782 个公司年度观测值。选取此时间节点的原因在于，康美案最终判决日为 2021 年 11 月 12 日（星期五），判决日后两天适逢周末。在此基础上，本章剔除了以下观测值：（1）金融行业上市公司；（2）ST 或 *ST 公司；（3）估计期和事件期内存在其他影响股价重大事件（包括并购重组、股权转让、股票回购、增发、配股、接受行政调查、诉讼仲裁判决、违规公告、股权质押冻结等）的公司；（4）估计期或事件期交易数据缺失的公司；（5）其他财务数据或交易数据缺失的公司。经过上述筛选后，最终得到了 3 245 个观测值。本章通过查阅巨潮资讯网上市公司的最新公告，并利用中国裁判文书网公开的民事判决书或裁定书等资料，检索并手工收集了会计师事务所的起诉情况及其涉诉上市公司的相关信息，整理出因某个审计客户的证券虚假陈述被列入共同被告，且截至 2021 年 11 月 13 日尚未收到最终判决书或已决定上诉的会计师事务所共 5 家，具体信息如表 7 - 3 所示。本章使用的其他数据主要来自 CSMAR 数据库。为了避免极端值对研究结果的影响，本章对所有连续变量进行了首尾各 1% 的缩尾处理。

表 7 - 3　受诉事件的判决进展

受诉事务所	诉讼标的上市公司	相关诉讼进程
众环海华	凯迪退（000939）	2018 年 5 月至 2020 年 11 月多次被提起诉讼，部分诉讼截至 2021 年 11 月 13 日一审尚未开庭
瑞华	昊华能源（601101）	2021 年 6 月 10 日至 7 月 5 日收到《应诉通知书》及相关法律文件，截至 2021 年 11 月 13 日一审尚未开庭
众华	ST 雅博（002323）	2020 年 12 月收到《应诉通知书》及相关法律文件，截至 2021 年 11 月 13 日一审尚未开庭
中审华	ST 辅仁（600781）	2021 年 6 月 2 日至 8 日被郑州中院立案，截至 2021 年 11 月 13 日一审尚未开庭
天健	ST 辉丰（002496）	2021 年 3 月收到《应诉通知书》及相关法律文件，2021 年 7 月 30 日因不服一审法院判决提出上诉，截至 2021 年 11 月 13 日二审尚未开庭

本章的待检验模型如下：

$$CAR[-3,3] = \beta_0 + \beta_1 SuedAudClint + \beta_2 Size$$
$$+ \beta_3 Momentum + \beta_4 BM + \beta_5 SOE$$
$$+ \beta_6 Age + \beta_7 ROA + \beta_8 CFO + \varepsilon$$

式中，$CAR[-3,3]$ 为因变量，表示基于市场模型计算的事件日（即 2021 年 11 月 13 日）前后各三天的累计超额回报。主要解释变量 $SuedAudClint$ 表示是否为受诉事务所客户，若公司过去两个财年（即 2019 财年和 2020 财年）内曾接受受诉事务所审计，则赋值为 1，否则为 0。在该定义中，之所以选择 2019 财年和 2020 财年，是因为新《证券法》自 2020 年 3 月 1 日起实施（后续根据我国的法律法规适用特点，也进行了稳健性检验）。需要明确的是，康美案判决后，事务所的保险价值体现在两个方面：对于被告公司，体现在判决后需承担的赔付责任；对于其他非被告公司，则体现在未来若被提起诉讼需承担的赔付责任。因此，受诉事务所涉诉案件的被告公司及其他非被告公司均包含在样本中。同时，参考现有文献，模型中还加入了一些控制变量：公司规模（$Size$），以 2021 年第 3 季度总资产对数值（百万元）衡量；股票动量（$Momentum$），以 2021 年 11 月 12 日收盘价为基准向前 30 个交易日的动量指标衡量；账面市值比（BM），以 2021 年第 3 季度净资产账面价值除以市值衡量；产权性质（SOE），国有企业赋值为 1，否则为 0；上市年限（Age），以截至 2021 年年底的上市年限对数值衡量；资产收益率（ROA），以净利润除以总资产平均余额衡量；经营活动产生的现金流量（CFO），以经过营业总收入标准化后的经营活动产生的现金流量净额衡量。此外，考虑到行业和地区的异质性，模型还控制了行业及城市固定效应。

7.3.2　实证结果与分析

描述性统计如表 7 - 4 所示。可知，$CAR[-3，3]$ 的均值为 0.002，中位数为 0.000，这表明该变量整体呈正态分布；$SuedAud-Clint$ 的均值为 0.261，意味着平均有 26.1% 的上市公司聘任的会计师事务所是正处于虚假陈述诉讼纠纷中的受诉事务所，且尚未获得最终判决。

表 7 - 4　描述性统计

变量名称	观测数	均值	标准差	1/4 分位数	中位数	3/4 分位数
$CAR[-3，3]$	3 245	0.002	0.066	−0.031	0.000	0.029
$SuedAudClint$	3 245	0.261	0.439	0.000	0.000	1.000

续表

变量名称	观测数	均值	标准差	1/4 分位数	中位数	3/4 分位数
Size	3 245	8.593	1.314	7.625	8.371	9.351
Momentum	3 245	4.592	0.148	4.576	4.601	4.621
BM	3 245	0.626	0.264	0.431	0.616	0.812
SOE	3 245	0.271	0.444	0.000	0.000	1.000
Age	3 245	2.197	0.827	1.609	2.398	2.944
ROA	3 245	0.046	0.072	0.016	0.045	0.083
CFO	3 245	0.106	0.175	0.015	0.089	0.180

表 7-5 列示了主检验结果。第（1）栏显示，$SuedAudClint$ 与 $CAR[-3, 3]$ 在 5% 的水平下显著负相关（系数为 -0.007），说明康美案判决使受诉事务所客户出现了负向的市场反应。第（2）栏显示，在控制了 $Size$、BM、$Momentum$、SOE、Age、ROA、CFO 后，受诉事务所客户在判决事件短窗口期内同样出现了显著负向的市场反应（系数为 -0.006，t 值为 -2.24）。上述结果表明，在其他条件相同的情况下，受诉事务所客户的股价在康美案判决后的短窗口期内发生了负向的异常变动。这意味着，对于受诉事务所客户而言，其投资者在康美案判决后理性地认识到，事务所未来通过民事赔偿保护投资者利益的可能性（即审计保险价值）极有可能丧失。

表 7-5　主检验结果

项目	(1)	(2)
	$CAR[-3, 3]$	$CAR[-3, 3]$
SuedAudClint	−0.007** (−2.26)	−0.006** (−2.24)
Size		−0.008*** (−7.38)
Momentum		−0.067*** (−6.50)

续表

项目	(1)	(2)
	CAR[−3, 3]	CAR[−3, 3]
BM		0.044*** (7.40)
SOE		−0.006* (−1.84)
Age		0.001 (0.66)
ROA		0.013 (0.61)
CFO		−0.006 (−0.83)
Constant	0.003** (2.46)	0.352*** (7.49)
行业固定效应	控制	控制
城市固定效应	控制	控制
观测值数量	3 245	3 245
Adj. R^2	0.061	0.114

注：*、**和***分别表示10%、5%和1%的显著性水平，括号中的数据为双尾检验的 T 值且标准误均进行了企业层面的聚类处理，下同。

为了验证主检验结果的稳健性，执行以下一系列稳健性检验。

1. 更换事件窗口期

稳健性检验——更换事件窗口期如表 7-6 所示。在表 7-6 中，依次将事件窗口期调整为 [−1，1]、[−2，2]、[−4，4]、[−5，5] 后重新执行检验。结果显示：在窗口期 [−2，2]、[−5，5] 的结果均至少在 10% 的水平下显著，在窗口期 [−4，4] 的结果非常接近 10% 的显著性水平，整体上与主检验结果保持一致。在窗口期 [−1，1] 的结果不显著，可能的原因是市场对于康美案判决需要一定的反应时间。

表 7 - 6　稳健性检验——更换事件窗口期

项目	(1) $CAR[-1, 1]$	(2) $CAR[-2, 2]$	(3) $CAR[-4, 4]$	(4) $CAR[-5, 5]$
$SuedAudClint$	−0.001 (−0.59)	−0.004* (−1.82)	−0.004 (−1.58)	−0.005** (−2.13)
$Size$	−0.006*** (−10.35)	−0.011*** (−13.14)	−0.015*** (−17.76)	−0.017*** (−14.27)
$Momentum$	−0.058*** (−6.60)	−0.056*** (−6.70)	−0.074*** (−5.84)	−0.054*** (−4.90)
BM	0.034*** (9.04)	0.054*** (12.26)	0.066*** (11.33)	0.070*** (12.14)
SOE	−0.007*** (−3.26)	−0.011*** (−3.51)	−0.010** (−2.45)	−0.011** (−2.42)
Age	0.002* (1.88)	0.005** (2.51)	0.004** (2.25)	0.005** (2.51)
ROA	0.004 (0.19)	−0.013 (−0.40)	−0.018 (−0.54)	−0.062* (−1.94)
CFO	−0.001 (−0.15)	−0.003 (−0.30)	−0.013 (−1.45)	−0.011 (−1.17)
$Constant$	0.307*** (7.71)	0.333*** (8.27)	0.459*** (7.79)	0.383*** (7.32)
行业固定效应	控制	控制	控制	控制
城市固定效应	控制	控制	控制	控制
观测值数量	3 245	3 245	3 245	3 245
$Adj. R^2$	0.127	0.132	0.137	0.143

2. 更换研究样本

我国法律的基本原则是法不溯及既往，当新法与旧法发生冲突时，一般适用的是从旧兼从轻的原则。若违法行为发生在旧法实施期间，且连续到新法实施后被查处，则以查处的时间为准，不溯及既往；同样，在新法颁布生效前已经判决的案件，已经发生法律效力，不能再适用新法。以《证券法》的修订为例①，简言之，新《证券法》适用于在 2020 年 3 月 1 日之后出具的审计报告中存在虚假陈述，或者在 2020 年 3 月 1 日之前出具的审计报告中存在虚假陈述但在 2020 年 3 月 1 日之后被查处的情况。因此，从最严格的角度出发，2020 年 3 月 1 日之后发布的审计报告若存在虚假陈述，则一定会适用新《证券法》。为此，在表 7-7 第（1）栏中剔除了在 2020 年 3 月 1 日前发布审计报告的观测值。整体来看，主检验结果依然显著（系数为 -0.005，t 值为 -1.73）。

在康美案判决后的第三天，即 2021 年 11 月 15 日上午，北交所正式揭牌开市。考虑到投资者可能因此产生更为积极的预期，从而对股价的正常波动造成影响，在表 7-7 第（2）栏中剔除了 11 月 15 日在北交所上市的同行业公司。结果显示：$SuedAudClint$ 的系数在 10% 的显著性水平下为负，取值为 -0.008，其绝对值略大于全样本检验时的系数（-0.006）的绝对值，表明子样本的负向市场反应比全样本更显著。

为了排除此次事件中心——正中珠江所审计的客户公司股价下跌对结论可能造成的影响，在表 7-7 第（3）栏中剔除了 2 年内被正中珠江所审计过的客户公司。结果表明，$SuedAudClint$ 的系数仍然在 10% 的显著性水平下为负，取值为 -0.005。

表 7-7 第（4）栏剔除了 2 年内聘用的事务所受到处罚的公司。结果表明，聘任受诉事务所的客户公司同样出现了显著负向的市场反应（系数为 -0.009，t 值为 -2.51）。

表 7-7 第（5）栏剔除了 2020 年 1 月 1 日以后上市的观测值。结果表明，在剔除新上市公司的观测值后，$SuedAudClint$ 的系数仍然在 5% 的显著性水平下为负（系数为 -0.006）。

上述子样本检验结果均表明，本章的主要结论是稳健的。

---

① 3 月 1 日新证券法正式实施，以前被立案调查的是按新法还是老法执行.（2020-03-02）. 百家号.

表 7-7　稳健性检验——更换研究样本

项目	（1） 剔除在 2020 年 3 月 1 日前发布审计报告的观测值 CAR[-3,3]	（2） 剔除 11 月 15 日在北交所上市的同行业公司 CAR[-3,3]	（3） 剔除 2 年内被正中珠江所审计过的客户公司 CAR[-3,3]	（4） 剔除 2 年内聘用的事务所受到处罚的公司 CAR[-3,3]	（5） 剔除在 2020 年 1 月 1 日以后上市的观测值 CAR[-3,3]
$SuedAudClint$	-0.005* (-1.73)	-0.008* (-1.66)	-0.005* (-1.71)	-0.009*** (-2.51)	-0.006** (-2.04)
$Size$	-0.008*** (-7.17)	-0.005*** (-2.91)	-0.009*** (-7.31)	-0.008*** (-6.17)	-0.008*** (-7.01)
$Momentum$	-0.077*** (-5.98)	-0.029 (-1.15)	-0.079*** (-6.19)	-0.068*** (-4.53)	-0.096*** (-6.42)
BM	0.045*** (7.21)	0.040*** (4.25)	0.045*** (7.10)	0.044*** (5.87)	0.045*** (7.13)
SOE	-0.004 (-1.33)	-0.010** (-2.11)	-0.004 (-1.21)	-0.003 (-0.80)	-0.005 (-1.42)
Age	-0.002 (-0.66)	0.002 (0.55)	-0.001 (-0.61)	-0.002 (-0.75)	-0.001 (-0.46)
ROA	0.002 (0.12)	-0.002 (-0.09)	0.001 (0.06)	0.023 (1.12)	0.017 (0.81)
CFO	-0.004 (-0.45)	-0.001 (-0.55)	0.001 (0.46)	-0.001 (-0.48)	-0.005 (-0.64)
$Constant$	0.404*** (6.84)	0.145 (1.25)	0.418*** (7.06)	0.364*** (5.27)	0.488*** (7.15)
行业固定效应	控制	控制	控制	控制	控制
城市固定效应	控制	控制	控制	控制	控制
观测值数量	2 894	1 248	2 814	2 099	2 885
$Adj.R^2$	0.121	0.114	0.123	0.137	0.125

3. 剔除"四大"审计客户的影响

首先，剔除样本中由"四大"审计的 230 个样本观测值。结果如表 7-8 第（1）（2）栏所示。其次，对剔除"四大"审计客户后的样本进一步采用倾向得分匹配方法（PSM）进行匹配。具体而言，将受诉事务所客户组设定为干预组，非受诉事务所客户组设定为控制组，将主模型中的所有控制变量作为协变量，采用 Logit 模型来估计样本属于干预组的可能性，从而计算出倾向得分值。本章采用最近邻匹配法将样本观测值进行 1∶1 配对，控制倾向得分值的差距在 0.01 以内。匹配完成后，干预组和控制组的协变量特征极为相近，公司特征的不平衡性降低。因此可认为，匹配后的样本两两之间除主要解释变量（*SuedAudClint*）存在差异外，其他协变量特征均相似，这尽可能地消除了公司特征的影响。接下来，运用匹配后的样本对模型（1）进行回归，结果如表 7-8 的第（3）（4）栏所示。

表 7-8　稳健性检验——剔除"四大"审计客户的影响

项目	剔除"四大"审计客户		剔除"四大"审计客户并进行 PSM 匹配	
	(1)	(2)	(3)	(4)
	$CAR[-3, 3]$	$CAR[-3, 3]$	$CAR[-3, 3]$	$CAR[-3, 3]$
SuedAudClint	−0.008*** (−2.63)	−0.007** (−2.45)	−0.008** (−2.15)	−0.008** (−2.19)
Size		−0.008*** (−6.20)		−0.009*** (−4.90)
Momentum		−0.070*** (−6.17)		−0.071*** (−4.66)
BM		0.044*** (6.82)		0.048*** (5.24)
SOE		−0.006* (−1.74)		−0.008* (−1.71)
Age		0.001 (0.50)		0.002 (0.74)
ROA		0.007 (0.33)		0.020 (0.66)
CFO		−0.007 (−0.85)		0.005 (0.48)
Constant	0.005*** (3.40)	0.364*** (7.04)	0.007*** (2.86)	0.379*** (5.35)
行业固定效应	控制	控制	控制	控制
城市固定效应	控制	控制	控制	控制
观测值数量	3 015	3 015	1 676	1 676
$Adj. R^2$	0.054	0.105	0.035	0.094

可以看出，相比主检验结果，在剔除"四大"审计客户后，
SuedAudClint 的系数绝对值均增加了 0.001，但仍在 1％和 5％的水
平下显著；相比主检验结果，剔除"四大"审计客户并进行 PSM 匹
配后，*SuedAudClint* 的系数绝对值变化较小，且在 5％的水平下显
著。这一方面表明，"四大"相比其他会计师事务所具备更强的偿付
能力，这在一定程度上减小了会计师事务所因诉讼案件赔付责任而
引起的负向市场反应。同时，这也进一步论证了前述的观点，即会
计师事务所具备审计保险价值。综上所述，在剔除"四大"以及公
司层面异质性特征的影响之后，主检验结果依然稳健。

7.3.3　进一步分析

主检验以康美案判决日作为事件时点进行研究，但考虑到判决
日之前的更早时点，市场就已有所反应，因此，我们对康美案在判
决日之前的两个重要时点进行了检验，如表 7-9 所示。

表 7-9　市场对康美案判决过程中其他时点的反应

项目	(1) 时点替换为康美案 法院正式受理日 $CAR[-3,3]$	(2) 时点替换为首单特别代表人 诉讼成功转换日 $CAR[-3,3]$
SuedAudClint	0.001 (0.21)	−0.003 (−0.75)
Size	0.016*** (11.33)	−0.001 (−0.48)
Momentum	0.017 (1.22)	0.069*** (5.54)
BM	−0.051*** (−7.72)	−0.014** (−2.33)
SOE	0.003 (0.74)	−0.001 (−0.26)
Age	−0.003 (−1.17)	−0.001 (−0.65)

续表

项目	(1) 时点替换为康美案 法院正式受理日 $CAR[-3, 3]$	(2) 时点替换为首单特别代表人 诉讼成功转换日 $CAR[-3, 3]$
ROA	0.095*** (4.75)	0.020 (0.96)
CFO	−0.000* (−1.66)	−0.000 (−0.94)
Constant	−0.179*** (−2.76)	−0.297*** (−5.17)
行业固定效应	控制	控制
城市固定效应	控制	控制
观测值数量	2 842	2 863
Adj.R²	0.183	0.153

其一，将法院正式受理康美案的日期（2020年12月31日）作为稳健性检验的时点。相应地，将因变量更换为基于市场模型计算的事件日（2020年12月31日）前后各三天的累计超额回报。从中国裁判文书网及巨潮资讯网手工收集得到因某个审计客户证券虚假陈述被列入共同被告，且截至2020年12月31日尚未收到最终判决书或已决定上诉的会计师事务所共5家。受诉事务所及涉诉上市公司具体包括：毕马威——国元证券（000728）、众环海华——凯迪生态（000939）、众华——*ST 雅博（002323）、瑞华——ST 中安（600654）、立信——大智慧（601519）。按照主检验中所述步骤进行筛选，最后得到2 842个公司年度观测值。检验结果如第（1）栏所示：$SuedAudClint$ 的系数为0.001，但不显著（t 值为0.21），表明康美案在法院正式受理之日并未引起显著的市场反应。

其二，将首单特别代表人诉讼成功转换日（2021年4月16日）作为稳健性检验的时点。相应地，将因变量更换为基于市场模型计算的事件日（2021年4月16日）前后各三天的累计超额回报。手工

收集得到因某个审计客户证券虚假陈述被列入共同被告，且截至
2021 年 4 月 16 日尚未收到最终判决书或已决定上诉的会计师事务所
共 4 家。受诉事务所及涉诉上市公司具体包括：众环海华——凯迪
退（000939）、众华——*ST 雅博（002323）、瑞华——ST 中安
（600654）、上会——ST 中安（600654）。按照主检验中所述步骤进行
筛选，最后得到 2 863 个样本观测值。检验结果如第（2）栏所示：
$SuedAudClint$ 的系数为－0.003，但不显著（t 值为－0.75），表明康
美案在首单特别代表人诉讼成功转换日未能引起显著的负向市场反应。

综上结果表明，尽管康美案在法院正式受理日、首单特别代表人
诉讼成功转换日均引起了市场对正中珠江所审计质量问题的广泛关注，
但由于最终判决审定的惩戒力度和赔偿责任尚未确定，市场反应并不
显著。这与基于美国市场的研究结果相一致，即只有当首个具有标志
性的案例出现时，才会消除公众对于重大制度变革或法律修订的疑虑
（Leone et al.，2021）。

会计师事务所具备赔偿能力是审计保险价值存在的重要条件之
一。因此，当受诉事务所的赔偿能力越强时，其客户对康美案的负
面反应越弱。为验证这一假设下面分别以受诉事务所的总收入
（$Revenue$）和其 A 股审计客户收费总额（Fee）作为事务所赔偿能
力的代理变量，检验其与 $SuedAudClint$ 的交互效应，会计师事务所
赔付能力的异质性影响如表 7-10 所示。结果显示，交乘项的系数
均至少在 10% 的显著性水平下为正（系数分别为 0.014、0.010，t
值分别为 2.38、1.68），证实了主检验结果的理论逻辑。

表 7-10　会计师事务所赔付能力的异质性影响

项目	(1) $X=Revenue$ $CAR[-3, 3]$	(2) $X=Fee$ $CAR[-3, 3]$
$SuedAudClint$	－0.015*** (－3.40)	－0.013*** (－2.90)
$SuedAudClint \times X$	0.014** (2.38)	0.010* (1.68)

续表

项目	(1) X＝Revenue CAR[−3，3]	(2) X＝Fee CAR[−3，3]
X	−0.002 (−0.63)	−0.001 (−0.34)
Size	−0.008*** (−7.24)	−0.008*** (−7.35)
Momentum	−0.066*** (−6.45)	−0.067*** (−6.50)
BM	0.044*** (7.29)	0.044*** (7.38)
SOE	−0.006** (−1.98)	−0.006* (−1.93)
Age	0.002 (0.83)	0.001 (0.76)
ROA	0.012 (0.61)	0.012 (0.58)
CFO	−0.006 (−0.84)	−0.006 (−0.82)
Constant	0.351*** (7.45)	0.352*** (7.49)
行业固定效应	控制	控制
城市固定效应	控制	控制
观测值数量	3 245	3 245
$Adj. R^2$	0.116	0.115

会计师事务所作为独立于客户公司的第三方，所提供的保险价值因诉讼中受诉公司及承担连带责任的相关人员的赔付能力而异。就康美案而言，最终判决要求："康美药业应对投资者损失共计2 458 928 544元承担赔偿责任；马兴田、许冬瑾、邱锡伟、庄义清、温少生、马焕洲与康美药业承担连带赔偿责任。"我们推测，若受诉公司自身的赔付能力在中位数水平以上，则其投资者对受诉会计师事务所偿付能力的关注度将下降，从而可能削弱康美案判决带来的

负向市场反应。为验证这一推测，首先从董监高薪酬的视角出发，检验客户公司在个人层面对赔付能力的影响：将 $Salary$ 定义为取值为 0 或 1 的虚拟变量，若董监高薪酬总额大于当年同行业的中位数水平，则取值为 1，否则为 0；其次从企业经营活动产生的现金流量入手，检验客户公司在公司层面对赔付能力的影响：将 $Cashflow$ 定义为取值为 0 或 1 的虚拟变量，若企业营业总收入标准化后的经营活动产生的现金流量大于当年同行业的中位数水平，则取值为 1，否则为 0。客户公司赔付能力的异质性影响如表 7-11 所示。检验结果分别如表 7-11 的第（1）（2）栏所示：$SuedAudClint$ 的系数均显著为负，其与 $Salary$ 的交乘项系数并不显著（系数为 0.001，t 值为 0.23），其与 $Cashflow$ 的交乘项系数则在 10% 的显著性水平下为正（系数为 0.009，t 值为 1.90）。这表明，相比于审计客户董监高人员的财务能力，公司层面的财务能力更能显著减小市场对康美案的负向反应。这与预期和现实都是相符的。

表 7-11　客户公司赔付能力的异质性影响

项目	(1) X = Salary CAR[-3, 3]	(2) X = Cashflow CAR[-3, 3]
$SuedAudClint$	-0.006^* (-1.79)	-0.010^{***} (-2.75)
$SuedAudClint \times X$	0.001 (0.23)	0.009^* (1.90)
X	0.004 (1.50)	-0.004^* (-1.77)
$Size$	-0.010^{***} (-10.05)	-0.007^{***} (-7.52)
$Momentum$	-0.050^{***} (-6.09)	-0.057^{***} (-6.85)
BM	0.037^{***} (7.43)	0.038^{***} (7.47)
SOE	-0.006^{**} (-2.28)	-0.005^* (-1.83)

续表

项目	(1) X=Salary CAR[-3，3]	(2) X=Cashflow CAR[-3，3]
Age	0.002 (1.17)	0.001 (0.55)
ROA	-0.020 (-1.20)	0.008 (0.49)
CFO	-0.005 (-0.79)	-0.000 (-0.47)
Constant	0.319*** (8.57)	0.304*** (7.99)
行业固定效应	控制	控制
城市固定效应	控制	控制
观测值数量	3 245	3 245
$Adj. R^2$	0.143	0.134

　　会计师事务所提供的保险价值会因客户公司自身的诉讼风险而呈现异质性。下面从四个角度检验公司自身诉讼风险的异质性影响，具体如表7-12所示。Lawsuit 定义为客户公司在上一财年是否受到起诉的虚拟变量，曾受起诉则取值为1，否则为0；Violation 定义为客户公司在上一财年是否受到交易所处罚的虚拟变量，曾受处罚则取值为1，否则为0；CL 定义为上市公司在上一财年是否收到证券交易所问询函的虚拟变量，曾收到过则取值为1，否则为0；DA 定义为客户公司的盈余管理程度，以基于 Jones 模型估计的操纵性应计取绝对值衡量。结果显示，SuedAudClint 与各个调节变量的交乘系数均显著为负，即客户公司的诉讼风险越高，主检验中所发现的市场负向反应越大。

表7-12　客户公司诉讼风险的异质性影响

项目	(1) X=Lawsuit CAR[-3，3]	(2) X=Violation CAR[-3，3]	(3) X=CL CAR[-3，3]	(4) X=DA CAR[-3，3]
SuedAudClint	-0.006* (-1.93)	-0.006** (-2.03)	-0.006* (-1.87)	-0.007** (-2.60)

续表

项目	(1) $X = Lawsuit$ $CAR[-3, 3]$	(2) $X = Violation$ $CAR[-3, 3]$	(3) $X = CL$ $CAR[-3, 3]$	(4) $X = DA$ $CAR[-3, 3]$
$SuedAudClint \times X$	−0.182*** (−2.81)	−0.046* (−1.66)	−0.037* (−1.66)	−0.104** (−2.25)
X	0.048 (0.89)	−0.011 (−1.17)	0.006 (0.58)	0.066* (1.97)
$Size$	−0.009*** (−7.46)	−0.009*** (−7.47)	−0.009*** (−7.48)	−0.009*** (−12.10)
$Momentum$	−0.071*** (−6.34)	−0.071*** (−6.36)	−0.071*** (−6.34)	−0.071*** (−6.49)
BM	0.049*** (7.58)	0.048*** (7.39)	0.048*** (7.44)	0.048*** (9.42)
SOE	−0.006* (−1.86)	−0.006* (−1.86)	−0.006* (−1.85)	−0.006* (−1.89)
Age	0.002 (0.79)	0.002 (0.86)	0.002 (0.86)	0.002 (0.92)
ROA	0.008 (0.35)	0.003 (0.12)	0.005 (0.20)	0.004 (0.13)
CFO	−0.000 (−0.32)	−0.000 (−0.28)	−0.000 (−0.30)	−0.000 (−0.27)
$Constant$	0.374*** (7.29)	0.375*** (7.32)	0.373*** (7.29)	0.375*** (7.56)
行业固定效应	控制	控制	控制	控制
城市固定效应	控制	控制	控制	控制
观测值数量	3 245	3 245	3 245	3 245
$Adj.R^2$	0.102	0.100	0.100	0.100

对于受诉事务所而言，康美案判决对它们形成了一种警示。因此，投资者可能会预期它们在 2020 年度财务报表审计中将更加勤勉尽责。该预期将直接反映在投资者对经过审计后的报告盈余的信任程度上。但也存在另一种可能性，即投资者因康美案判决的验证效应对受诉事务所产生了强烈的不信任，并不预期它们在后续审计中会更加勤勉尽责。为此，构建以下模型检验投资者对受诉事务所审计的 2020 年度财务报表的反应程度。

$$
\begin{aligned}
CAR[-3,3]=&\beta_0+\beta_1UE+\beta_2SuedAudClint+\beta_3UE\\
&\times SuedAudClint+\beta_4Size+\beta_5Size\\
&\times SuedAudClint+\beta_6Lev+\beta_7Lev\\
&\times SuedAudClint+\beta_8CFO+\beta_9CFO\\
&\times SuedAudClint+\beta_{10}BM+\beta_{11}BM\\
&\times SuedAudClint+\beta_{12}Big4+\beta_{13}Big4\\
&\times SuedAudClint+\beta_{14}Grow+\beta_{15}Grow\\
&\times SuedAudClint+\beta_{16}ROA+\beta_{17}ROA\\
&\times SuedAudClint+\varepsilon
\end{aligned}
$$

式中，$CAR[-3，3]$ 与主检验中的定义相同，表示基于市场模型计算的事件日（2021 年 11 月 13 日）前后三天的累计超额回报。UE 表示当期未预期盈余，由 2021 年第 4 季度的每股盈余（EPS）减去第 3 季度的每股盈余，然后除以 2021 年第 4 季度期初收盘价计算得出。模型中控制了公司规模（$Size$）、财务杠杆（Lev）、经营活动产生的现金流量（CFO）、账面市值比（BM）、是否由"四大"审计（$Big4$）以及成长能力（$Grow$，由企业年营业收入增长率衡量）、资产收益率（ROA）的影响。受诉事务所的盈余反应检验结果如表 7-13 所示。结果显示，$UE\times SuedAudClint$ 的系数显著为负（系数为 -0.159，t 值为 -1.70），即经受诉事务所审计的公司相比其他事务所审计的公司，盈余反应系数更低。该结果说明，康美案判决在一定程度上削弱了投资者对受诉事务所客户财务报表的信任。

表 7-13　受诉事务所的盈余反应检验

项目	(1) $CAR[-3，3]$	(2) $CAR[-3，3]$
UE	0.288 (1.38)	0.321 (1.56)
$UE\times SuedAudClint$		-0.159* (-1.70)
$SuedAudClint$		-0.007** (-2.19)

续表

项目	(1)	(2)
	$CAR[-3, 3]$	$CAR[-3, 3]$
$Size$	-0.010^{***} (-7.11)	-0.010^{***} (-7.05)
$UE \times Size$	0.015 (0.41)	0.016 (0.44)
Lev	-0.003 (-0.31)	-0.003 (-0.32)
$UE \times Lev$	-0.607^{***} (-2.61)	-0.615^{***} (-2.66)
CFO	-0.006 (-0.66)	-0.006 (-0.70)
$UE \times CFO$	-0.082 (-0.48)	-0.076 (-0.44)
BM	0.052^{***} (8.03)	0.052^{***} (8.11)
$UE \times BM$	-0.128 (-0.58)	-0.144 (-0.65)
$Big4$	-0.002 (-0.45)	-0.004 (-0.78)
$UE \times Big4$	0.181^{***} (2.91)	0.169^{***} (2.83)
$Grow$	0.007 (1.51)	0.007 (1.46)
$UE \times Grow$	0.006 (0.06)	0.006 (0.05)
ROA	0.018 (0.71)	0.020 (0.79)
$UE \times ROA$	0.238 (0.47)	0.287 (0.57)
$Constant$	0.053^{***} (5.74)	0.054^{***} (5.81)
行业固定效应	控制	控制
城市固定效应	控制	控制
观测值数量	2 854	2 854
$Adj.R^2$	0.108	0.110

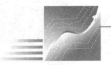

第 8 章　华融舞弊的双轮驱动

2020 年，中国华融资产管理股份有限公司（简称华融）因计提巨额资产减值损失导致年度净亏损高达 1 062.74 亿元，该亏损金额超过了其自 2012 年股改以来的全部累计利润总和，业绩爆雷迅速引起市场广泛关注。2021 年，财政部对华融的会计信息质量及其审计机构德勤的执业质量进行了立案调查。经过深入调查，2023 年 3 月 15 日，财政部做出了行政处罚决定，对华融及其 7 家子公司共处以 80 万元罚款；对德勤处以 2.1 亿元罚款，并责令德勤北京分所暂停营业 3 个月，同时吊销 2 名签字注册会计师的执业执照。

华融为我国四大国有金融资产管理公司（AMC）之一，其事件揭示了 AMC 在特定商业模式下可能面临的重大风险与挑战。华融舞弊并非偶然事件，这是其独特的商业模式所蕴含的两大天然属性共同作用的结果。一是其易异化为影子银行。在华融的商业模式中，收购重组类业务最为突出，叠加其内部控制与公司治理的缺陷，华融已逐渐偏离不良资产处置主业，异化为影子银行，即以处置不良资产为名，行绕开监管向企业提供信贷支持之实，实现监管套利。这种行为导致了双向隧道挖掘和双道隧道挖掘。二是不良资产会计计量的低可靠性。华融以公允价值与摊余成本这两种方法计量的收入合计占营业收入的比例不断提高，已至 80％以上。这些收入在本质上属于无对应经营现金流入的未实现利得（unrealized gains）。因此，华融通过会计计量方式的调整可以轻易维持其利润表与资产负债表的虚假繁荣。当影子银行遇见不良资产会计计量方式调整时，华融的资产负债表与利润表便呈现出了虚假繁荣并在此基础上形成了持续大规模债务融资。简言之，影子银行与会计计量双轮驱动华融舞弊。本章希望引发读者对 AMC 监管改革的思考。在特定金融环境下，如何对这类企业进行有效监管，确保其稳健、合规运营，是摆在我们面前的重要课题。

8.1　资产管理公司

资产管理公司的良好运营关乎国家的金融稳定性，目前，学术界对于 AMC 的研究集中于其基本属性、业务特征和资产处置方面。在基本属性方面，美国在 20 世纪 80 年代末 90 年代初的金融管制放松和金融市场发展为不良资产投资公司收购不良资产建立了制度框架，不良资产投资公司以其资源优势和规模效应成为公司违约及重组中不可或缺的参与者（Douglas & Grant，2015）。AMC 是对国有商业银行不良资产处置制度安排的第二次调衡，其目的是降低交易费用，即抑制信贷违约行为，减少不良资产损失（阙方平等，2002）。在我国金融体系中，AMC 与其他金融机构的显著区别在于其具有盘活存量资产、调整资产结构、优化资源配置的独特功能（李玲，2015）。在业务特征方面，AMC 因其业务的特殊性而具有逆周期性，AMC 的逆周期调节涉及不良资产运作机理、问题金融机构逆周期运作机理、问题实体企业逆周期运作机理三方面（胡古月，2020）。AMC 类信贷业务的影响因素，包括市场需求因素、AMC 的资金供应能力和银行业的监管政策（陈冠男，2020）。AMC 业务与房地产行业关系密切，AMC 能有效协调房地产的使用价值与其金融属性的交换价值，在解决房地产危机中发挥巨大作用（Byrne，2015）。在资产处置方面，不良资产处置的核心问题是不良资产定价，需根据不同类别的不良资产特征差异，选择不同的定价方式（胡建忠，2008）。依据不良资产市场的供需双方特点和竞争态势，不良资产处置的主要模式包括债权重组、资产重组、债务重组、债转股等（庞小凤和庞小鹏，2017）。AMC 运用专业化的债务重组手段处置不良资产，能获得较大的重组收益，达到优化资源配置、盘活存量资产的目的（张海霞，2020）。由于 AMC 的资产与负债规模庞大，其良好运营关乎国家的金融稳定性，因此，有必要深刻吸取华融的历史教训，以避免此类事件的再次发生。

8.2　影子银行

8.2.1　影子银行的概念与界定

"影子银行"的概念最早由美国太平洋投资管理公司执行董事保罗·麦卡利在 2007 年的美联储年会上提出，其被定义为游离在监管体系外又能与传统的商业银行（接受监管）体系相对应的融资类金融机构。影子银行在一定程度上能够发挥商业银行的核心功能，即提供高杠杆率、期限匹配和流动性强的服务。在监管标准上，金融稳定理事会（Financial Stability Board，FSB）将影子银行定义为"所有游离于监管系统之外的非传统信贷中介"。中国银保监会在

2020 年发布的《中国影子银行报告》中明确了影子银行在四个方面的界定标准，即监管体系、业务结构、信息披露与风险。尽管国际上尚未有统一的标准来界定影子银行，但就两项关键特征已达成共识：（1）处于银行业监管体系之外；（2）行使信用、期限或流动性转换等类银行职能。AMC 为非银行金融机构，其监管要求区别于银行，通过收购重组类业务向非金融企业提供信贷，符合影子银行的关键特征。

在商业模式上，华融的主业为不良资产经营，不良资产的主要来源包括金融类不良资产和非金融类不良资产。按处置方式，华融的不良资产可划分为收购处置类和收购重组类，如图 8-1 所示。收购处置主要应用于自金融机构收购的不良资产，即 AMC 通过参与竞标、竞拍、摘牌或协议收购等方式收购不良债权资产后，运用包括折扣变现、本息催收、破产清算、诉讼追偿、出售等多种处置手段实现现金回收；收购重组主要应用于自非金融机构收购的不良资产，即 AMC 与债权人及债务人三方达成协议，向债权人收购债权，同时与债务人及其关联方达成重组协议，通过调整还款金额、还款方式、还款时间以及担保抵押等一系列的重组安排，运用重组手段优化存量债权资产，为具有流动性问题的企业提供差异化的金融服务。2014 年以后，华融的非金融不良资产占比在 50% 以上。相比于金融类不良资产（收购处置类），非金融类不良资产（收购重组类）蕴含着更大的风险，包括：（1）虚构债权风险；（2）高集中度投向风险；（3）同笔债权或同一交易重复融资风险。

在中国四大 AMC 中，华融的收购重组类业务最为突出，叠加内部控制与公司治理的缺陷，其已逐渐偏离不良资产主业，异化为影子银行，即以不良资产处置为名，行绕开监管向企业提供信贷支持之实，从而实现监管套利。

华融成为影子银行的基本条件有两个：一是有融资来源；二是对接融资实体。在融资来源方面，作为央企和金融机构，华融可以通过同业拆借和境内外金融债券的发行，筹集成本极低的资金。从 2015 年

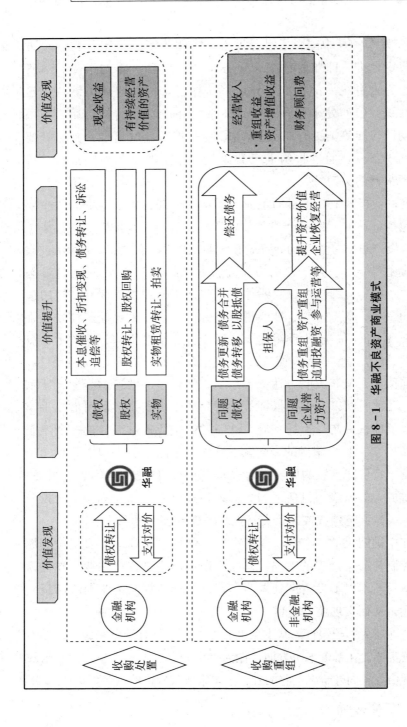

图 8 - 1　华融不良资产商业模式

开始，华融通过子公司中国华融国际控股有限公司（简称华融国际）和华融境外融资平台（Huarong Finance 2019 Co., Ltd. 以及 Huarong Finance II Co., Ltd.）发行海外债，2015—2020 年共发行海外债 25 次，总规模近 160 亿美元，平均票面利率为 4.09%。

在对接融资实体方面，2012 年，非金融机构不良资产收购业务在四大 AMC 中的信达开放试点；2015 年，财政部和中国银监会印发《金融资产管理公司开展非金融机构不良资产业务管理办法》（财金〔2015〕56 号），明确信达之外的其他三家 AMC 可开展非金融机构不良资产收购业务，全面打开了华融异化为影子银行的通路。

华融影子银行活动主要隐藏在收购重组类业务之下。房地产企业由于资金需求量大且融资受监管限制更为严格，成为华融所对接的主要融资实体。在四大 AMC 中，华融的房地产业务尤为突出（如表 8-1 所示），2014—2019 年华融收购重组类不良资产中归属于房地产业的占比远高于信达。

表 8-1 2014—2019 年华融与信达收购重组类不良资产中房地产业占比

公司名称	2014 年	2015 年	2016 年	2017 年	2018 年	2019 年
华融	62.60%	65.80%	56.80%	58.90%	52.50%	51.30%
信达	58.30%	54.20%	42.30%	39.40%	48.20%	49.30%

华融依靠自身的低息贷款或举债获得资金，再以高利率（甚至在 10% 以上）向房地产企业提供间接贷款，而这一贷款则被包装为债权远期回购、明股实债、投资信托计划或资管计划等形式。对于房地产企业而言，其受到地产调控政策的影响，监管机构对于其从银行获得贷款有严格的规定，而通过 AMC 贷款的方法操作灵活，不限于开发贷且单个项目融资规模不受限制。对于华融而言，以低成本获取融资后再以影子银行模式向房地产企业等借款人高息放贷，能够从中获取高额利差。然而，高收益的背后积蓄着大量风险，一旦房地产业下行，房地产企业出现危机而无法向华融偿还贷款及利息，则这部分贷出资金将成为"不良中的不良"。

影子银行模式通常与虚构不良债权交易模式密切相关，即非金融企业之间合谋虚构无实际对应资产和真实交易背景的债权。该虚构债权期末未清偿转为不良资产后再由华融收购，从表面来看，这与常规不良资产收购流程无异。由于华融的风险管理能力不足，如尽职调查不到位、风险控制流于形式等，因此可能存在不知情的情况下受让虚构债权的情况。但在大多数情况下，华融与相关企业形成合谋，通过故意受让虚构不良债权向非金融企业提供贷款，从而形成信贷业务的内核。[①] 华融影子银行运作模式如图8-2所示。

因华融体系庞大，难以精准还原全貌，所以本章以华融系子公司华融晋商资产管理股份有限公司（简称华融晋商）为缩影，通过资产穿透的方式说明华融是如何通过影子银行活动为房地产企业"输血"的。华融晋商成立于2016年，由山西省政府和华融共同发起创立，是当地首家地方AMC。2017年以来，华融晋商的不良资产业务以收购非金融类不良资产为主（如表8-2所示）；截至2020年6月末，华融晋商非金融类不良债权项目共计10个（如表8-3所示）。

华融晋商实质上为影子银行，以收购不良资产的名义进行利益输送，原因有三：第一，从收购成本来看，非金融类不良债权项目基本都为平价收购，而来自金融机构不良债权资产的收购折扣率约为四折；第二，从项目主体来看，分析位于云南地区的5个项目，可以发现项目3、4、6、9均与云南奥斯迪实业有限公司在股权或高管人员上有着千丝万缕的关联关系（如图8-3所示），由此推测华融晋商通过购买这些关联地产公司之间构建的债权，为"奥斯迪系"提供了多笔融资；第三，从资产风险来看，涉及的云南地区非金融类不良债权基本无担保，风险敞口大。

---

① 2019年12月23日，华融因非金融机构不良资产收购业务无真实交易背景或交易背景真实性尽职调查不充分等违规事项被中国银保监会处以2 040万元罚款，2名责任人员被给予警告并处以5万元罚款。

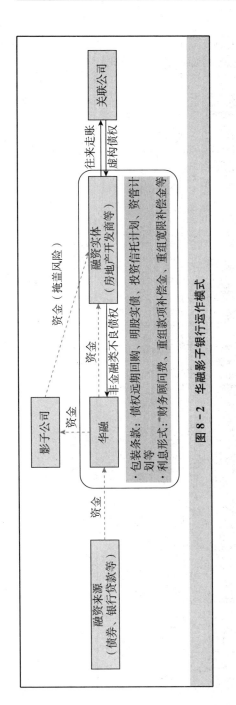

图 8 - 2　华融影子银行运作模式

表 8 - 2　华融晋商不良资产收购业务明细

金额单位：万元

项目	2017 年		2018 年		2019 年		2020 年 1—6 月	
	金额	占比	金额	占比	金额	占比	金额	占比
金融类不良资产	403.80	4.09%	-546.10	-2.64%	12 739.10	39.56%	2 790.10	36.19%
非金融类不良资产	9 461.80	95.91%	21 242.10	102.64%	19 459.20	60.44%	4 919.10	63.81%
合计	9 865.60	100.00%	20 696.00	100.00%	32 198.30	100.00%	7 709.20	100.00%

表 8 - 3　截至 2020 年 6 月末华融晋商非金融类不良债权项目

序号	区域	行业	债务人	债权人	项目规模（万元）	收购成本（万元）	担保
1	云南	制造业	云南玉溪铝箔纸厂	云南新兴仁恒包装材料有限公司	25 500	25 000	动产质押
2	山西	采矿业	山西煤炭进出口集团有限公司	草垛沟煤业	29 477	29 477	存单抵押
3	云南	房地产业	云南奥斯迪百爵房地产开发有限公司	奥斯迪（昆明）电子商务交易产业园有限公司	45 000	45 000	无
4	云南	房地产业	云南俊发水晶置业有限公司	云南中望置业有限责任公司	50 000	50 000	无
5	山西	焦化业	孝义市嘉禹煤业有限公司	孝义市鹏飞实业有限公司	52 531	50 000	无
6	云南	制造业	奥斯迪（昆明）电子商务交易产业园有限公司	云南奥斯迪实业有限公司	8 000	8 000	无
7	山西	供热业	太原平兴原热力有限公司等公司	太原炬能再生能源供热有限公司	7 105	7 000	无
8	宁夏	制造业	宁夏远高新能源科技有限公司	宁夏远高实业集团有限公司	32 400	25 000	无
9	云南	房地产业	云南奥斯迪实业有限公司	云南奥斯迪百爵房地产开发有限公司	39 000	39 000	无
10	山西	采矿业	太原东山煤电集团有限公司	太原东山五龙煤业有限公司	3 500	3 500	无

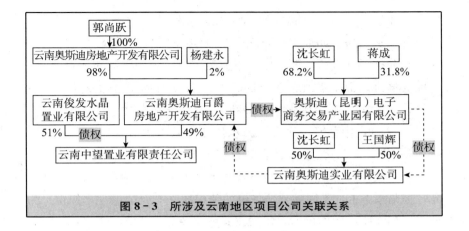

图 8 - 3　所涉及云南地区项目公司关联关系

8.2.2　双向与双道隧道挖掘

除作为影子银行给民企"输血"以实现监管套利外，华融还存在其他形式的利益输送。"隧道挖掘"型腐败作为新型腐败的基本类型之一，是指权力主体与利益关系人内外共谋，利用职权与职务的影响力，通过物资采购、服务提供、股权收购、证券交易、债券交易、关联交易、定向增发等经济活动作为利益输送的隧道，将公共资金、国有资产和国有资源等国家利益输送给利益关系人并被其占有（毛昭辉和朱星宇，2022）。根据隧道挖掘的不同特征，又可分为双向隧道挖掘和双通道复合式隧道挖掘（简称双道隧道挖掘）。

1. 双向隧道挖掘：设立影子公司

"双向"指权力与资本两端的打通：一端为贪腐权力主体向外输送公共利益；另一端为寻租者通过经济活动实现与权力主体的对接。华融通过设立影子公司，掩盖项目的投资窟窿，实现利益输送。以华融与宁夏天元锰业集团有限公司（简称天元锰业）、中国港桥控股有限公司（简称中国港桥）三者的资本运作为例，其资本运作模式如图 8 - 4 所示。天元锰业成立于 2003 年，为一家电解金属锰生产企业，实际控制人为贾天将。中国港桥成立于 1998 年，董事局主席为刘廷安。三方人事交叉、股权交错。在资金往来上，华融持续向天元锰业、中国港桥"输血"。而借助天元锰业和中国港桥，华融能够掩盖投资窟窿，如通过影子公司深圳港桥股权投资基金管理有限公司（简称深圳港桥）解决中弘卓业集团有限公司（简称中弘集团）的债务危机。中弘集团成立于 2001 年，其主营休闲度假物业的开发与经营，2010 年通过借壳*ST 科苑上市，*ST 科苑更名为中弘股份。2018 年 2 月，中弘股份两次公开承认，中弘集团持有的公司全部股份被司法冻结。中弘集团具有数百亿元的债务，第一大债权人是东方资产，债权过百亿元；华融在半山半岛项目的风险敞口约为 80 亿元，但与东方资产不同的是，华融的债权缺乏有效的抵押和担保。为掩盖其在该项目中的风险，华融安排深圳港桥（中国港桥的子公司）充当"白衣骑士"，对中弘集团进行紧急重组。2018 年 3 月 19 日，中弘集团及其实际控制人与深圳港桥签署了战略重组协议，深圳港桥拟联合其他主要合伙人发起设立私募股权投资基金，以用于中弘集团重组，基金存续期为三年。通过重组，华融在中弘集团高达 80 亿元的不良资产被掩盖，实际上背后的出资人仍是华融自身。

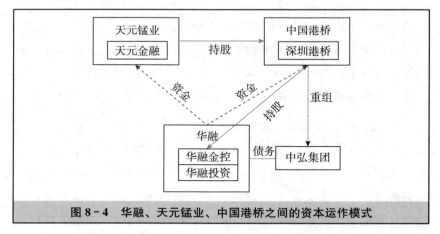

图 8-4 华融、天元锰业、中国港桥之间的资本运作模式

2. 双道隧道挖掘：收购"垃圾股"

"双道"是指利益的输出与实现采取了两个截然不同的运作路径，若非深挖，难以发现二者之间错综复杂的联系。2013 年，华融开始大规模涉足境外市场，主要是以中国香港市场为起点，其间华融大量购买香港二级市场的股票，其中不少是毫股（股价低于 1 港元的股票）、仙股（股价低于 0.1 港元的股票），还有不少是市场所公认的"垃圾股"。例如，在华融对中慧国际的并购中，赖小民[①]与关联方串通，利用华融为其背书，协同包装以抬升股价，再由华融收购，合作者套现撤出后再通过隐蔽的资本运作方式将利益输送给赖小民。

因此，在影子银行模式下，华融存在大量不透明的底层资产[②]，且为了追求高收益大量投资于高风险行业，或者为关联方进行利益输送。对于这些行为所产生的项目风险，华融又通过体外的影子公司进行掩盖。潜藏在影子银行中的风险则进入了"黑箱"，资产的实际流动性风险和信用风险远高于账面。

8.3　会计计量

8.3.1　资产负债表与利润表虚假繁荣

华融属于非银行金融机构，在不良债权资产入账时应区分收购处置类（金融类）和收购重组类（非金融类），分别记入不同的资产类科目。华融核心资产会计计量如表 8 - 4 所示。收购处置类不良债权资产以公允价值计量，其损益变动和处置收益计入利润表"不良债权资产公允价值变动"项目；收购重组类不良债权资产以摊余成本计量，其利息收入和处置收入计入利润表"以摊余成本计量的不良债权资产收入"项目（2018 年前为"持有至到期投资或应收款项类不良债权资产收入"），减值计提计入利润表"以摊余成本计量的

---

① 赖小民，华融原党委书记、董事长。2021 年 1 月 5 日，天津市第二中级人民法院决定对其执行死刑，剥夺政治权利终身，并没收个人全部财产。

② 底层资产是指原始的、未经过金融工具设计的、尚未形成交易结构、未确定金融协议要素的资产。

债务工具减值损失"项目（2018 年前为"划分为应收款项类投资的不良债权资产减值损失"）。

表 8-4　华融核心资产会计计量

项目	收购处置类（金融类）	收购重组类（非金融类）
不良债权资产主要来源	以股份制商业银行和大型商业银行为主	以房地产业为主（占比为 50%～60%）
会计计量	计入"指定为以公允价值计量且其变动计入当期损益的金融资产"或"交易性金融资产"（2018 年后计入"以公允价值计量且其变动计入当期损益的金融资产"）	计入"持有至到期投资"和"应收款项类投资"（2018 年后计入"以摊余成本计量的债务工具"）

华融的基本商业模式是购入不良债权，等待资产升值，其间形成大规模的资金占用，资产规模的扩张又主要由负债驱动。2012—2017 年，华融总资产由 3 150 亿元增长至 18 703 亿元，其资产负债率逐年上升，资产负债率平均水平为 90.05%。华融利润表中的营业收入主要分为六部分（如表 8-5 所示）：（1）以摊余成本计量的不良债权资产收入；（2）不良债权资产公允价值变动；（3）其他金融资产和负债公允价值变动；（4）除不良债权资产外以公允价值计量且其变动计入其他综合收益的债务工具利息收入；（5）除不良债权资产外以摊余成本计量的利息收入（包括"除不良债权资产外以摊余成本计量的债务工具利息收入""应收融资租赁款""买入返售金融资产"等）；（6）其他收入（包括"融资租赁收入""手续费及佣金收入"等）。

由表 8-5 可知，2014—2019 年，以公允价值与摊余成本计量的收入合计占营业收入的比例逐渐提高至 80% 以上，这些收入在本质上属于无对应经营现金流入的未实现利得。在公允价值计量下，金融资产和负债的损益变动具有很强的主观性和可操纵性；在摊余成本计量下，第三阶段[①]的利息收入为"摊余成本（账面余额－已计提减

---

① 第三阶段特指金融工具的信用风险恶化阶段。新金融工具准则要求对金融资产通常应按三阶段进行信用风险损失的计提。

表 8 - 5　2014—2020 年华融营业收入构成

金额单位：亿元

项目	2014 年	2015 年	2016 年	2017 年	2018 年	2019 年	2020 年	计量方式
①以摊余成本计量的不良债权资产收入	156.62	230.95	251.40	307.53	248.47	350.68	341.21	摊余成本计量
②不良债权资产公允价值变动	8.86	16.37	38.52	46.61	86.58	99.64	43.17	公允价值计量
③其他金融资产和负债公允价值变动	12.89	33.47	57.82	81.10	-3.86	117.27	-125.20	公允价值计量
④除不良债权资产外以公允价值计量且其变动计入其他综合收益的债务工具利息收入	29.32	76.12	66.17	155.81	96.02	25.23	18.92	公允价值计量
⑤除不良债权资产外以摊余成本计量的利息收入	138.79	201.71	289.83	434.33	448.09	360.07	356.97	摊余成本计量
⑥其他收入	164.13	195.24	248.34	255.33	197.23	173.68	130.00	
营业合计收入	510.61	753.86	952.08	1 280.71	1 072.53	1 126.57	765.07	
公允价值与摊余成本计量合计占比	68%	74%	74%	80%	82%	85%	83%	
公允价值计量占比	10%	17%	17%	22%	17%	21%	-8%	
摊余成本计量占比	58%	57%	57%	58%	65%	63%	91%	

值准备)×实际利率",通过操纵减值计提可以操纵利息收入的确认。因此,华融可以通过调整会计计量方式轻易维持其利润表与资产负债表的虚假繁荣。

在华融利润表的费用端,营业开支主要由利息支出和以摊余成本计量的债务工具减值损失组成,具体构成如表 8-6 所示,其中利息支出主要为借款利息和应付债券利息。赖小民被查处后,华融的资产风险逐渐暴露,公允价值计量与摊余成本计量所驱动的虚假繁荣难以为继。2020 年,华融进行巨额冲销,一次性计提了 125.20 亿元的其他金融资产公允价值变动损失和 744.72 亿元的以摊余成本计量的债务工具减值损失。

此外,基于华融的现金流量表可以发现,赖小民掌舵下的 2018 年及之前的华融依靠高杠杆激进扩张,自身业务无法形成现金循环与周转,"造血"功能极差,完全依靠基于公允价值与摊余成本计量的资产负债表和利润表不断融资以维持虚假繁荣。2012—2018 年华融累计经营现金流净额、累计投资现金流净额和累计融资现金流净额分别为−1 103.51 亿元、−3 293.36 亿元、5 195.58 亿元,说明在此期间华融的全部经营与投资活动完全依赖融资驱动,其累计自由现金流出额高达 4 396.87 亿元。因此,基于现金流量的角度,可以说华融是真正的价值毁灭者,其繁荣完全是融资驱动下的虚假现象,而其融资的"长期可持续性"又主要是由以公允价值与摊余成本计量的资产负债表和利润表所驱动的。

8.3.2　公允价值计量

在确定金融工具公允价值的输入值时涉及管理层的职业判断,这会增加企业的主观性。华融可以通过收购处置类不良资产公允价值估计进行盈余管理(earning management)或盈余操纵(earning manipulation)。由于不良资产具有非标准化特征,在估值中往往只能使用第三层次输入值,加之各估值方法存在局限性,因此,以公允价值计量的准确性与可靠性非常低,这给会计操纵留下了巨大的空间。

表 8 - 6　2014—2020 年华融营业开支构成

单位：亿元

项目	2014 年	2015 年	2016 年	2017 年	2018 年	2019 年	2020 年
利息支出	−179.04	−259.02	−314.17	−506.91	−640.98	−602.57	−548.68
手续费及佣金支出	−4.52	−9.45	−10.36	−12.96	−20.80	−22.08	−23.71
以摊余成本计量的债务工具减值损失	−43.34	−80.53	−107.75	−36.63	−126.20	−170.39	−744.72
其他金融资产减值损失	−17.23	−44.78	−58.57	−128.27	−46.78	−79.27	−232.08
其他资产减值损失	−1.69	−0.73	−0.85	−9.74	−27.69	−14.98	−100.76
营业支出	−84.69	−114.88	−122.87	−151.41	−145.50	−131.39	−129.00
营业开支净额总计	−330.51	−509.39	−614.57	−845.92	−1 007.95	−1 020.67	−1 778.95

1. 收购处置类不良资产的非标准化特征

收购处置类不良资产具有强非标准化特征，其价值受多种因素的影响，包括债务人的经营前景、财务状况、还款意愿等，同时还会受到不同处置方式的影响。由于涉及的因素繁多且复杂，缺乏活跃的交易市场和实时价格信息，因此难以获取收购处置类不良资产以公允价值计量的第一、二层次输入值，实践中往往只能使用第三层次输入值，这涉及大量的管理层估计和假设。[①]

收购处置类不良资产公允价值估计的方法主要包括成本法、收益法、市场法和专家打分法。然而，这四种方法都存在一定的局限性：（1）成本法的估值逻辑为重置成本，难以反映资产未来的收益和风险；（2）收益法是通过未来现金流量的折现进行估值的方法，所涉及的折现率、未来现金流量预测等重要参数具有很大的主观性；（3）市场法依据替代原则进行估值，但由于不良资产具有非标准化特征，故难以在公开市场上找到与标的资产可比的交易案例；（4）专家打分法是通过匿名向专家征询意见，估测出不良资产的影响因素并进行估值的方法，这种方法的可解释性差且科学性不足。此外，资产管理行业也缺乏统一规范的不良资产评估程序和评估方法。

2. 华融收购处置类不良资产公允价值计量的舞弊风险分析

在输入值方面，根据华融年报，其不良债权资产公允价值的输入值层次全部为第三层次；其他金融资产中除少量已上市基金、已上市股权投资、于证券交易所和银行同业间市场交易的债券等高流动性资产使用第一、二层次输入值外，绝大部分也使用第三层次输入值。华融2014—2020年以公允价值计量且其变动计入当期损益的金融资产中，输入值为第三层次的占比基本在 80% 以上，其中 2015—2017 年占比超过 90%，具体数据见表 8-7。

---

① 公允价值的三个层次用于衡量资产或负债估值的可靠性和可观察性。其中，第一、二层次分别指在活跃市场中有直接、间接的参考依据；第三层次特指无市场数据支持，依赖主观判断。

表 8 - 7　2014—2020 年华融金融资产公允价值第三层次输入值占比

年份	2014 年	2015 年	2016 年	2017 年	2018 年	2019 年	2020 年
占比	81.86%	96.98%	94.19%	94.27%	88.73%	83.57%	80.40%

在估值技术方面，根据华融年报，对于没有活跃市场的不良债权资产的公允价值，所采用的估值方法主要是现金流量折现法（收益法），即根据市场参与者最近进行的类似交易的价格或标的资产的可变现价值来估计未来的现金流量。收益法相较于成本法和市场法，需要更多的假设参数，且更加依赖于内部估计。该方法的估值假设包括未来现金流、回收期限、折现率以及处置费用率等因素，而这些因素参数的设定均离不开管理层对于交易对手的信用风险、市场波动和相关性的估计，这使得华融获得很大的操纵空间。

在信息披露方面，以华融 2018 年的年报为例，华融披露了每一类按公允价值计量的金融工具的公允价值层次，对按公允价值计量的金融工具按三个层次分组，分别列示了其金额，并单独对以公允价值计量的第三层次金融工具的变动情况进行了披露，包括计入当期损益的已实现与未实现的利得或损失总额及损益项目、计入其他综合收益的已实现与未实现的利得或损失总额及损益项目、相关金融工具的购入与结算情况等。相比之下，信达的相关信息披露更为完善，除上述信息外，信达还披露了各类金融工具估值方法的主要输入值、不可观察的重要输入值、不可观察的输入值对公允价值的影响等描述性信息。而对于第三层次公允价值估计的过程和假设参数，华融和信达均未进行披露，这对于财务报告的外部使用者来说，是一个"黑匣子"。2020年华融一次性计提了 125.20 亿元的其他金融资产公允价值损失（如表8-8所示），这表明华融在以前年度存在大量的延迟确认亏损。

表 8 - 8　2012—2020 年华融公允价值变动损益　　单位：亿元

项目	2012年	2013年	2014年	2015年	2016年	2017年	2018年	2019年	2020年
不良债权资产公允价值变动	2.50	5.09	8.86	16.37	38.52	46.61	86.57	99.64	43.17

续表

项目	2012年	2013年	2014年	2015年	2016年	2017年	2018年	2019年	2020年
其他金融资产公允价值变动	4.60	9.42	12.89	33.47	57.82	81.10	−38.60	117.27	−125.20

8.3.3 摊余成本计量

自适用新金融工具准则后，金融资产的分类方法由四分类法改为三分类法，减值方法也由已发生损失法转变为预期信用损失法。从操作层面看，预期信用损失模型至少面临金融监管、利率环境、基础设施、模型构建、内部控制、独立审计、成本效益等七个方面的严峻挑战（黄世忠，2015）。预期信用损失模型给企业提供了操控预估信用损失的空间，企业可通过影响摊余成本和利息收益进而控制净收益（高大平，2010）。预期信用损失模型不但技术难点多，实施成本高，而且主观判断的空间较大，易导致盈余管理（孙娜等，2020）。预期损失模型不能解决已发生损失模型中的顺周期问题，由于将预期变化所带来的冲击集中到当期予以反映，在一定程度上放大了经济的波动，具有较严重的顺周期性（易传和和曹坤，2012）。

1. 与华融不良资产信用减值计提相关的舞弊风险

不良资产的信用减值计提与资产状况息息相关，由于华融刻意掩盖底层资产状况，直接导致预期信用损失模型参数造假。在预期信用损失的会计计量上，华融有很大的自由裁量权。计量预期信用损失的关键输入数据有违约概率、违约损失率、违约风险敞口，这些数据一般依据内部统计模型和其他历史数据得出并涉及大量的管理层估计和判断。通过整理华融减值数据发现，其年报中披露了所使用预期信用损失模型的数学计算方法、前瞻性信息所使用的宏观经济数据等客观内容，但模型在计算时所使用的底层数据仍然覆盖不完全。例如，对于内部信用风险评级体系仅有定性描述，缺少评级体系中量化标准的披露；2018年和2019年前瞻性信息所选择的参照经济指标存在差异，但并未对选择经济指标的标准进行披露。

2. 华融巨额冲销意味着信用减值计提的重大舞弊

2020 年，华融共计提了 744.72 亿元的信用减值损失，相比 2019 年增加三倍左右。对于 2020 年大额计提的减值损失，华融官方给出了三个解释：集中处置存量风险资产并进行减值测试、疫情下对当期资产风险审慎评估后确认信用减值损失和受部分金融服务附属公司风险冲击。

尽管有以上解释，华融 2020 年的巨额冲销仍存在不合理之处，这表明其以前年度在信用减值计提方面存在严重舞弊。首先，从减值模型来看，在各年预期信用减值损失的分布上，旧模型要求在发生减值的当期全额计提损失，新模型则要求对金融资产通常应按三阶段进行信用风险损失的计提。预期发生的减值损失根据一定的风险权重分布在各个期间，新模型下的减值曲线较旧模型平滑且分布均匀，更加具有前瞻性，正常情况下不应出现集中计提的现象。其次，华融的减值曲线与同行业可比公司之间存在重大差异，同为四大 AMC 的信达与华融的商业模式相似，所面临的市场风险、客户信用风险等外部环境也具有相似性，但信达的减值曲线更加平缓，如图 8-5 所示。

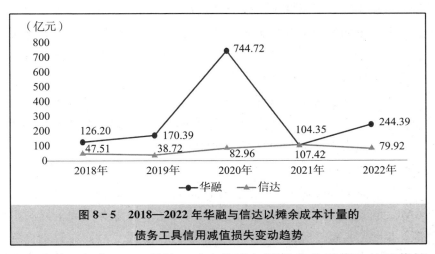

图 8-5　2018—2022 年华融与信达以摊余成本计量的债务工具信用减值损失变动趋势

此外，如表 8-9 所示，对比华融与同行业公司信达的减值情况，可以发现华融在 2018 年和 2019 年存在明显的减值准备不足的问题，从以摊余成本计量的不良债权资产的减值准备数据来看，华融第一阶段的减值准备仅占相关资产总额的 1％左右，相比信达的 3％严重不足。因此，华融于 2020 年集中一次性计提信用减值损失的意图明显。关于这一异常计提，2020 年新聘请的审计机构安永也持有异议，即是否有部分减值损失应当计入 2019 年或以前年度。由于无法获取充分、适当的审计证据，安永表示无法发表审计意见。

表 8 – 9   2018 年和 2019 年华融与信达以摊余成本计量的
不良债权资产减值情况   金额单位：万元

项目	2018 年		2019 年	
	华融	信达	华融	信达
第一阶段的减值准备	671 959	677 482	570 192	576 761
以摊余成本计量的不良债权资产总额	66 306 260	22 869 427	70 602 540	19 794 598
第一阶段的减值准备占比	1.01％	2.96％	0.81％	2.91％

AMC 独特的商业模式具有两大天然属性：易异化为影子银行以及不良资产会计计量的低可靠性。当影子银行遇见不良资产会计计量方式调整时，便出现了华融资产负债表与利润表的虚假繁荣以及在此基础上的持续大规模债务融资。简言之，影子银行与会计计量双轮驱动华融舞弊。华融影子银行导致了双向隧道挖掘和双道隧道挖掘；而华融资产负债表与利润表的虚假繁荣则主要由不良资产的公允价值与摊余成本计量所驱动。华融收购处置类不良资产的公允价值计量问题主要在于使用第三层次输入值所带来的舞弊风险，而其收购重组类不良资产的摊余成本计量问题主要在于信用减值计提所带来的舞弊风险。

因此，为加强对 AMC 的监管，提出以下监管建议：（1）限制 AMC 类信贷业务发展。AMC 应当恪守本心，在业务发展上回归本源，聚焦不良资产经营主业，摒弃影子银行模式。（2）完善不良资产估值体系。应加快建立合理有效的不良资产评估标准体系，逐步建立标准化数据库，为研发出更准确、合理的估值方法提供必要的技术保障和数据支持。（3）引导 AMC 慎用主观性强的估值方法。在符合《金融不良资产评估指导意见》及企业会计准则规定的前提下，当存在其他更客观的估值方法以供选择时，应引导 AMC 尽量减少专家打分法、综合因素分析法等方法的使用频率。（4）提高信息披露要求。对于采用第三层次输入值进行公允价值计量和涉及信用减值损失计提的相关事项，应要求 AMC 披露不确定性分析过程及其对当期损益和其他综合收益的影响。

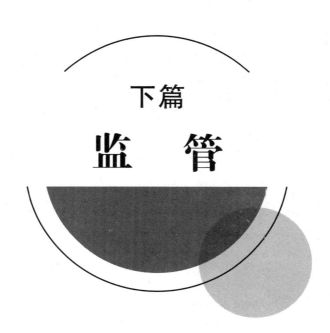

下篇

监　管

第 9 章　中美跨境会计审计监管

　　自 20 世纪 90 年代，中国资本市场逐渐与世界连接，中概股由此诞生。在此后 30 多年的时间内，出现了两次中概股危机，中概股危机揭露了长期以来中美跨境会计审计监管所面临的挑战和困境。诱发中美跨境会计审计监管困境的，不是跨境上市中会计审计的重大技术标准问题，也不是具体准则和职业规范的细微差异，而是国家利益和立场在中美跨境会计审计问题上的对立与冲突。

　　在两次危机中，财务欺诈、公司治理问题和商业伦理缺失是中概股陷入信任危机的直接源头，国家主权、审计工作底稿性质、监管执法权限等方面的限制和障碍构成了中美跨境会计审计冲突的深层逻辑。其中，歧视性信息披露、审计工作底稿检查、数据（国家）安全等问题在中美跨境会计审计冲突中尤为突出，亟须解决。中美跨境会计审计困境的根本诱因，是中美背后主权原则

与国家安全，文化理念、制度差异及歧视性政策，市场发展水平与
其他相关方，中概股财务信息质量等要素共同作用的结果，因而化
解当前中美跨境会计审计冲突的措施探讨应围绕"合作"与"提升"
展开。

中美跨境证券监管合作受制于两国不同的社会制度、证券法律、
监管模式和市场成熟度。截至2022年年底，双方尚未形成系统的、
双边一致且标准化的法律体系及执行标准。中美跨境证券监管合作
的潜在难点主要包括如何就中国籍高管开展惩戒合作、如何提高跨
境调取审计工作底稿的便利性、如何建立针对其他相关方的监管合
作机制等。因此，本章在回顾两次中概股危机以及中美跨境会计审
计监管问题的基础上，梳理中国跨境证券监管合作的已有内容与模
式，基于瑞幸事件初步分析并构建中美跨境证券监管合作框架，并
对中美跨境证券监管合作框架的未来发展进行展望。本章旨在使读
者更直观地感受到中美跨境会计审计问题的严峻性和解决这一问题
的必要性与可行性。

9.1　两次危机、深层逻辑与重大问题

9.1.1　两次危机

自1992年华晨汽车成为第一家在境外上市的中国企业以来，中
概股的发展已历经30余年。由于会计监管、审计监管以及其他证券
监管方面存在的不一致，中美跨境会计审计冲突一直存在，两次中
概股危机则是冲突的集中爆发。第一次中概股危机始于2010年，由
中概股公司系列财务舞弊被揭露、遭到做空而引起；第二次中概股
危机始于2020年瑞幸咖啡的财务舞弊案，此次危机至今尚未寻得最
终解。纵观两次中概股危机，皆以中美跨境会计审计冲突为核心进
行演化、发展与寻求解决途径。问题的关键不在于跨境上市中会计

审计的重大技术标准问题，也不在于具体准则和职业规范的细微差异，而是国家利益和立场在中美跨境会计审计问题上的对立与冲突。

在会计监管方面，由于尚未出现国际统一监管主体，对跨境企业的监管需要各国监管主体的协调合作。然而，美国采用单边主导监管方案，忽略了跨境监管标准的协调，为后续监管冲突埋下了伏笔。①

在审计监管方面，美国 SOX 法案规定，PCAOB 有权对注册会计师在审计过程中展开常规检查和特别检查，并有权要求被调查的事务所提供相关审计材料和证据，即 PCAOB 有权检查我国在美注册的会计师事务所及其工作底稿。与此同时，我国的《证券法》也规定：现场检查应以我国监管机构为主进行，或者依赖我国监管机构的检查结果，境外证券监督管理机构不得在我国境内直接进行调查取证等活动；未经证监会和国务院有关主管部门同意，任何单位和个人不得擅自向境外提供与证券业务活动有关的文件和资料。中美在审计监管方面的主张差异，成了后续冲突的重要根源。

在证券监管方面，早在 1994 年中美两国就签署了《中美证券合作、磋商及技术援助的谅解备忘录》，其中明确"彼此将向对方提供获取信息和证券材料方面的协助，以便于各自对其本国证券法规的实施"，并考虑通过建立联络、合作框架以促进各自市场平稳运作和保护投资者合法权益。同时，鉴于彼时中国证券市场刚刚起步，中美两国在该备忘录的技术援助部分也提出美国证券交易委员会（SEC）有意向与中国证监会探讨建立和实施一项持续的技术援助的计划，并就此向中国证监会提供咨询，其中援助内容便包括信息披露标准，会计、审计原则和标准等。因此，在第一次中概股危机爆发前，尽管中美两国在会计、审计和监管方面差异较大，但由于中概股财务问题并不突出以及美国对中概股态度相对友好，整体监管

---

① 徐玉德. 我国会计监管制度变迁的历程、经验及展望［J］. 财会月刊，2019（5）：3-8+178.

环境相对宽松，中美跨境会计审计冲突并不明显。

1. 第一次中概股危机

2010 年 6 月，做空机构浑水发布了对东方纸业的做空报告，自此，中概股公司开始受到来自境外媒体、做空机构、监管机构、投资者等多方的质疑，引发 2010—2012 年的第一次中概股信任危机。在 2010 年前后，一方面，大批中概股公司通过反向收购实现在美上市，中概股借壳上市现象突出；另一方面，由于针对中概股的做空行为频发，中概股财务造假问题也受到了广泛关注。2011—2013 年，以中概股赴美上市数量大跌、退市数量显著增加、东南融通事件等为标志，中概股财务问题受到了美国监管机构的高度关注，中美有关会计审计的监管差异也开始引发监管冲突，具体体现为会计信息披露冲突和审计工作底稿冲突。

在会计信息披露方面，此前美国的一系列法案对高质量会计信息披露提出了明确要求。例如，SOX 法案要求进一步增强上市公司的信息披露义务。其中，第 402 条规定，上市公司的财务报告应当真实反映所有重大事实调整；第 409 条规定，发行人对于公司财务和经营状况的重大变化信息应当向公众进行实时披露，并使用浅显易懂的文字进行披露。SOX 法案还要求公司的 CEO 和 CFO 保证上市公司提交的每份年报和季报的完整性、准确性、真实性，并承诺公司建立了内部控制制度。这一时期，中概股从创立到赴美上市所需要的时间越来越短，许多中概股公司在短短数年间从初创企业快速成长为独角兽公司，从而带来了一系列公司治理与合规难题。很多中概股公司由于历史较短，且前期又普遍将精力倾注于产品研发与业务拓展，因而公司内部针对财务报告内部控制所需的会计与财务人力资源相对有限。有限的财务人力资源使得公司在上市之初的内部控制制度可能存在重大缺陷，导致公司未能及时避免在其年报或中期财报中出现重大不实陈述。因此，这一时期的会计冲突表现为中概股的财务规范、公司治理等与美国监管以及投资者预期存在差距。

在审计工作底稿方面，此前关于 PCAOB 是否有权检查注册会计师审计中概股的审计工作底稿，中美两国一直未达成一致意见，但尚未出现明显冲突。2009 年，中国证监会、国家保密局及国家档案局联合发布了《关于加强在境外发行证券与上市相关保密和档案管理工作的规定》①，明确规定在境内形成的审计工作底稿应当存放在境内，未经主管部门批准，不得出境。这一规定进一步明确了审计中概股公司的审计工作底稿不接受 PCAOB 检查。另外，2012 年国务院法制办公室公布了《中华人民共和国注册会计师法（修正案）（征求意见稿）》，其中将原条款的第十九条修改为："注册会计师及会计师事务所不得违反国家有关规定向境内外机构和个人提供审计工作底稿。"与此同时，随着美国做空机构成功狙击一系列中概股，中概股财务造假、市值大幅下跌以及退市公司明显增多等问题导致中美关于 PCAOB 检查审计工作底稿的问题从意见不一致逐渐演化为冲突。2012 年 5 月，SEC 单独发起对德勤会计师事务所上海分公司的诉讼，称其拒绝提供其客户东南融通涉嫌财务欺诈的审计工作底稿，违背了 SOX 法案的相关规定。2012 年年末，SEC 对"四大"会计师事务所中国分所提起行政诉讼，称其拒绝向 SEC 提供有关中国公司涉嫌财务造假的审计资料，并做出了处罚的一审判决。这是自 SOX 法案实施以来，SEC 为获得相关文件而采取的最大规模的一次执法行动，标志着中美关于审计工作底稿的冲突正式爆发。基于中美两国对此事项规定的差异，会计师事务所审计在美国上市的企业时就面临两难的局面：一方面，它们不能违背中国的法律规定，否则可能受到法律处罚；另一方面，它们也不能强行违抗 SEC 的要求，否则其在美国的审计业务会受到极大影响。

　　2. 第二次中概股危机

　　2020 年 1 月 31 日，做空机构浑水发布了关于瑞幸咖啡存在严重财务欺诈的做空报告，由此引发了美国媒体、监管部门和投资者的

---

　　①　该规定现已失效。

广泛关注，进而引发了第二次中概股信任危机。伴随着这次危机，一方面，中概股面临美国资本市场日益严格的监管要求；另一方面，我国更加重视数据安全与隐私保护，这使得企业在美上市的困难和风险都日益增加，中美跨境会计审计冲突空前激化。

在会计信息披露方面，美国出台了一系列针对中概股的歧视性政策，导致中概股的信息披露成本大幅增加。2020 年 4 月，SEC 发布《新兴市场投资涉及重大信息披露、财务报告和其他风险，补救措施有限》，其中直接指出中国市场推广和执行 SEC、PCAOB 的相关标准的能力是有限的。2020 年，美国通过《外国公司问责法案》，对外国公司在美上市提出额外的信息披露要求，规定任何一家外国公司连续三年未能遵守 PCAOB 的审计要求，将被禁止上市。《外国公司问责法案》正式确定了对中概股在美上市的进一步限制，要求在美上市公司证明不由外国政府拥有和控制，以及发行人必须在 PCAOB 无法进行上述检查的每一年份，向 SEC 披露国有股比例、属于中国共产党官员的董事的姓名等信息等。

在审计工作底稿方面，美国进一步强调获取审计中概股公司的审计工作底稿，而中国则更加强调数据安全与信息保护。2019 年 9 月 30 日，PCAOB 在其官网上公布了一份拒绝接受检查的国家（地区）名单，共有 241 家外国上市公司拒绝接受 PCAOB 的审计检查，其中 137 家来自中国内地，93 家来自中国香港，其余 11 家来自比利时。2020 年 4 月 21 日，SEC 主席联同 PCAOB 主席公开发布了《421 声明》，提醒美国投资者 PCAOB 至今仍难以获取中国境内的审计工作底稿，无法对在美上市的中国公司的财务信息进行检查，因此这些公司的信息披露不充分或存在欺诈，投资有风险。2021 年 SEC 通过了《外国公司问责法案》最终修正案，确定了《〈外国公司问责法案〉实施细则》，并在 2022 年 3 月首次应用。其明确表示，如果外国上市公司连续三年未能提交 PCAOB 所要求的报告，SEC 有权将其从交易所摘牌，并在官网公布中概股预摘牌名单。

归纳起来，两次危机有以下相同点：第一，财务欺诈、公司治理问题和商业伦理缺失是中概股陷入危机的直接诱因。其中，财务欺诈主要体现为虚假财务信息披露和高管资产侵占；公司治理问题主要包括中概股频发的 VIE 股权架构、大股东掏空公司、关联交易等。第二，两次危机发生时，中美双方始终未能就中概股审计工作底稿是否接受 PCAOB 检查达成一致意见。尽管自 2007 年以来，中美双方就监管合作事宜进行了商谈，但始终未能达成实质一致意见，这也是中美审计信息冲突的根源之一。第三，美国长臂管辖原则与中国主权维护的矛盾始终存在。

两次危机有以下主要区别：第一，危机发生的国际环境不同。相较于第一次危机，第二次危机同时叠加了经济逆全球化、全球经济格局调整、美国监管政治化和"去中国化"等因素。2020 年新冠疫情引发全球需求和供给同步收缩，破坏了全球化发展基础；导致全球产业链断裂化、分散化，加剧了贸易保护主义的蔓延，从深层次加剧了逆全球化趋势。第二，危机发生后的监管反应不同。相较于第一次危机，第二次危机波及的中概股公司范围更大、影响更深且日益演化为政治问题。自瑞幸事件后，美国出台了一系列监管政治化举措，实行了对中概股的歧视性政策，扩大了对中概股的打击范围，中美跨境会计审计冲突进一步升级。

9.1.2　深层逻辑

中美跨境会计审计冲突具有明显的阶段性特征，冲突背后的根源也因时而变，因此，需要厘清冲突背后的深层逻辑，为实现跨境监管全面合作指明方向。梳理中美跨境会计审计冲突的整个历程，不难发现，历次冲突都源于中概股企业层面的因素，而矛盾与冲突的深化则源于更深层次的原因。

1. 国家主权

在某种意义上，中美跨境会计审计冲突是两国主权问题在跨境证券监管领域的具体体现。中国政府坚持不干涉国家主权内政的原则，这一原则在跨境审计监管方面则体现为坚持世界通用的完全信赖原则，即由会计师事务所所在国单独完成审计监管工作，审计报告的使用者应认可以上所在国的审计监管结果。跨境证券审计监管合作领域的完全信赖原则也符合国际惯例。2002年，国际证监会组织（IOSCO）发布《关于磋商、合作与信息交换的多边谅解备忘录》（MMoU），明确了各国证券监管机构间的国际性信息共享安排。MMoU第7条明确规定，一国监管机构可向境外监管机构申请获取与交易相关的广泛信息，这也符合尊重国家内政主权的基本原则。中国和欧盟之间的审计监管合作也是基于完全信赖原则展开的，欧盟内部及其对外均采取监管互认和相互依赖的合作方式。2011年2月，欧盟委员会根据2006年欧盟公司法第8号指令明确了中国等10个国家上市公司审计监管体系与欧盟审计监管体系的等效性，即中国监管部门单独完成的审计监管工作获得欧盟的认可，欧盟完全信赖中国的审计监管结果。

相较于中国坚持的不干涉国家主权内政原则和完全信赖原则，美国一直以来坚持跨境审计监管的长臂管辖原则，不断扩大自身的司法管辖权和行政监管权，这是美国政府弱化他国主权观念在证券监管领域的体现。例如，2013年中美两国达成跨境审计监管合作框架协议后，美国监管机构坚持主张在中国境内独立开展审计监管活动，否则便视为"遭遇审计障碍"。美国出台的包括SOX法案在内的许多审计监管法律，均深受其单边主义思想的影响。有学者指出，美国的长臂管辖行为本质上是霸权护持，其单方面主张的管辖权侵犯了其他国家的主权。① 中美两国在完全信赖原则与长臂管辖原则上的差异性，源于对主权问题的不同态度，体现了两国政治体制以及利益主张的不同，具有根本的矛盾性。

2. 审计工作底稿

根据SOX法案第106条"视为同意"制度，如果外国会计师事务所发表了意见或提供了其他注册会计师事务所所依赖的实质

---

① 戚凯. 美国"长臂管辖"与全球经济治理 [J]. 东北亚论坛，2022，31（4）：64－78＋127－128.

性服务，则被视为同意向 PCAOB 和 SEC 提供相关的审计工作底稿。2010 年颁布的《多德-弗兰克法案》进一步明确，SEC 有权剥夺拒绝向其提供审计工作底稿的外国会计师事务所在美提供审计服务的资格，从而进一步增强了 SEC 获取外国公司审计工作底稿的权力。

　　然而，从审计工作底稿的性质来看，审计工作底稿中可能含有非公开的、有时是非常敏感的信息，这些信息可能会牵涉一国的国家利益及其在管理会计行业方面的权威。例如，在美国上市的中石油、中石化、中国移动等大型国有企业的审计工作底稿中就可能含有国家的战略能源储备、油气储量、通信战略等敏感信息，这些信息涉及国家和军事机密，关乎国家安全。因此，中国法律对审计工作底稿有着较为严格的保密要求。2009 年，中国证监会、国家保密局和国家档案局联合发布了《关于加强在境外发行证券与上市相关保密和档案管理工作的规定》，首次提出了审计工作底稿不得出境的要求，即"在境外发行证券与上市过程中，提供相关证券服务的证券公司、证券服务机构在境内形成的工作底稿等档案应当存放在境内。前款所称工作底稿涉及国家秘密、国家安全或者重大利益的，不得在非涉密计算机信息系统中存储、处理和传输；未经有关主管部门批准，也不得将其携带、寄运至境外或者通过信息技术等任何手段传递给境外机构或者个人"。随后，中国证监会 2011 年发布的《中国证监会关于部分会计师事务所向境外提供审计工作底稿等档案文件的复函》、财政部 2015 年发布的《会计师事务所从事中国内地企业境外上市审计业务暂行规定》等都重申了审计工作底稿不得出境的原则。《证券法》第一百七十七条更是将这一规定上升到法律高度，明确规定，未经国务院证券监督管理机构和国务院有关主管部门同意，任何单位和个人不得擅自向境外提供与证券业务活动有关的文件和资料。

　　作为在美国发行和交易证券的公众公司，中概股公司理应遵守美国法律并接受证券监管；美国证券监管机构要求获取相应的审计工作底稿以加强监管，无疑在美国法律上具有正当性和合理性。但美国这些维护本国市场和投资者利益的行为，无疑也会与其他国家与审计工作底稿保密性相关的法律规定产生冲突。而在向境外提供审计工作底稿方面，中国的法律法规有着较为严格的规定。虽然中国法律并未绝对禁止向境外提供审计工作底稿，但必须以有关主管部门批准为前提，或者通过监管合作的渠道来交换，并需符合安全保密的相关规定；《证券法》也对境外证券监督管理机构入境开展调查取证做出了限制。在这一冲突背景下，自 2021 年起，中国三大电信运营商、中石化、中石油等国企中概股相继从纽交所退市。因此，在中美双方尚未达成有效的、常态化的审计监管合作协议的情况下，审计工作底稿保密性法律规定的差异成为横亘在中美跨境审计监管合作中间的重要障碍。

3. 监管执法权限

两国证券监管部门工作程序与职权分布的差异也会导致监管合作存在困难，中国证监会与美国 SEC、PCAOB 之间也常因执法权限的差异而产生分歧，特别是在涉及调查取证和对会计师事务所的监管方面。SEC 的执法权限十分广泛，包括强制传唤涉案人员、申请搜查令、行政处罚、提起诉讼、刑事案件移送等。在正式调查程序中，SEC 也可以独立开展侦察活动、传唤证人作证、冻结账户和搜查、强制被调查人提供任何相关的证据材料等。相比之下，中国证监会执法范围极其有限，许多调查工作需要其他部门予以配合。比如，在瑞幸咖啡造假事件中，中国证监会就因为没有对"小红筹"公司境内运营实体的管辖权，不能依据《证券法》主动发起调查。直到 2020 年 7 月 31 日，中国证监会才在财政部、市场监管总局的配合下对瑞幸咖啡境内经营实体、关联方及相关第三方公司做出处罚。然而，对瑞幸咖啡境内经营实体的处罚主要由财政部、市场监管总局依据《中华人民共和国会计法》（简称《会计法》）和《中华人民共和国反不正当竞争法》（简称《反不正当竞争法》）做出，中国证监会只是依据《证券法》对瑞幸咖啡境内两家新三板关联公司——神州优车、氢动益维科技的信息披露违法行为予以惩处。相比于 SEC，中国证监会事实上仍然缺乏对中概股境内运营实体的监管执法权。

此外，美国根据 SOX 法案设立了 PCAOB，PCAOB 是具有准政府性质的审计监管机构，负责美国境内外审计机构的准入和持续监管工作。PCAOB 在 SEC 的领导下，拥有对会计师事务所实施注册、检查、调查和处罚的法定权限。相较于美国，中国对上市公司的财务审计监管由财政部、中国证监会共同开展，但中国证监会对会计师事务所的监管权限和能力都比 SEC 和 PCAOB 小。比如在处罚方面，PCAOB 拥有对会计师事务所和个人进行处罚和制裁的广泛权力，包括临时或永久吊销注册、执业资质等。而我国的《会计法》和《注册会计师法》中的执法主体主要是财政部，中国证监会主要依据《证券法》第二百一十三条对证券服务机构实施责令改正、没收业务收入、罚款、暂停或者禁止从事证券服务业务，对直接负责的主管人员和其他直接责任人员给予警告或罚款的处罚。与 SEC 和 PCAOB 的广泛权限相比，我国证券监管机构对于会计违法行为的处罚缺乏足够的震慑力，且以单位处罚为主，对违法自然人的处罚方式单一、力度较小。

9.1.3　重大问题

1. 歧视性信息披露政策

美国出台了一系列相关法案和文件，如《新兴市场投资涉及重大信息披露、财务报告和其他风险，补救措施有限》《外国公司问责法案》《保护美国投资者免受中国公司重大风险的报告》《〈外国公司问责法案〉实施细则》等。这一系列相关法案和文件的出台并非基于证券监管的专业考虑，且忽视了中美双方监管机构长期以来努力加强审计监管合作的事实，部分条文内容更是直接针对中国在美上市公司加入了歧视性内容。具体如表 9-1 所示。

穿透资本市场——伦理、舞弊与监管

表9-1　美国歧视性信息披露政策归纳

时间	法案和文件	歧视内容
2020年4月	《新兴市场投资涉及重大信息披露、财务报告和其他风险，补救措施有限》	直指中国企业信息披露不完全、具有高误导性风险，且投资者保护能力差
2020年5月	《外国公司问责法案》	对外国公司在美上市提出额外的信息披露要求，规定任何一家外国公司连续三年未能遵守美国PCAOB的审计要求，将被禁止上市；将中概股公司的市值规模、是否在香港上市、是否国有控股、公司经营状况等纳入考虑因素；要求中概股披露与政府相关的详细信息
2020年8月	《保护美国投资者免受中国公司重大风险的报告》	加大中概股信息披露要求；加大对投资中概股机构的信息披露要求
2021年7月	《与中国近期发展相关的投资者保护声明》	宣布依据SEC披露指引对中国公司进行额外的有针对性的审查，并要求进行额外的信息披露
2021年12月	《〈外国公司问责法案〉实施细则》	将5家中国公司列入违反《外国公司问责法案》信息披露的暂定清单

美国以上歧视性信息披露政策直接加大了中概股的信息披露成本，进一步加大了中概股信任风险。这些政策不仅进一步加大了中概股的规制成本，而且更多的信息披露也为做空机构提供了机会，从而还可能加剧信任危机。因此，如何应对日益增加的规制成本和中概股面临的监管歧视，这是关乎中概股未来生存与发展的重要问题。

2. 审计工作底稿的检查

自SOX法案明确规定了PCAOB检查审计工作底稿的职责以来，中美关于审计工作底稿问题一直存在争议。两次中概股危机的爆发，使得中概股公司财务欺诈、公司治理问题与商业伦理缺失等问题暴露，以及在经济逆全球化背景下美国证券监管的政治化和"去中国化"倾向加剧。直至中美签署审计监管合作协议，审计工作底稿问题始终是中美跨境监管的核心问题。表 9-2 所示的是中美审计工作底稿冲突演化历程。

表 9-2　中美审计工作底稿冲突演化历程

时间	事件
2012 年 5 月	德勤因拒交东南融通审计工作底稿遭到 SEC 起诉
2012 年 12 月	SEC 指控"四大"会计师事务所在中国的业务违规
2013 年 5 月	中美签署执法合作备忘录，仅允许中方审核通过的审计工作底稿交给美国
2014 年 1 月	SEC 暂停了"四大"会计师事务所中国分所对在美上市公司的审计资格
2015 年 5 月	财政部发布《会计师事务所从事中国内地企业境外上市审计业务暂行规定》，规定境内形成的工作底稿应存放于境内，如需调阅，按境内外机构监管协议执行
2020 年 5 月	美国通过《外国公司问责法案》，规定外国发行人连续三年不能满足 PCAOB 对会计师事务所检查要求的，禁止其证券在美国交易
2021 年 12 月	PCAOB 发布《外国公司问责法案认定报告》，从三个方面阐述了中国监管机构对其独立调查权力的限制
2022 年 8 月	中美签署审计监管合作协议，双方就相关会计师事务所开展调查合作的方式进行了明确约定
2023 年 5 月	PCAOB 发布了针对毕马威华振会计师事务所和香港普华永道会计师事务所的调查报告，报告显示两家会计师事务所的审计工作存在不可接受的缺陷率

尽管中美已于 2022 年 8 月签署了审计监管合作协议，但在实施过程中仍然存在诸多问题，并可能诱发潜在的危机。根据中美审计监管合作协议，2023 年 5 月，PCAOB 首次发布了针对毕马威华振会计师事务所（简称毕马威）和香港普华永道会计师事务所（简称普华永道）的调查报告。报告显示，这两家会计师事务所未获得足

够适当的审计证据来支持其审计工作，毕马威被检查的审计业务全部出现部分缺陷，而普华永道的缺陷率也高达75%。它们有一年的时间对问题进行修正，如果PCAOB对修正结果仍不满意，将会公开相关会计师事务所的名称。对于企业的违规行为，PCAOB建议实施制裁、施加重大罚款并禁止违规审计师实施审计。考虑到首次审查中出现如此高的缺陷率，以及美国的歧视性信息披露政策，未来审查结果不容乐观，中概股面临的潜在风险巨大。因此，提升在美中概股的会计信息质量与审计工作底稿质量，是应对中概股危机、实现中概股长远发展的核心举措。

3. 数据安全与国家安全

在当前中美双方持续焦灼的大国博弈背景下，由于美国在数据领域的长臂管辖，我国包括《数据安全法》在内的相关法律法规明确了数据主体维护数据安全的责任。2023年2月24日，中国证监会、财政部、国家保密局和国家档案局联合发布《关于加强境内企业境外发行证券和上市相关保密和档案管理工作的规定》，进一步强调了境内企业境外发行证券和上市相关的保密和档案管理工作，明确了企业保密责任，要求减少底稿文件中的涉密敏感信息，以维护国家信息安全。

2022年12月，PCAOB主席宣布PCAOB已经完整检查了两家中国会计师事务所的上市公司审计业务，并表示在此次调查中，PCAOB获得了实现完全准入所需的三个标准中的每一个标准。[1]同时，美方声明PCAOB可以根据需要保留包括受限数据在内的其审查的任何审计信息，以支持其检查和调查的结果。[2]在敏感信息的处理方式上，中美双方的表述存在差异，美方强调对审计工作底稿的

---

① PCAOB官网。

② Karishma Vanjani. SEC Says Beijing to Allow U. S. to Review Audit Documents of China Companies. (2022-08-26). 巴伦周刊（Barron's）官网.

完全准入，这使得数据安全问题再度升级。①因此，识别中美跨境敏感信息，对于应对中美可能的数据冲突和维护国家信息安全具有重要意义。

维护数据安全与国家安全，首先要分析跨境敏感信息的特征，识别跨境信息的敏感特性。在此基础上，对跨境信息根据其敏感程度进行行业分类，识别其与国家安全、主权的相关程度，以及了解信息泄露的危害，以进一步分类管理。其次，需要研究中美跨境敏感信息引发国家安全问题的具体作用路径，分析跨境个人敏感数据泄露与滥用的诱因；评估关键信息基础设施是否被控制、侵袭、破坏，重要数据是否被窃取、泄露、毁损从而引发国家安全问题。随着全球地缘政治矛盾的激化，破坏信息基础设施成了一些国家获取竞争优势的手段，因此，围绕中美跨境敏感信息要建立全方位、可执行的信息保护与治理系统。

9.2 根本诱因、基本表现与应对措施

9.2.1 根本诱因

中美跨境会计审计的冲突是一个复杂而敏感的重大问题。本节通过"根本诱因—基本表现—应对措施"这一逻辑主线，对相关文献进行系统评述。通过对相关文献的归纳与梳理，初步总结中美跨境会计审计冲突的根本诱因、基本表现与应对措施，以实质性推动中美跨境会计审计冲突的解决，促进中国资本市场高质量对外开放。图 9 - 1 所示的是文献综述的结构性框架。

---

① 中美双方对审计工作底稿中敏感信息处理的表述不一，说明中美监管主张仍存在差异。《中国证监会有关负责人就签署中美审计监管合作协议答记者问》说明，合作协议对于审计监管合作中可能涉及敏感信息的处理和使用做出了明确约定，针对个人信息等特定数据设置了专门的处理程序，具体参见中国证监会网站。

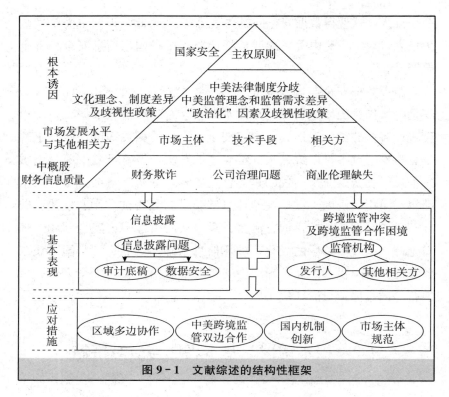

图 9-1 文献综述的结构性框架

1. 主权原则与国家安全

根据国际监管竞争理论，自治监管管辖权作为一种竞争机制与福利增强机制是相冲突的。对于跨司法管辖区的企业，已有的监管框架未能在美国上市的外国发行人和美国国内发行人之间建立等效的治理机制，这背后反映的是利益相关者诉求与国家主权之间错综复杂的紧张关系（Bu Q，2021）。管辖权是中美跨境监管合作的最大冲突点，美国的长臂管辖原则与中国的属地优先原则冲突，从而导致中美跨境监管合作无法顺利开展（余佳奇，2020）。具体来说，根据 SOX 法案第 106 条的规定，PCOAB 可跨境对会计师事务所的审计质量控制进行检查。相比之下，中国先后出台或修订了《中华人民共和国保守国家秘密法》《中华人民共和国档案法》《关于加强在境外发行证券与上市相关保密和档案管理工作的规定》《会计师事务所跨境执行审计业务暂行规定（征求意见稿）》《证券法》等一系列法律法规，明确对境外证券监督管理机构在我国进行的入境执法和取证活动做出了类似的限制。出于主权原则的跨境证券监管的制度屏障增加了监管成本及监管难度。对我国来说，美国的长臂管辖原则是一种明显侵犯中国国内法和主权的行为，这是不能接受的（吴坤龙，2013）。中方出于维护国家主权的考虑，主张美国应依赖中国证券监管机构的监管执法活动，或者由双方协商共同开展联合检查（李有星和潘政，2020）。

具体来看，我国赴美上市公司的业务范围涉及经济生活多个领域，不少公司的主营业务集中在能源、通信、冶金、互联网等事关国计民生的重要行业，相关信息的泄露会对我国国家经济安全构成威胁（余佳奇，2020）。现有的美国跨境证券监管体系有意忽视中方对于国家安全的诉求，忽视在传统安全风险和非传统安全风险交织的现代社会中，国家安全内涵的丰富性和多元化特点，这也体现了美方与中方在国家安全观上的不一致（彭志杰，2022）。可见，无论是美国长臂管辖原则与中国属地优先原则的分歧，还是双方在国家安全态度上存在的模糊定义，本质都是双方在主权原则上的互不让步，这是中美跨境会计审计冲突的根本诱因。

2. 文化理念、制度差异及歧视性政策

文化差异在全球跨境上市模式中起到了重要作用，国家会计和审计制度的运作也会受到文化因素的影响。基于国家主权观念与原则的差异，中美在文化理念及制度上的差异也加剧了中美跨境会计审计冲突，尤其是 2020 年瑞幸咖啡事件爆发引发的中概股信任危机，导致了一系列针对中国这一新兴资本市场的单方面政治化歧视性政策出台。世界各国在商业历史、经济模式、传统文化、法律水平及民主文明程度等方面的差异，决定了各国资本市场的独特性，从而使得不同国家和地区之间的跨境监管合作存在客观的复杂性（刘强安，2019）。根据价值优先级的分析，以中国为代表的亚洲地区在霍夫斯泰德文化维度（Hofstede's cultural dimensions）上的得分反映了高集体主义、高不确定性规避、中等高权力距离、中等男性化和高长期取向的社会偏好（Shalom，2002），而这一系列理念在潜意识中会持续体现在证券发行和监管的各个环节。

中美双方的制度差异体现在法律制度、审计模式等方面。法律制度的分歧也使得对中概股的监管缺乏法律等效性，并带来了双重成本。国家间制度差异是影响不同国家会计师事务所审计质量差异的重要因素（Choi et al.，2009；Kamarudin et al.，2020）。跨国审计监管问题主要是由各国监管标准、监管方法和执行力度的差异所带来的（李晓慧等，2013）。美方所使用的证券化的法律隔离、混合和破产隔离等概念，对中国市场来说相对陌生（Chen & Goo，2015）。

从审计模式来看，中国内地会计师事务所的审计业务受法定监管机构的监管与行业自律组织的约束，政府通过立法对审计领域的多重监管予以强化。但不可否认的是，法定双重监管机构仍然存在职责模糊、边界重叠等问题。美国则采用政府监管、自律监管以及独立监管三者并行模式，即 SEC、美国注册会计师协会（AICPA）、PCAOB 并行主导的监管模式，三方在保持合作的同时各具独立性（吴高波和王垚翔，2020）。中美双方对证券监管标准的差异使得两国公司的审计质量存在差异。此外，跨境审计模式也是影响中概股公司审计质量的重要因素。PCAOB 在检查中发现，一些美国会计师事务所将中概股的审计工作分派或外包给中国会计师事务所，之后前者基于后者的工作底稿签字并发布审计意见。PCAOB 认为这样的外包行为不仅会降低美国会计师事务所的审计质量，还会掩盖风险（PCAOB，2011）。一般而言，美国会计师事务所审计中国客户时采取垂直管理和外包两种模式（Dang et al.，2017）。

2020 年以来，由于瑞幸咖啡等部分中概股公司的负面新闻及做空报告，美方在对中概股公司会计审计问题的处理上呈现政治化倾向并运用歧视性政策，"逆全球化"和"去中国化"的政治意味明显。中美文化理念的差异对中美跨境会计审计冲突的影响是广泛且深远的，中美监管制度与跨境会计审计模式的差异导致的会计审计冲突的后果则是突出且直观的。一方面，中美双方对证券监管标准的差异使得双方缺乏等效监管；另一方面，中美对于跨境会计审计模式的分歧引发了对中概股审计质量的担忧。而近年来美方对中方的政治化倾向及歧视性政策更是放大了长期以来中美监管制度与跨境会计审计模式积累的差异，进一步激化了中美跨境会计审计冲突。

3. 市场发展水平与其他相关方

在部分国内外学者看来，一定规模的市场操纵和内幕交易、糟糕的公司治理以及对少数投资者的保护不足，是中国资本市场发展中长期存在的问题。与发达国家相比，中国的信息披露制度还不够成熟和全面，不懂金融的个人投资者在面对大量信息时，无法做出理性的决策，往往会过度依赖官方消息来源，随波逐流，从而导致市场出现更严重的持续过度反应（Kung et al.，2022）。由于我国证券市场起步晚，证券法的域外效力、监管体系、执法权规定等均存在改进的空间（刘凤元，2019）。中概股存在的信息披露不充分、注册地监管标准宽松、私有化价格偏低等问题（潘圆圆，2020），在一定程度上也与市场发展水平有关。

技术难题也成为市场发展水平存在差异的背景下加剧中美跨境会计审计冲突的因素。由于部分中概股公司会在其主要经营地点之外选择注册地点（如英属维尔京群岛、开曼群岛）以及上市地点（如美国纳斯达克或者纽交所），这就增加了中美双方对此类股票的监管和审批难度，加大了日常监管、实地核查、调查取证等的困难，形成了监管的技术难题。

一个发展良好的资本市场，除了需要构建一个提供透明度和保护投资者的监管框架外，还需要培育一个为上市提供有效质量控制的专业服务生态，即相关方生态。一个健全且高效的专业服务生态系统，能够提供一个具有正确理解业务知识和能力的投资者基础。专业服务生态的缺失使得中美跨境会计审计容易受到券商（黄薇佳，2013）、做空机构（刘华，2012）、会计师事务所（杨志国，2022）、律师事务所（肖宇，2014）等多个相关方的干扰。比如，部分中国企业原本没有海外上市计划或虽有计划但缺乏相关经验，却因中介公司偕同券商和会计师事务所主动上门，高效率使其"被上市"，从而加剧了企业在上市期间的违规行为。为达到做空目的，做空机构会放大境外投资者对中概股的偏见，从而给中概股的整体形象带来极大的负面影响（刘华，2012）。为获取高额佣金，在上市链条中，以投资银行、会计师事务所、律师事务所等为代表的中介机构具有对企业在财务上过度包装的动机，中介机构"看门人"作用失灵是引发会计信息披露信任危机的重要因素（肖宇，2014）。

4. 中概股财务信息质量

聚焦于两次中概股危机的系列研究普遍认为，中美跨境会计审计监管冲突源于中概股遭遇集体做空及其背后的财务信息质量问题。境外中概股遭遇股价暴跌和诚信危机，主要源于中概股质量参差不齐、会计造假、商业模式受质疑以及 VIE 股权架构潜在道德风险等企业层面的原因（余波，2013）。其中，中概股公司财务欺诈的手段主要包括欺诈性财务报告和管理层侵吞资产两类。具体来说，在公司治理层面，存在 VIE 股权架构、大股东掏空公司、关联交易等；在伦理层面，涉及部分 PE、VC 机构对中概股公司进行恶意布局或与创始人合谋，共同且"有节奏"地安排融资计划、盈余管理计划及退出计划。

9.2.2　基本表现

中美跨境会计审计冲突的核心争议集中在信息披露与跨境监管两个层面。前者涵盖了信息披露分歧所引发的信息披露风险与信息披露成本问题，重点关注审计工作底稿及数据安全；后者包括中美监管机构间无法实现等效法律监管，导致对发行人及其高管、中介机构及其他相关方的监管冲突，以及对现有跨境会计审计合作效果的探讨，从而揭示现有的跨境监管合作困境。

1. 信息披露分歧

中美跨境会计审计中的信息披露分歧，根源是中美双方在主权原则及信息披露制度上有差异。这种差异不仅增加了信息披露的风险，还提高了信息披露的成本，进而滋生了审计工作底稿争议、数据安全问题两大核心冲突。

在多个司法管辖区发行股票的公司很可能面临在每个司法管辖区遵守不同披露要求的负担。中概股公司对美国股票市场信息披露制度的认知不足，常常面临信息披露真实性遭质疑、忽略非财务信息披露、重大事件披露不及时、误导性披露预测信息等四方面风险。《证券法》第一百七十七条更是明确规定，未经国务院证券监督管理机构和国务院有关主管部门同意，任何单位和个人不得擅自向境外提供与证券业务活动有关的文件和资料，这说明我国已确立了"审计工作底稿不能出境"的原则。对于审计工作底稿的检查问题，核心在于PCAOB以何种方式、在何种范围和程度内检查存放于中国境内的中概股公司审计工作底稿（廖凡，2023）。

2. 跨境监管冲突

跨境监管是解决中概股治理问题的关键路径，也是中美跨境会计审计冲突的主要源头，其主要涉及中美在跨境监管领域的一系列冲突，包括中美监管机构间无法实现等效法律监管，对发行人及其高管、中介机构及其他相关方的监管冲突。同时，大量文献在分析现有的跨境监管合作效力时都指出，现有跨境监管合作实质上收效甚微，中美跨境会计审计冲突一直存续。

中美跨境会计审计的执法障碍主要来源于双方在长臂管辖原则和域外管辖原则上的非对称性，从而使得中美监管机构间无法实现等效法律监管。此外，跨境会计审计的监管障碍涉及发行人、发行人高管、中介机构及其他相关方。对发行人的跨境监管障碍在于：中国的法律不允许PCAOB跨境监督审查，而中国证监会对于境外离岸中国公司的监督鞭长莫及，因而造成跨境监管真空（刘强安，2022）。对发行人高管的跨境监管障碍在于：当欺诈证据出现时，美国证券监管机构本身无法对这些公司或其高管采取行动，因为这些公司或高管的资产通常在中国内地，针对它们的诉讼将在中国法院进行，判决将难以执行（Cogman & Orr，2013）。对其他相关方的跨境监管障碍在于：中美双方对其他相关方的监管权限存在部分重叠、部分独立的情况，因此如何对境外中介机构实施跨境监管并后续追责，也会涉及跨境监管合作问题。

就中美跨境会计审计的现有合作来看，截至 2022 年年底，中方与美方共计签署了 7 份备忘录或合作文件（见表 9 – 3）。虽然我国证券监管机构与 PCAOB 签订了合作备忘录，但具体的合作模式尚未确定，且我国《保密法》等的有关规定使得获取审计工作底稿受限，因此，我国应设立专门的审计工作底稿调取渠道，以争取双方互信认可。我国证券监管机构通过双边、多边的途径加强了与境外监管机构的合作与协调，并取得了一定成绩，但同时也存在证券监管国际合作的渠道单一、执法力度不均等不足之处（干云峰，2016）。

表 9 – 3　中美跨境证券监管合作的备忘录及协议一览表

时间	签署方	文件名称
1994 年 4 月	中国证监会与 SEC	《中美证券合作、磋商及技术援助的谅解备忘录》
2002 年 1 月	中国证监会与美国商品期货交易委员会（CFTC）	《期货监管合作谅解备忘录》
2006 年 5 月	中国证监会与 SEC	《中国证券监督管理委员会与美国证券交易委员会合作条款》
2008 年 2 月	中国证监会与美国商品期货交易委员会	《中国证券监督管理委员会与美国商品期货交易委员会合作条款》
2012 年 9 月	中国证监会、财政部与 PCAOB	《美方来华观察中方检查的协议》
2013 年 5 月	中国证监会、财政部与 PCAOB	《执法合作备忘录》
2022 年 8 月	中国证监会、财政部与 PCAOB	《审计监管合作协议》

9.2.3　应对措施

中美跨境会计审计冲突的应对措施探讨围绕"合作"与"提升"展开。从"合作"视角来看，主要关注能否更大程度地融入多边监管合作体系以及完善中美双边监管合作框架，以实现中美在跨境会计审计领域的制度规范、跨境监管、信息披露等方面的合作。从

"提升"视角来看，更多从中国资本市场自身发展出发，正如许多评论家所指出的，如果中国资本市场长期存在的结构性缺陷和系统性问题得不到解决，中美跨境会计审计冲突将持续存在。这要求确保一系列适当的法律、监管、制度、技术和文化因素协同到位，有效规避中概股公司财务造假、商业伦理缺失以及潜在的道德风险等。

中概股的区域多边合作、中美跨境监管的双边合作都是从"合作"视角提出的对中美跨境会计审计问题的解决措施。针对中美跨境监管合作的不足，已有研究提出了进一步的合作措施，丰富了双方合作内容的实质性内涵，在一定程度上缓解了现有合作内容中的分歧和执行问题。为了有效解决中美跨境会计审计问题，双方监管机构需对彼此的监管程序和监管质量给予充分的信任，这就要求在不违背国家主权及制度理念的前提下，推动监管标准与国际准则趋同。

中美跨境监管合作应围绕明晰合作层级、拓展合作内容、规范合作形式、明确处罚标准、强化信息保密与数据保护等具体细节展开策略构思。在合作内容层面，可以借鉴美国跨境证券监管的司法互助立法和执法经验，在证券监管多边合作的基础上，将司法互助机制融入中美跨境证券监管。签订司法互助协议有助于证券监管合作中法律文书的送达、协助调查取证等工作的顺利进行。为进行更深层次的合作，中美两国还需签署具有真正法律效力的合作协议。从合作内容和形式规范来看，应当限缩和明确中美跨境会计审计监管合作所涉及材料的适用范围，避免不必要的信息泄露。具体来说，可以通过适当协调中美双方差异显著的会计、审计准则，建立相互认可的监管制度。总体而言，中美双方需要循序渐进，按步骤、分阶段地深化跨境会计审计监管合作。

从"提升"视角来看，为提高会计师事务所的工作效率，可以构建事务所网络。一方面，构建事务所网络有助于拉近会计师事务所与客户公司之间的距离，加强二者之间的交流，从而缓解信息不对称问题，降低审计风险；另一方面，构建事务所网络可以降低审计项目复核成本，加强事务所的质量控制。我国监管机构需要进一步强化会计监管质量控制，做到日常监管规范化、专项检查程序化，对上市公司、会计师事务所进行全方位监督，实现会计监管全覆盖，凭借专业水准赢得国际同行的认可。

9.3　中美跨境证券监管合作

9.3.1　合作方式概述

尽管跨境合作受到了主权政治、经济文化、会计审计准则差异、监管体系差异等因素的挑战，但各国在保护投资者利益、培育资本市场诚信方面的目标是一致的，也是共同的。因此，跨境证券监管合作成了一个必要且必然的选择，需要各国的证券监管机构通过开展跨境监管合作来共享监管资源和监管信息。

我国《证券法》第一百七十七条明确赋予了中国证监会（CSRC）跨境监管主体权力①，即我国证券监管跨境合作的实施主体是中国证监会。中国证监会下设国际部，具体负责的内容包括：联系有关国际组织，组织境内与境外有关机构的交流合作活动，承担与境外监管机构建立监管合作关系的有关事宜。② 此外，《证券法》第一百七十七条第二款还规定："境外证券监督管理机构不得在中华人民共和国境内直接进行调查取证等活动。未经国务院证券监督管理机构和国务院有关主管部门同意，任何单位和个人不得擅自向境外提供与证券业务活动有关的文件和资料。"因此，我国与其他国家或地区

①　我国《证券法》第一百七十七条第一款规定："国务院证券监督管理机构可以和其他国家或者地区的证券监督管理机构建立监督管理合作机制，实施跨境监督管理。"显然，国务院证券监督管理机构是指中国证监会。

②　现为国际合作司（港澳台事务办公室），其承担资本市场双向开放工作，备案管理境内企业境外发行上市证券，开展资本市场跨境资金监测分析与风险防范，承担跨境监管交流与合作、外事管理、涉港澳台地区相关事务，参见中国证监会官网。

的跨境证券监管合作的协调机制主要是通过多边及双边监管合作展开的，具体如图 9 - 2 所示。

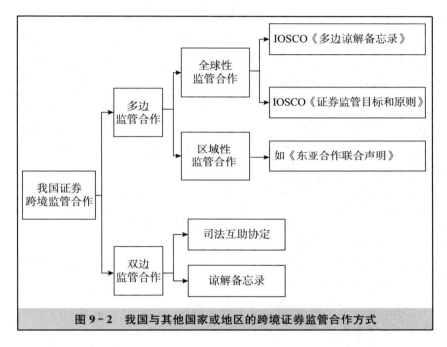

我国证券跨境监管合作 — 多边监管合作 — 全球性监管合作 — IOSCO《多边谅解备忘录》

IOSCO《证券监管目标和原则》

区域性监管合作 — 如《东亚合作联合声明》

双边监管合作 — 司法互助协定

谅解备忘录

图 9 - 2　我国与其他国家或地区的跨境证券监管合作方式

1. 证券监管多边合作方式

由国际证监会组织（IOSCO）推动的全球性监管合作，对我国实施多边跨境证券监管合作的影响最为深远。IOSCO 是由各国各地区证券期货监管机构组成的专业性国际组织，致力于制定国际公认的监管准则和执法标准并推动其得到一致实施，以保护投资者，维护市场的公平、高效、透明，应对系统性风险；通过加强在执法、市场及中介监管方面的信息交流和合作，加大投资者保护力度，增强投资者对证券市场诚信的信心；为成员在全球和地区层面进行经验交流提供平台，以协助市场发展，推动市场基础设施建设，实施适度监管。当前，中国证监会和 SEC 均是 IOSCO 的正式会员。

IOSCO 于 1998 年发布了《证券监管目标和原则》（简称《目标和原则》）这一纲领性文件，确立了保护投资者，确保市场的公平、高效和透明，以及减少系统性风险的监管目标。《目标和原则》中包括 38 条原则，涉及监管机构、自律组织、证券监管的执行、监管合作、发行人、审计师、信用评级机构和其他信息服务商、集合投资计划、中介机构、二级市场以及清算与结算等方面。《目标和原则》虽不具备强制法律效力，但可指导 IOSCO 成员结合各自市场的特点和发展水平自主实施相应监管，开展跨境监管与执法合作。IOSCO 于 2002 年制定了《关于磋商、合作与信息交换的多边谅解备忘录》（简称《多边备忘录》）。《多边备忘录》明确了各成员间相互协助和信息交换的原则、协助范围、协助请求及执行的要件、允许提供的信息、保密性要求以及可以拒绝给予帮助的情形，为信息共享设立了国际基准，有力地促进了对跨境证券违法行为的调查和诉讼，并加大了世界各国证券法的执行力度。此外，IOSCO 于 2017 年发布了《关于磋商、合作与信息交换加强版多边谅解备忘录》（简称《加强版多边备忘录》）。《加强版多边备忘录》在原有基础上增加了签署方在维护市场诚信和稳定、保护投资者、震慑市场不当行为和欺诈时的执法权，这些执法权有力拓展了各国（地区）监管机构间信息交流的广度、深度。①

　　除了在 IOSCO 国际监管合作框架下开展多方跨境证券监管合作，我国还积极开展区域间的多方证券监管合作。具有代表性的区域多方证券监管合作成果有《东亚合作联合声明》《中国-东盟全面经济合作框架协议》等。以《东亚合作联合声明》为例，其指导东亚成员在货币与金融合作领域内，就共同感兴趣的问题加强政策性对话、协调与合作，并指出"初始阶段可以集中在宏观经济风险管理、加强公司管理、资本流通的地区监控、强化银行和金融体系、改革国际金融体系"。

---

　　① 比如，跨境操纵过程中产生的交易记录和互联网流量数据也可作为案件调查的重要依据，并纳入监管机构的合作范围，以应对依托互联网所产生的违法操纵行为，这体现了《加强版多边备忘录》对监管信息的广度与深度的拓展。

2. 证券监管双边合作方式

在证券监管多边合作的基础上，我国还通过签订司法互助协议、双边合作谅解备忘录等形式开展双边证券监管合作。司法互助协议，是指缔约双方通过外交途径订立的、对缔约双方均具有法律约束力、涉及国际证券监管的双边条约。签订司法互助协议有利于证券监管合作中的法律文书送达、协助调查取证等，可以加大打击跨境证券犯罪的力度。双边谅解备忘录，是指有关国家或地区的证券监督管理机构之间签署的、约定双方就某些具体事项进行协作的意向性文件，但不具备强制法律约束力。谅解备忘录可以参照 IOSCO 在1991 年发布的《谅解备忘录的准则》制定，内容由签署双方根据各自的具体情况和合作需求自由选择，主要内容通常涉及信息交换与共享、监管权力划分等多个方面，形式也较为灵活。

截至 2020 年 4 月，中国证监会已累计同中国香港、美国、新加坡等 64 个国家或地区的证券监管机构签订了证券监管合作谅解备忘录，此外，还积极与国际货币基金组织（IMF）、G20、金融稳定理事会（FSB）、世界银行（WB）、WTO 等加强交流合作等。

对于中美双边证券监管合作而言，中美的双边协议①可以追溯到 1994 年签署的《中美证券合作、磋商及技术援助的谅解备忘录》，最近则是 2022 年 8 月中国证监会、财政部与 PCAOB 签署的《审计监管合作协议》。

总体来看，我国与其他国家或地区的跨境监管合作虽在多种协作形式上都有所涉及，但依据 IOSCO 于 1991 年发布的《谅解备忘录的准则》进一步制定的双边协作谅解备忘录开展协作的模式最为

---

① 谅解备忘录通常适用于签署方未做出法律承诺或者无法达成具有法律约束力共识的情形，在某种程度上可理解为"君子协定"的一种变体；协议则通常具有法律约束力，约定了签署方在法律上的权利和义务。在国际公法领域，政府间达成的谅解备忘录同样被视为具有法律效力的协议的一种形式。国际法中最正式的协议是条约。一般来说，政府签署条约后，需要本国立法机构批准才能正式生效；谅解备忘录则相对灵活，只要政府签署就能执行，无须本国立法机构批准。因此，各国政府常为重大事项达成共识而签署条约，为就具体的事务性问题达成共识而签署谅解备忘录。

常见，但有效协作方式比较单一。以《中美证券合作、磋商及技术援助的谅解备忘录》为例，该备忘录仅概括性地指出"主管机构特此表明其意向，彼此将向对方提供获取信息和证券材料方面的协助，以便于各自对其本国证券法规的实施"。通常，谅解备忘录对于操作层面的规定较少，缺乏可实际应用的具有针对性、前瞻性的条款。

9.3.2 初步框架

中美跨境证券监管合作是解决瑞幸事件后续问题并避免再次发生中概股信任危机的关键所在。为此，本章结合瑞幸事件，分析中美跨境证券监管的合作现状，归纳现有的跨境监管难题及初步指导方案，以期为有针对性地改善中美跨境证券监管合作提供初步思路。以瑞幸事件为例，基于 IOSCO 发布的《目标和原则》及中美签订的多边、双边备忘录的相关内容，可以构建如图 9-3 所示的中美跨境证券监管合作初步框架。

1. 监管机构

在中美跨境证券监管合作初步框架下，双方监管合作的主体分别为中国证监会和 SEC。在执行单边证券监管时，《目标和原则》规定证券监管机构应当具备全面的检查、调查和监察的权力，并享有全面的执法权。等效的双方执法权是开展有效证券监管合作的前提，美国当前已签署 IOSCO《加强版多边备忘录》，而中国尚未签署。

比较中美两国的证券法对证监会执法权的规定，可以发现中国证监会的执法权力范围较小且种类过少，而 SEC 具有强制传唤涉案人员、申请搜查令、起诉权、刑事案件移送权、行政处罚权等多项权力。在正式调查程序中，SEC 能够实施强制获取证词，传唤证人作证，冻结账户和搜查，强制被调查人提供任何与调查相关的账户信息、文件、信件、备忘录或其他文档，获取被调查对象的银行账户、通信记录等措施。《多德-弗兰克法案》第 929E 条授权 SEC 可以向法院申请签发在美国全境适用的、要求相关人员出庭作证或者提供证据材料的传票，从而扩大了人员调查范围，保障了调查的顺利

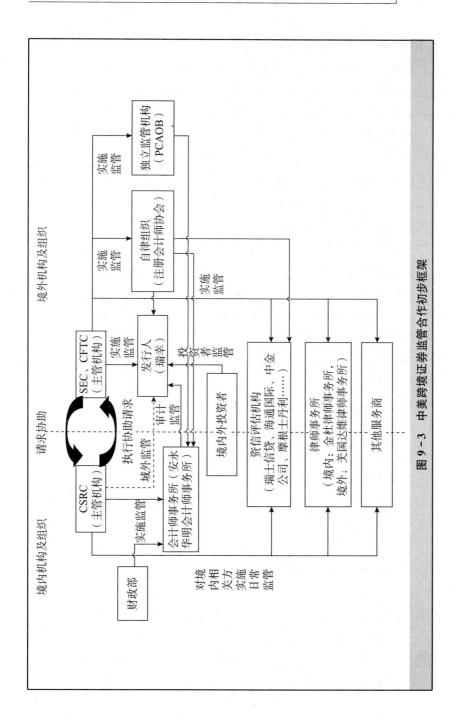

图 9 - 3　中美跨境证券监管合作初步框架

展开和成效（杜涛，2012）。可见，面对 IOSCO《加强版多边备忘录》对执法机构提出的新的履职要求，中国证监会目前执法权力范围过小、种类也较少。这使得中国证监会有时无法按境外监管机构的要求提供协助，削弱了证券监管国际合作与协调的效果与作用。

在执行双边证券监管合作时，中国证监会及 SEC 作为 IOSCO 的正式成员，应按照《多边备忘录》提出的"监管机构应建立信息分享机制，阐明何时、如何与国内外同行分享公开和非公开的信息"的要求，为外国监管机构提供协助。中美在跨境证券监管上取得的进展包括：认真履行双边及多边监管合作备忘录的有关承诺，加强与对方证券监管机构的合作，共同打击证券犯罪，维护市场诚信。

以瑞幸事件为例，参照 IOSCO 多边备忘录的执行框架，针对瑞幸财务欺诈调查的中国境内相关部分，SEC 可以 IOSCO 认可的书面格式向中国证监会提出协助请求。书面协助请求内容应包含：请求调查的瑞幸事宜及请求目的、该请求得到协助的作用、SEC 所掌握的有利于中国证监会后续提供瑞幸请求材料的信息、特别预防措施及相关法律法规。中国证监会则应根据其请求，在我国法律法规允许的基础上，执行 SEC 的协助请求。同时，针对瑞幸事件的特殊性，可以签订更为具体的双边合作协议，以更为顺畅地完成对瑞幸相关调查的协助及关键信息的交流。

2. 发行人

发行人是证券发行的主体。基于中美监管的属地原则，发行人的注册、发行和交易地点决定了其适用的主要监管体系以及受监管范围。自 SOX 法案实施以来，SEC 要求外国发行人企业与国内发行人企业都遵守 SOX 法案的所有条款，即对国内发行人企业和外国发行人企业适用统一的公司治理与监管条款。瑞幸在美国纳斯达克发行上市决定了对瑞幸负首要监管职责的是美国监管机构，包括 PCAOB、纳斯达克证券交易所以及司法监管部门等。但鉴于瑞幸的主要业务和资产在中国境内，因此还需探讨两方的跨境监管合作问题，即美国对瑞幸中国境内部分的域外监管，以及中国证监会是否可以开展对海外上市公司的长臂管辖。根据 SOX 法案，如果上市公司被认定为存在故意、重大过失行为，相关人员可能面临最高 25 年有期徒刑及 500 万美元罚款的处罚。但在实践中，美国对中国籍高管却很难实施惩罚，这极大地降低了中国籍高管在美国的犯罪成本。[①] 因此，就高管惩戒达成引渡条款是未来中美跨境证券监管合作发展的重要方向。

　　若要判断中国证监会的"长臂"是否可以或有必要延伸到海外上市企业，则需要确定《证券法》中的长臂管辖条款的明细解释并借鉴美国判断域外监管适用的效果标准。《证券法》第二条第四款规定："在中华人民共和国境外的证券发行和交易活动，扰乱中华人民共和国境内市场秩序，损害境内投资者合法权益的，依照本法有关规定处理并追究法律责任。"这一规定为《证券法》的域外管辖条款。域外管辖具体包括域外立法管辖、域外执法管辖和域外司法管辖。《证券法》中的域外管辖规定较为笼统且宽泛，缺乏明确的域外管辖适用标准以及具体的可操作内容，在实践中可能会面临域外管辖权过度扩张或过度缩小、管辖权冲突等问题。这就需要厘清可遵循什么原则来判断是否施行域外管辖权，以及具有何种程度的域外效力。

　　美国联邦最高法院在处理大量涉外证券诉讼案件中，逐步突破了原来严格遵循的属地管辖原则，发展出了诸多判断原则和标准。我国《证券法》域外管辖适用的判断标准可以借鉴美国在实践中的相应行使方式。美国证券法域外管辖权的行使方式为根据域外效力与关联程度确定对该事项是否拥有管辖权，若确定其拥有管辖权，则可直接适用联邦《证券法》与《证券交易法》。效果标准在美国证券

反欺诈诉讼管辖权领域被正式确立要追溯到 1968 年的 Schoenbaum v. Firstbrook 案，该案的法官认为可以依据《证券交易法》主张对该案的管辖权，所谓效果是强调对美国境内利益的影响应该达到可预见和实质性的程度。《多德-弗兰克法案》有条件地沿用了效果标准和行为标准。效果标准是指当不当行为发生在境外，但对母国具有明确可预见的实质性损害后果时，法院拥有管辖权；行为标准是指不当行为发生在境内，且该行为对于损害后果有重要推动作用，此时即便证券交易行为发生在境外，法院同样拥有管辖权。[1]

以瑞幸事件为例，瑞幸的不当行为发生在中国境外，对该不当行为关联程度的判断适用效果标准，即通过判断瑞幸的财务欺诈行为对中国境内是否产生实质、直接、可预见的结果，确定是否可以或有必要对瑞幸实施域外监管。从"实质性"这一要件来看，美国法院认为，如果境外的行为影响了在美国注册并上市交易的股票，且损害了美国投资者的利益，则该行为将会被认定为在美国境内产生了实质性影响。在瑞幸事件中，其股票的发行和交易主要在中国境外。从主要持股人持股情况来看，董事长陆正耀为最大股东，持股比例为 23.94%，拥有 36.86% 的投票权，具体持股情况如表 9-4 所示。未披露的股东中也不排除有其他中国投资者。但是，关于瑞幸是否对境内投资者造成实质性损害存在争议，因为并没有相关资料显示中国投资者所受损失的占比，无法判断是否达到实质性损害。鉴于长臂管辖这一新增条款还没有明确的适用规定，且暂时无法根据效果标准判断是否对投资者造成了实质性损害，中国证监会的域外管辖权是否适用于瑞幸事件还有待商榷。此外，瑞幸公告称其首席运营官（COO）以及部分下属员工伪造了销售额，这使得对瑞幸高管的后续惩处加大了难度，因此在高管惩处上进一步加强跨境合作显得尤为重要。

---

① 美国《对外贸易反托拉斯促进法》规定，若境外的反竞争行为不能对美国的商业产生直接的、实质性的和可合理预见的影响时，境外的行为将不受该法的管辖。

表 9 - 4　瑞幸咖啡主要持股人持股情况

股东名称	直接持股数量 （股）	占已发行普通股比例 （%）	股东类型
陆正耀	484 851 500.00	23.94	持股 5% 以上股东
钱治亚	312 500 000.00	15.43	持股 5% 以上股东
Sunying Wong	196 875 000.00	9.72	持股 5% 以上股东
黎辉	144 778 500.00	7.15	持股 5% 以上股东
刘二海	107 235 500.00	5.30	持股 5% 以上股东
合计	1 246 240 500.00	61.54	

资料来源：Wind 数据库（截至 2020 年 1 月底）。

3. 会计师事务所

对负责发行人审计业务的会计师事务所的日常监管以及跨境审计监管合作也是中美跨境证券监管合作框架下的重要内容。对于瑞幸事件而言，安永作为其 IPO 及年报审计师，在 2019 年年报审计过程中发现了潜在问题并推动了瑞幸的内部调查，但其究竟是否应承担相应责任尚不明确。

对中国境内会计师事务所的监管，由我国财政部起主导作用，同时中国证监会根据《证券法》进行相应监管。我国一直反对 PCAOB 入境开展现场检查以及不受限制地查看我国公司的审计工作底稿。这显然无法完全满足美国监管当局的需要，从而在一定程度上造成了中美跨境审计监管冲突。

在瑞幸事件中，安永作为位于中国且在 PCAOB 注册的会计师事务所，接受我国财政部、证监会的监管。中美两国签署的相关协议及执法备忘录可作为瑞幸事件跨境审计监管合作的指南。根据这些协议与备忘录，美方在某些情况下可要求中方提供证据协助，或向中方申请调取部分审计工作底稿，PCAOB 可以向中国证监会及财政部提出申请，中方在一定范围内向美方提供相关的信息，以支持其审计监管工作。

4. 其他相关方

在中美跨境证券监管合作初步框架下，还涉及自律组织、律师事务所、信贷评级机构等其他相关方。一方面，自律组织、律师事务所、信贷评级机构需对发行人企业进行执业与监督。以自律组织为例，美国证券业的自律组织包括以下三类：一是证券交易所，如纽交所、纳斯达克证券交易所等；二是行业协会，如全美证券交易商协会、全美期货业协会等；三是其他专业团体，如美国注册会计师协会等。这些自律组织通过制定行业规范等实现对发行人的自律监管。另一方面，IOSCO 发布的《目标和原则》对其他相关方的职责做出了原则性规定，即"向投资者提供分析或评估服务的其他机构应根据其活动对市场的影响情况或监管系统对其的依赖程度接受相应的监管"，并在接受监管的背景下承担相应的法律责任。当监管机构利用自律组织在其各自专业领域履行直接监督职责时，这些自律组织应接受监管机构的监督。例如，SOX 法案授予 PCAOB 对注册会计师事务所的检查权和调查及处罚权，但 PCAOB 权力的行使受 SEC 的监督。因此，如何对境外中介机构实施跨境监管并实现后续追责，也是中美跨境监管合作中亟须解决的问题。

在瑞幸事件中，与瑞幸相关的其他方角色包括纳斯达克证券交易所、中美律师事务所（如金杜律师事务所、美国达维律师事务所等）、信贷评级机构和承销商（如瑞士信贷、摩根士丹利、KeyBanc Capital Markets、Needham & Company、中金公司、海通国际）以及境内外投资者。其中，中金公司、海通国际属于注册于中国的机构，要受境内监管机构监管，如中国人民银行、中国证监会以及相关分支机构和自律组织有权对信用评级机构展开监督检查和自律调查，必要时可对信用评级机构开展联合调查。①

当前中美跨境证券监管合作的潜在难点包括：（1）针对瑞幸发行人的监管合作，主要是如何就中国籍高管开展惩戒合作；（2）针对会计师事务所的监管合作，主要是如何提高跨境调取审计工作底稿的便利性，并进一步程序化和标准化；（3）针对其他相关方的监

① 参见中国人民银行、中国证监会联合发布的 2018 年第 14 号公告。

管合作，尚缺乏中美之间的相关监管合作备忘录。

9.3.3　未来展望

1. 加强中国证监会的执法权力

有执法有力的监管机构是证券监管国际合作与协调成功的前提。以证券市场较为发达和成熟的美国为例，其通过 1933 年发布的《证券法》及 1934 年发布的《证券交易法》详细规定了 SEC 的监管权限，1988 年颁布的《内幕交易与证券欺诈执行法》赋予了 SEC 监管合作的权力，并通过制定《国际证券合作执行法》对证券监管国际合作进行了规范（王锐，2007）。我国《证券法》对跨境监管合作的权限、行使监管合作权的具体方式和程序等尚未做出明确的规定，执法权的范围较小且种类也较少。随着我国证券市场的国际化发展，这些监管权力的明确显得更加必要和紧迫。

2. 加强对境外上市公司的境内日常监管

未来，我国应加强对境外上市公司的境内监管，这有利于维护中概股的国际声誉并为其长期国际融资提供便利。对海外上市公司的境内监管主要包括以下两方面：一方面是为本国企业境外上市的过程提供必要的、最低限度的监管，并制定相应的监管标准；另一方面是对本国企业境外上市后的境内日常运营提供必要的、最低限度的监管。瑞幸事件实际上暴露了我国对境外上市的中国企业的日常境内监管严重不足，甚至存在监管空白。

3. 拓展跨境证券监管合作的途径和内容

当前，拓展我国证券监管国际合作与协调的途径和内容，可从推动落实 IOSCO 发布的《目标和原则》出发，结合中国国情和证券市场发展阶段，细化其具体实施路径，以便与境外监管机构协同打击跨境内幕交易、市场操纵、虚假陈述、欺诈等违法犯罪行为。争取尽早签署 IOSCO《加强版多边备忘录》，建立全方位、立体式的监管合作与协调机制，完善跨境信息披露监管合作模式，尤其是在原有的制度框架内尽可能就与公司财务造假等相关的关键信息进行披露及交换，有效拓宽信息披露渠道。

4. 完善证券法域外监管适用的具体规则

我国《证券法》旨在严格保护境内证券市场和投资者免受证券欺诈带来的不利影响，这也是效果标准能够适用于跨境证券欺诈行为的理论基础。《证券法》的长臂管辖还只是处于初步法条制定阶段，尚没有明确的适用标准和适用范围。我们认为，可有限度地扩展我国证券法的域外管辖权，细化域外管辖的相关规定；可以通过借鉴美国证券法域外管辖的效果标准、行为标准等类似原则或标准，扩大域外管辖的灵活操作空间，以更充分地保护我国投资者的合法权益（林泰，2011）。

5. 争取实现中美审计等效监管

在独立审计监管上，监管机构间相互信赖对方的监管工作可以有效避免双重监管，并节约宝贵的监管资源。互信意味着各成员国与第三国可以依赖各自的审计监管体系，从而实现对全球会计师事务所更为有效且高效的监管。跨境审计监管合作并不意味着一个国家直接进入另一个国家对会计师事务所进行监管，而是在相互尊重主权和平等协商的基础上，双方通过评估对方对会计师事务所的监管工作，按照完全信赖的原则实现监管合作（陆建桥和林启云，2010）。2011年2月，欧盟委员会通过了一项决议，首次认可了包括中国在内的10个第三国审计监管体系的等效；2011年11月，中国注册会计师协会与香港会计师公会签署了职业道德等效联合监管声明，确认内地和香港的职业道德守则实现等效。因此，实现中美跨境审计监管合作的一个关键途径就是基于完全信赖的原则实现中美两国的等效审计监管。

6. 强化对其他相关方的跨境监管合作

在对发行人、会计师事务所开展跨境监管合作的同时，相关监管机构还需强化对境内外其他类型中介机构的监管合作。由于其他相关方的行为合法性会影响发行人境内外日常运营，因此需要建立合理可行的跨境其他相关方监管机制，明确境内外其他类型中介机构的法律责任，通过境内监管和跨境监管"双管齐下"，共同监督其他相关方审慎执业。

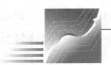

第 10 章　资本市场吹哨制度构建

　　2021 年 2 月 3 日晚，德勤华永会计师事务所（特殊普通合伙）北京分所审计组的一名员工 YW（举报员工的代号）将一份长达 55 页的 PPT 文件以邮件形式在公司群发，举报德勤在 2016—2018 年存在的有关审计程序与审计质量的问题，这份文件被广泛传播，一度成为微博热搜话题。在这份 PPT 文件中，具体涉及三家德勤客户：红黄蓝教育（RYB. US）、中国外运（601598. SH，00598. HK）、博奇环保（02377. HK）。所举报的人员包括德勤的合伙人、高级经理及高级审计员。YW 表示已将相关举报材料提交给中国证监会、SEC、香港证监会等监管机构。举报事件发酵后，2021 年 2 月 4 日收盘时，中国外运港股收盘价下跌 4.68%、A 股股价下跌 1.23%，博奇环保股价也同比下跌 7.41%。

　　德勤员工举报事件引起了社会公众与相关监管部门的强烈关注，媒体等相关各方均呈现指责

"四大"会计师事务所的一边倒的舆论倾向。随着该事件的升温发酵，网上相继爆出安永和毕马威的员工内部举报信，此被戏谑为"四大员工揭竿而起"，"四大"由此卷入舆论的漩涡之中。这一看似针对德勤或"四大"会计师事务所的个体或个人的事件，其实有可能对整个审计行业的公信力产生严重冲击，也让社会公众对会计职业道德产生很深的担忧。对该事件的讨论，不能忽略界定吹哨行为的正当性前提，缺失吹哨行为正当性的讨论对审计行业而言可能是不公允的，会产生潜在的负外部性。

　　资本市场吹哨制度是一项复杂的系统工程。2019 年 9 月，《国务院关于加强和规范事中事后监管的指导意见》提出要从事前的审批监管转变为加强事中事后的监管，并首次在国家层面提出建立"吹哨人"、内部举报人等制度，对举报严重违法违规行为和重大风险隐患的有功人员予以重奖和严格保护。2020 年 1 月，中国证监会对《证券期货违法违规行为举报工作暂行规定》进行修订，主要内容涵盖举报范围、举报奖励范围、奖励标准等。然而，2020 年前后我国资本市场有关吹哨人的法律和制度建设仍处于起步阶段，规则尚不完善，使得相关各方对吹哨事件无所适从。因而，基于德勤员工举报事件这一契机，本章旨在较为系统地探讨资本市场吹哨行为背后的性质、正当性、法律支撑与实施机制，为相关各方评论特定吹哨行为提供基础性、前提性的概念框架。

10.1　吹哨制度之性质

　　资本市场吹哨制度本质上是一种激励性的私人信息生产机制。吹哨人（whistleblower）一词源于英国，警察在发现罪案时吹哨，以引起同事和民众的注意。《布莱克法律词典》（*Black's Law Dictionary*）将其定义为雇员向政府机关或执法机构举报雇主的违法行为。吹哨，亦称告密、举报或揭秘，是组织的员工或利益相关者①试图披露组织中发生的错误或者整个组织造成的过失，包括违反法律、诈骗、威胁健康或安全、贿赂以及对公众造成潜在或实际伤害（曼纽尔，2013）。在所有的潜在监督者中，吹哨人是调查和起诉财务违法违规行为的主要信息来源（Call et al., 2018）。与之一致，美国注册舞弊审查师协会（ACFE）自 1996 年开始每两年发布一次的《全球舞弊研究报告》（Report to the Nations-Global Study on Occupation Fraud and Abuse）均发现，内部人举报是发现企业舞弊行为的最主要方式，并且其占比呈逐年上升态势。ACFE 2020 年的研究报告显示，内部人举报是发现企业舞弊的最常用的方式，占比高达 43%，具体如图 10 - 1 所示。

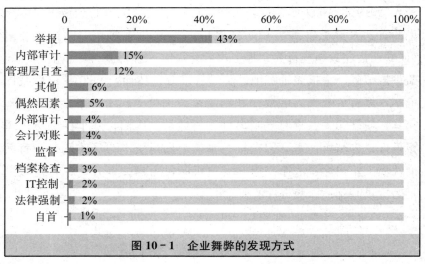

图 10 - 1　企业舞弊的发现方式

有学者对 2002—2010 年（即 SOX 法案生效之后至《多德-弗兰克法案》生效前的这段时间）员工举报对 SEC 和司法部证券执法行动的影响进行了研究，结果发现：在这一时期 SEC 和司法部共

---

① 吹哨人可能是组织的员工、供应商、顾客、股东、竞争者、匿名者等；举报可以分为向组织外部进行的对外举报和向组织内部有关部门和人士进行的对内举报；举报的具体途径包括电话、电子邮件、网站、平信、传真等。

有 658 起证券执法行动，其中 148 起（占比 22%）是由吹哨人提供信息；有吹哨信息介入的公司和涉事人员被处以了更高的罚款，相关高管被判处了更长的刑期（Callet et al.，2018）。可见，吹哨人是调查和起诉存在证券违法违规行为的企业的宝贵信息来源，吹哨制度可以作为证券监管多元信息生产机制的重要组成部分。

信息是证券监管和执法的重要基础，可以说，证券监管与执法的过程就是收集、使用与验证相关信息或信息的组合（即证据链条）的过程，这就是证券监管与执法的信息生产逻辑。资本市场的信息分布高度不均衡，证券违法违规行为的可观察性非常弱，是否实施以及何地、何时、如何实施违法违规行为等均是行为人的"私人信息"。因此，信息的可观察性与可检验性是证券监管执法部门面临的最大挑战之一。基于信息经济学的视角，信息由具备信息优势的一方来提供才是有效率的（Alchian & Demsetz，1972）。在此意义上，作为证券监管执法体系中的一种私人信息生产机制（private information product mechanism），吹哨制度使原本隐蔽的私人信息更快速、便捷地流向证券监管主体，从而促进了监管力量的有效提升。

然而，按照现代法律的基本价值约束，除非负有法定的职责或义务，否则信息的提供只能通过激励手段实现，不能强制（吴元元，2013）；吹哨制度作为一种为公共利益服务的私人信息生产机制，其生产动力的解决就变得极为重要。成熟资本市场的吹哨制度，其本质便是一种低成本、激励性的私人信息生产机制。换言之，有奖吹哨制度的本质既是以证券监管部门为代表的公权力主体面向不特定的市场公众所设立的信息生产机制，也是证券监管部门和具有信息优势的吹哨人之间关于"信息提供—对价支付"的一种特殊契约，可以说是证券监管与执法信息领域的一种"契约型治理"。如果奖励承诺具有高度可信性，那么这一基于奖励契约的私人信息生产机制就能大大降低监管成本并提升监管质量，成为有效证券监管执法的重要制度配置。

10.2　吹哨制度之正当性

10.2.1　伦理争议

资本市场吹哨制度在性质上是证券监管执法中的一种重要的私人信息生产机制，能有效促进证券监管力量的杠杆化发展；资本市场吹哨制度是一项精密的、系统性的制度装置，带有"双刃剑"的属性。其治理功能的有效发挥需要在各种信息生产成本与收益之间取得一种精妙的、富有智慧的艺术性平衡，否则将带来总体负面的社会净收益。正因为吹哨行为带有典型的"双刃剑"属性，自资本市场吹哨制度出现以来，与其相关的伦理争议从未停止，既有反对，也有支持（Stolowy et al.，2019）。

1. 支持资本市场吹哨行为的理由

第一，为有良知的员工提供渠道弘扬公司正气。在工作期间，员工可能会发现公司的违法行为或者不道德行为，他们可以利用公司内部的举报热线向高层经理或被授权调查的"伦理官"匿名举报。这样一方面能让自己避免被打击报复；另一方面能使公司快速发现并解决所存在的问题和疑虑。一般而言，员工发现问题后，首先要考虑向主管求助；如果问题就出在主管或其指挥链上，或者员工已经沿着这条路径推动并有理由相信这条路不可行，那么公司必须让员工知道他们还有其他求助渠道，由此必须保证举报热线全天候开通。举报热线作为一种行之有效的公司治理资源，是维护公司道德结构战略必不可少的组成部分。在现实商业实践中，许多行业监管制度或公司章程都特别要求公司必须设立热线电话。如果公司没有在内部为员工提供表达担忧的渠道，那么员工向外部告密，也是避免社会和利益相关者承受进一步重大损失的一种选择。

第二，通过揭露不愿对外公开的内部问题促使企业整改、提高管理和治理水平。抛开其道德面，吹哨人实际上起到了监督的作用。他们所举报的问题通常是企业不愿意对外公布的"家丑"，如财务造假、高管腐败、性骚扰等。因此，吹哨行为对于促进问题解决、改善治理现状具有相当大的作用。当公众通过媒体获知企业被吹哨后，企业往往会重述其财务报表、改进公司治理（Bowen et al.，2010）；有学者基于美国员工"吹哨"的大样本数据研究发现，企业被吹哨之后，其财务报表错报和避税激进度均发生了明显下降，且该效应至少持续到了被"吹哨"之后的两年（Wilde，2017）；有学者考察了《多德-弗兰克法案》立法前后反对为吹哨人立法的企业股价波动情况，结果发现，那些游说政府抵制为吹哨人立法的企业在法案通过后股价大跌（Baloria et al.，2014）。除了直接促使企业整改外，吹哨制度也可通过促进监管而对组织内部的不良行为起到威慑与制止效应。

第三，通过减少诉讼官司数量等节约企业成本。比如，当公司裁员时，被解雇的员工致电举报热线，声张其权益受到了损害，对其解雇是不公平的。接到投诉之后，公司经过独立、公正的调查，发现终止合同并无不当之处，因此公司维持原来的解雇决定。热线人员随即给前员工回电解释。经过这样一个处理过程，绝大多数的来电者不会继续抗议。通过举报热线，员工表达了自己的真实想法，有人倾听了他们的想法并采取了行动，他们得到了尊重，同时也可能部分达到他们真正的目的，这样，他们起诉公司的可能性就会大大降低。举报热线也体现了公司对他们的人文关怀。一旦进入诉讼，企业就会承担巨大的应诉成本和声誉损失。

第四，避免潜在责任风险。根据《美国联邦量刑指南》，被认定为有罪的公司，如果已经建立了一套有效的合规程序，其罚款可能会减少 90%。有效的合规程序的核心就是设立举报热线。没有设立举报热线，法官实质上就难以认定公司存在一个有效的合规程序。如果法官发现一家公司忽视了合规程序的这一核心要素，法庭就可能做出更严厉的判决。因此，即使政府不要求公司设立举报热线，但鉴于官方机构（如美国联邦量刑委员会）和准官方机构对设立与不设立热线有制度性鼓励或抑制政策，公司为了避免严重的潜在责任风险，也会设立举报热线。

第五，避免事态扩大导致严重后果。如果没有设立举报热线，员工在目睹不当行为的时候可能会保持沉默，但是沉默不会让问题消失，反而可能导致问题恶化和加剧，最后酿成巨大灾难。员工也可能选择向公司之外的律师、政府机构和媒体等举报，但若引发社会广泛关注，就可能会给企业带来声誉损失和其他直接损失。毕竟，公司有内部解决问题的机会总比将问题转移到外部好。如一项研究表明，当媒体公布企业被吹哨的消息后，公司的股价会大跌、股东起诉案件会暴增（Bowen et al.，2010）。

2. 反对资本市场吹哨行为的理由

很多人反对设立吹哨制度，批评者通常给吹哨人贴上线人、叛徒、告密者、打小报告的小人等标签。在一定程度上，吹哨人的言论自由与劳动合同约束下的职场忠诚存在直接冲突。反对吹哨行为的原因主要有以下几个方面：

第一，为不良员工所利用。对于能力低下的员工来说，由于其工作效率低下、业绩表现不佳，他们可能会通过举报热线或外部渠道获得所谓的吹哨人身份，从而试图保住工作。对于奸诈贪婪的员工来说，他们可能会通过举报热线，以匿名和不公平的方式编造是非、诽谤他人，从而满足私欲。对于拈轻怕重的员工来说，当一位新的主管要求其适当多承担一些受托责任时，就会牢骚满腹，于是拨打举报热线，抱怨主管"虐待"员工，以求少劳甚至不劳而获。吹哨人在很多时候是具有误导性的，甚至是无知的，反映的仅仅是员工的不满而已（Bowen et al.，2010）。

第二，破坏管理秩序。举报可能导致领导层和指挥链条的混乱，影响管理秩序的正常运转，破坏基层管理人员的工作计划（Moberly，2006）。比如，基层管理人员试图建立一种基于信任、坦诚和成熟沟通的家庭式企业文化，这需要一个艰难、细致、漫长的培育过程，而吹哨制度鼓励人们采取轻率的方式，直接匿名致电公司总部，从而使基层管理者的工作设想化为乌有。另外，从监管部门的角度来看，吹哨行为的泛滥也可能造成许多无效审查，浪费行政资源。SEC 的官员曾坦言，政府根本没有充足的资源来全面调查所有的吹哨线索（Thomsen，2009）。

第三，向外部告密违反了雇佣合同协议。作为员工，自愿接受公司的聘任，就意味着同意对商业的所有方面保密，并有义务维护公司的最佳利益。告密就意味着违反了该协议，侵害了公司的权益。尽管外部告密在表面上是员工言论自由权的体现，但实质上告密可能会损害公司股东和同事的利益，而员工的言论自由权历来都是一种受限制的权利，不能损害无辜者的重要利益。因此，吹哨行为通常被视为一种不忠诚（Andrade，2015）。

第四，造就不良公司文化。吹哨制度会让偏执情绪在公司大行其道，使偏执文化成为主流，形成恶斗氛围；举报热线的设立还向员工发出了一个负面信号，即公司总部不信任地方领导层进而也不会信任地方员工，从而在公司内部形成一种相互猜忌的氛围（Moberly，2006）。管理大师德鲁克将这种吹哨视同"告密"，并认为这种行为是不可原谅的，因为它阻碍了组织内部相互信任、相互依赖等组织文化的有效形成。有调查表明，为私人企业工作的告密者中，100%被雇主解雇；20%在调查时还没有找到工作；25%家庭财务负担加重；17%家庭关系破裂；54%在工作时受到同事困扰；15%将随后的婚姻关系破裂看作告密的结果；80%健康状况恶化；86%出现情绪压力，包括沮丧、无力感、隔绝感和紧张情绪；10%曾经试图自杀（Farnsworth，1988）。

10.2.2 正当性标准

1. 资本市场吹哨行为的合法性标准

在现代社会，正当性在很大程度上是通过合法性得以实现的。美国是较早对吹哨行为进行立法的国家，其有关吹哨行为的制度不是一部单纯的法律，而是由一系列多层次的法律法规组成：从明确规定职业会计师揭发上市公司财务舞弊法律责任的《证券交易法》（1934年），到明确为向公共机构报告不当行为或舞弊行为的上市公司员工（包括职业会计师）提供法律保护的《萨班斯法案》（2002年），再到明确规定对吹哨人予以经济激励和保护、史称最全面的"金融监管改革法案"的《多德-弗兰克法案》（2010年）。在以上法案的基础上，美国资本市场的吹哨行为在某种程度上获得了合法的"正当性"（Durocher et al., 2007），SEC的吹哨人项目（Whistle-blower Program）取得了显著的成功就是一个很好的佐证。

　　相比之下，我国现有与吹哨行为有关的法律法规和规范存在过于笼统、简单和操作性较差的弊病。《宪法》第三十五条规定："中华人民共和国公民有言论、出版、集会、结社、游行、示威的自由。"该规定赋予了吹哨行为的言论自由权。中国证监会等部门于2008年发布的《企业内部控制基本规范》第四十三条第一款规定："企业应当建立举报投诉制度和举报人保护制度，设置举报专线，明确举报投诉处理程序、办理时限和办结要求，确保举报、投诉成为企业有效掌握信息的重要途径。"该规范明确了企业应当完善内部吹哨制度。国务院于2019年9月发布的《关于加强和规范事中事后监管的指导意见》指出，应"发挥社会监督作用。建立'吹哨人'、内部举报人等制度，对举报严重违法违规行为和重大风险隐患的有功人员予以重奖和严格保护。畅通群众监督渠道，整合优化政府投诉举报平台功能，力争做到'一号响应'"。2020年1月中国证监会发布了修订后的《证券期货违法违规行为举报工作暂行规定》，对吹哨行为进行了较为简单的规定，包括对吹哨渠道、吹哨信息、吹哨奖励等注意事项的说明（全文共24条）。在保护吹哨人的法律制度方面，除了《中华人民共和国劳动法》（简称《劳动法》）第一百零一条和《中共中央纪律检查委员会、中华人民共和国监察部关于保护检举、控告人的规定》第十条宣示性地禁止"打击报复举报人员"外，对吹哨人免责的规定还分散于《中华人民共和国劳动合同法》《中华人民共和国劳动争议调解仲裁法》等规范性文件中，且均只起到宣示性的作用，并未对吹哨人的具体保护措施做出明确规定。因此，我国与吹哨行为有关的法律制度无论是在保护范围还是力度上均亟须体系化的完善。①

尽管如此，以上法规也在一定程度上促进了我国吹哨行为的合法的"正当性"。因此，在我国现有法律框架下，当公众利益与雇主利益发生直接冲突时，允许雇员对雇主的维护让位于价值位阶更高、波及面更广的公众利益（杨益章，2018）。当雇主的行为偏离其应有的利益取向和应负的社会责任时，即使雇员的吹哨行为违反了《劳动法》下的保密义务并损害了雇主的利益，也不负任何法律责任。也就是说，吹哨行为具有合法性，雇员享有合法的"自由"权利。

2. 资本市场吹哨行为的合理性标准

与具有明确法律法规条款确立的合法性相比，合理性更多的是一种基于道德伦理的价值判断。在社会普遍接受的价值观、规范、信仰、目的、实践或程序下，当大多数人认为个人的行为符合道德伦理时，个人就获得了合理的"正当性"。我们借鉴曼纽尔总结的三项道德伦理判断标准——效用原则、权利与义务标准以及正义与公平标准，对吹哨行为的"合理性"进行界定。

效用原则以个体行为是否符合效用最大化来评判其行为的道德与否。约翰·穆勒认为，能给绝大多数人带来最大幸福的行为就是善行，即道德的行为。由于信息的高度不对称性，证券违法违规行为的可观察性非常弱，是否实施以及何地、何时、如何实施违法违规行为等均是行为人的"私人信息"。内部员工在获取信息方面具有天然优势，能在短时间内以低成本收集相关信息，他们的吹哨行为是一种有效的信息生产方式，不仅能缓解组织内部代理问题下的信

---

① 举报人信息被泄露，甚至遭到打击报复的事件在我国并不鲜见。2010 年，《法制日报》引述最高人民检察院材料称，当时有 70％的举报人遭到过不同程度的打击报复，其中有的受到单位排挤，有的受到心理伤害，有的仕途受阻等。例如，2011 年 4 月，中石化分公司追查"天价酒"事件泄密人，并称将严惩。

息不对称，还能降低组织内外部的信息不对称，使原本隐蔽的私人信息更迅速、经济地流向证券监管主体（韩洪灵等，2021）。在此意义上，内部人吹哨通过对证券违法违规行为进行"及时止损"，维护了公众的利益，具有正外部性，符合效用最大化原则。

权利与义务标准以个体行为是否承担了与其自身权利相伴而来的义务来评判其行为的道德与否。内部吹哨人在享有言论自由权的同时，负有对雇主的忠诚义务，自由与忠诚看似存在直接的冲突，实则不然。雇员承担忠诚义务源自组织"明确的使命宣言、目标、价值观陈述及被判定合法的组织行为章程"（Commers，2004）。换言之，组织真正推行的忠诚应是服务组织终极目标的理性忠诚，而非无条件地偏袒雇主的愚忠。因而，当雇主的行为已经影响或威胁到公众利益时，内部人吹哨行为没有背离对组织的忠诚义务，仍处于道德伦理的约束内，具有合理的"正当性"。

正义与公平标准以个体行为是否具有正义或公平的属性来评判其行为的道德与否，更加强调行动人的品格。美德伦理学（virtue ethics）认为，道德上最重要的问题是拥有美好的性格或美德，具有道德品格是选择正确行动的基础。换言之，道德行为是由内而外发散的过程，是一个人品格的结果（陈汉文和韩洪灵，2020）。吹哨并非雇员的一项强制性义务，更多的是由雇员的内在道德所驱动的。内部人吹哨通过及时遏制不法行为的发生，维护了公众利益，在某种程度上是一种伸张正义的行为。因而，基于个人良知与伸张正义的内部人吹哨行为是道德的行为，具有合理的"正当性"。

3. 吹哨人内在动机与吹哨行为正当性

从某种程度上讲，吹哨人的内在动机决定了其吹哨行为的正当性。纵观媒体对此次德勤员工举报事件的评论，有部分文章探讨了吹哨人的动机。吹哨人的内在动机可以分为三类：利他动机、利己动机和混合动机。利他动机是指吹哨人纯粹为了维护公众利益，无私心、无私利。利己动机则是指吹哨人表面上拿"公众利益"当幌子，实则怀有其他不纯意图，如诽谤、勒索、报复雇主[1]、攫取私利[2]等。混合动机则介于两者之间，即吹哨信息基本属实，吹哨人本人和公众均从中受益。就德勤员工举报事件而言，我们还无法准确识别吹哨人的内在动机，究竟是追求公平正义、坚守职业道德底线的利他动机，还是为攫取私利而哗众取宠的利己动机，抑或是两者兼有的混合动机。

一项调查研究表明，超过一半的吹哨行为基于混合动机，完全出于利他动机的吹哨行为凤毛麟角（Miceli et al.，2010）。英国的《公益披露法》中的多条规定均提到了"善意"的要求，日本的《公益告发者保护法》的第二条扩大了"善意"一词的覆盖范围，即凡非完全出于利己动机的吹哨行为均是合法的。也就是说，雇员即便怀有私心或者其他不良动机，只要其吹哨行为在客观上能揭发和阻止公司的违法违规行为，亦无妨忽略其真实意图。在这一点上，新西兰的《披露保护法》具有异曲同工之妙，它没有使用"善意"一词来限定吹哨人的动机，而是提倡遵循目标导向——以促进维护公众利益（李飞，2012）。

4. 吹哨信息真实性与吹哨行为正当性

吹哨信息的真实性是吹哨行为正当性的必要条件。具备正当性的吹哨行为一定是建立在真实的吹哨信息基础之上的。在某种程度上，我们也能够通过判断吹哨信息的真实性来洞悉吹哨人的内在动机。凡故意提供虚假信息者，皆出于纯粹的利己动机。我国《证券期货违法违规行为举报工作暂行规定》第二十二条第一款规定："举报人陈述的事实及提供的材料应当客观真实。故意捏造事实诬告陷害他人、利用

---

[1]　吹哨制度也常为意图不轨的员工所利用，他们通过外部渠道获得所谓的吹哨人身份，利用公众舆论，威胁雇主对其提出的不当要求进行妥协。

[2]　特别是强烈的金钱动机，它确实会激励吹哨行为、在医疗行业（政府采购占收入很大的比例，诉讼更有可能为吹哨人提供经济奖励），41% 的欺诈行为是由员工揭发出来的，与此形成鲜明对比的是，在其他行业，员工发现的案例只有 14%，两者在 1% 的水平上具有显著的差异（Dyck et al.，2010）。

举报敲诈勒索的，依法承担法律责任；涉嫌构成犯罪的，依法移送司法机关追究刑事责任。"基于此，若吹哨信息不具有客观真实性，吹哨行为不仅不被赋予正当性，吹哨人还要承担相关法律责任。

回到德勤员工举报事件中，判断该员工的吹哨行为是否具有正当性，首先需要判断其所提供的吹哨信息是否具有真实性，而非故意捏造。若属实，该吹哨行为可为整个审计行业敲响警钟，促进审计行业的整顿与改革，对审计行业未来的发展不失为一剂"苦口良药"。在此情况下，我们认为此次吹哨行为具有正当性，并且产生了正外部性，无须进一步追究当事人的其他动机。反之，我们将其界定为攫取私利与哗众取宠的乌龙事件。当事人的吹哨动机可以帮助我们了解其行为背后的底层逻辑。

10.2.3　正当性的构建

如前所述，吹哨行为的正当性标准主要包括合法性与合理性两个关键要素。一般来说，需要通过对吹哨动机和吹哨信息真实性的评价来综合判别吹哨行为的正当性。因此，对于吹哨人而言，首先在个人层面上构建资本市场吹哨行为的正当性极为重要。资本市场吹哨行为正当性的构建主要包括吹哨信息、吹哨渠道与叙事模式三个方面。

1. 构建吹哨行为正当性的信息与渠道

在吹哨信息方面，SEC发布的《吹哨人项目2019年报》明确指出，吹哨人提供的具体、可信和及时的举报，并伴有确证性的书面证据，更有可能被调查人员关注并进一步分析或调查。例如，如果举报具体到了事件中的某个人，提供了特定欺诈交易的详细信息，或指向非公开材料证明欺诈，则该举报更有可能被分配给执法人员进行调查。而根据市场事件做出笼统断言或一般推断的举报提示不太可能被执法人员所调查。详细的描述会减少公众在重新评估吹哨行为正当性时必须分配的认知资源，使他们更容易认可吹哨行为的正当性（Stolowy et al.，2019）。因而，吹哨人需在保证信息真实、可靠的基础上，提供详细且准确的书面证据，并遵循信息的专有性和及时性原则。

在吹哨渠道方面，内部人吹哨的渠道主要分为内部渠道和外部渠道。内部渠道是指向相关管理人员或行政人员举报，外部渠道是指向相关监管或执法机构举报。在吹哨渠道的选择上，英美两国对职业会计师的吹哨行为有明确的规定：美国法律体系下遵循"内部渠道优先"的吹哨原则，英国法律体系下则遵循"直接外部渠道"的吹哨原则。在前者原则下，职业会计师若发现舞弊或其他违反证券相关法律法规的行为，应先告知公司管理层，并同时向审计委员会报告；若公司内部没有采取相应的补救措施，才可向 SEC 通报。在后者原则下，职业会计师若发现舞弊或其他违反证券相关法律法规的行为，应直接向监管机构通报，并将通报内容副本抄送给管理层，告知其相关情况。我国目前对此还未制定明确的法律法规①，但鉴于《企业内部控制基本规范》第四十三条对于建立与完善企业内部吹哨渠道的规定以及《公司法》第一百八十九条规定的股东代表诉讼制度的法律逻辑②，我们认为，对于吹哨渠道的选择，我国更倾向于遵循"先内后外，特殊情况可直接对外"的原则。

在理论上，适用"先内后外"的原则对于各相关方都有益处：（1）对于吹哨人而言，若内部渠道直接有效，则其无须面对公众利

---

① 《中华人民共和国注册会计师法》第二十条、第二十一条以及《中国注册会计师审计准则》第 1141 号第四十一条、第 1142 号第二十九条虽就注册会计师与公司内部机构在发现财务舞弊时的通报与合作关系予以详细规定，但对于注册会计师与政府监管机构之间如何合作却几乎未有着墨（叶琦，2020）。

② 《公司法》第一百八十九条规定，董事、高级管理人员有本法第一百八十八条规定的情形的，有限责任公司的股东、股份有限公司连续一百八十日以上单独或者合计持有公司百分之一以上股份的股东，可以书面请求监事会或者不设监事会的有限责任公司的监事向人民法院提起诉讼；监事有本法第一百八十八条规定的情形的，前述股东可以书面请求董事会或者不设董事会的有限责任公司的执行董事向人民法院提起诉讼。

监事会、不设监事会的有限责任公司的监事，或者董事会、执行董事收到前款规定的股东书面请求后拒绝提起诉讼，或者自收到请求之日起三十日内未提起诉讼，或者情况紧急、不立即提起诉讼将会使公司利益受到难以弥补的损害的，前款规定的股东有权为了公司的利益以自己的名义直接向人民法院提起诉讼。

益与雇主利益的两难抉择，极大地减少了信息遭泄露和个人遭打击报复的风险；（2）对于企业而言，通过内部渠道的吹哨行为减少了代理问题下的信息不对称，当违法违规的行为非群体合谋行为而是个人行为时，通过内部吹哨能够使管理层及时、有效地发现并解决问题，避免了因问题公开而使公司遭受不利影响；（3）对于监管机构而言，通过公司内部举报渠道的"初步筛选"，节约了不必要的监管成本，使监管资源能够得到更加合理的配置。"特殊情况可直接对外"的灵活原则，使吹哨人在面临紧急情况（不立即起诉将会使公司利益受到难以弥补的损害）时具有自由裁量权，通过更具有影响力的外部渠道对不当行为进行"及时止损"，以维护公司与公众的利益。综上，在我国尚未有明确法律条文规定的情况下，"先内后外，特殊情况可直接对外"的吹哨渠道原则不失为一种兼顾了各方利益的较好选择。

2. 构建吹哨行为正当性的叙事模式

有学者研究了吹哨人的叙事模式如何通过更精准地定义吹哨人的角色并展示其与社会规范的一致性来构建吹哨行为的正当性（Stolowy et al.，2019）。他们认为，正当性与话语（自我叙述）密不可分，建立正当性的过程是个体行为和言论与社会文化价值观相契合的过程，具有复杂性和不可预测性。首先，他们通过分析吹哨人的自我叙述[①]，确定了其话语中主要的正当化模式，并围绕角色定义进行意义构建；其次，他们通过分析 1 621 篇新闻文章，探究了吹哨人的叙事模式在媒体中产生共鸣的程度，并识别出媒体中可能存在的支持性话语；最后，他们确定了四种叙事模式（见图 10-2），这些模式共同构成了构建吹哨人角色正当性的平台，有助于公众更好地理解吹哨人的角色，并使吹哨人获得公众的支持。这些叙事模式同样在媒体中引起了共鸣——不仅提供了一种支持形式，还有助于吹哨人的角色更加正当化。

---

① 数据主要来源包括书籍、第一手和二手采访资料、网页和视频。

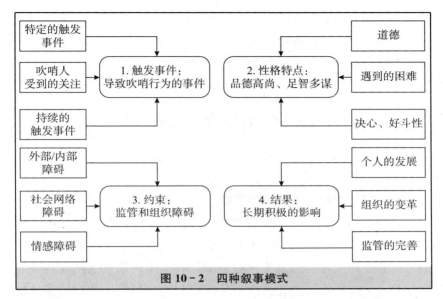

图 10 - 2　四种叙事模式

资料来源：改编自 Hervé Stolowy, Gendron Y, Moll J, et al. Building the legitimacy of whistleblowers: a mult-case discourse analysis [J]. Contemporary Accounting Research, 2019.

　　媒体在引发公众的共鸣上具有很大的影响力，起到了在公众眼中作为合法性跳板的作用①，使得吹哨人的角色更容易被赋予正当性。当吹哨人围绕着四种叙事模式对其举报信息进行阐述时，更容易获得公众的认可与支持，从而为其吹哨行为赢得正当性。（1）第一种叙事模式——触发事件，即吹哨人讲述促使其扮演吹哨人角色的触发事件，吹哨人最初的心路历程可能会影响公众对这一角色的理解。（2）第二种叙事模式——性格特点，即吹哨人在展示其行为的同时，还塑造一种品德高尚、足智多谋且有决心的形象。比如，吹哨人将自己行为的道德性与公司欺诈行为人的道德性进行对比，并提供其目睹的欺诈行为的详细信息。（3）第三种叙事模式——约束，即吹哨人强调必须消除的限制，以使那些对欺诈行为负责任的人尽快被追究责任。（4）第四种叙事模式——结果，即通过阐述吹哨行为的潜

---

　　①　这就是我们关注媒体在缺失吹哨动机和吹哨信息真实性判别基础上的传播所带来的潜在负外部性的原因。

在积极影响（如个人的发展、组织的变革或监管的完善等）来倒推吹哨行为的正当性。这些模式依赖于象征性、类比性和隐喻性的框架，帮助公众更好地理解吹哨人的角色，并获得他们的支持。

10.3 吹哨制度之法律支撑

10.3.1 吹哨制度的治理逻辑

如前所述，资本市场吹哨制度在性质上是证券监管执法体系中的一种私人信息生产机制。因此，资本市场吹哨制度的治理逻辑围绕着信息生产成本与信息生产收益展开，即实现信息生产收益最大化与信息生产成本最小化，这也是吹哨制度流程设计的总体指导思想。对于信息生产成本而言，其主要包括：（1）吹哨人的行动成本，其核心要素是劳动保护与反报复条款设定；（2）证券监管部门的监管执法成本，其核心要素包括激励强度及认定标准设定、吹哨线索的选择标准与核查程序；（3）因不当或恶意吹哨导致被吹哨人（个人或组织）的声誉损失及其他损失，其核心要素是吹哨人保密条款设定、吹哨内容与动机的正当性界定标准。对于信息生产收益而言，其主要包括：（1）吹哨人获得的激励，包括道德激励与物质奖励，后者直接构成证券监管部门的监管执法成本；（2）吹哨信息带来的正外部性，即难以准确计量的社会收益，其取决于制度设计者对吹哨制度的重视程度。

上述吹哨信息生产的各类成本与收益之间存在复杂的相互影响关系，以下几点需要我们格外注意：（1）过分严格的吹哨动机正当性审查、不完善的劳动保护和反报复条款设定会导致吹哨人的信息生产成本快速上升，抵消高强度物质奖励的私人净收益，从而削弱私人信息生产的动力；（2）过于宽松的吹哨内容与动机的正当性界定标准可能会增加证券监管部门的排查成本以及被吹哨人本可避免的声誉损失及其他潜在损失；（3）不科学的吹哨线索选择标准与核查程序可能会导致私人信息生产的浪费及商业伦理与职业道德的滑坡。

因此，资本市场吹哨制度是一项精密的、系统性的制度装置，具有"双刃剑"的属性。为了有效发挥吹哨制度的治理功能，需要在上述各种信息生产成本与收益之间取得一种精妙的、富有智慧的艺术性平衡。

10.3.2　吹哨制度的法律支撑

美国是较早对吹哨行为进行立法的国家，其有关吹哨人的制度不是一部单纯的法律，而是由一系列法律法规组成。美国围绕吹哨制度的立法大致可分为两大方面（俞志方等，2018）：一是旨在保护国家财产不受不当减损的《反欺诈政府法》（False Claims Act），该法案允许公众代表政府向在政府项目中有欺诈行为的人进行举报并追讨。举报人可根据诉讼所裁定的赔偿金额获得 $15\frac{1}{3}\%\sim30\%$ 的奖金。二是旨在维护雇员权利的有关吹哨人保护的一系列法案，分为针对政府机构的内部人吹哨和针对民间机构的内部人吹哨。1978 年《公务员制度改革法》（Civil Service Reform Act）正式提出对政府内部揭发者的保护措施，并设立专职机构——特别检察官办公室，由此美国正式拉开了对内部吹哨人保护的立法序幕。1988 年《军队吹哨人保护法》（Military Whistleblower Protection Act）和 1989 年《吹哨人保护法》（Whistleblower Protection Act）的制定进一步强化了对吹哨人的法律保护，后者还被视为世界上第一部专门保护吹哨人的综合性法案。1994 年，美国国会又通过了旨在减轻吹哨人举证压力的《吹哨人保护法修正案》（Whistleblower Protection Act Amendment），该修正案还对举报人与被举报的行政机关人员之间的举证责任进行了调整。以上共同构成了政府机构对吹哨人保护的制度体系。

除上述基础性法律外，在商业与资本市场领域，美国围绕吹哨制度的相关法律主要包括：

1. 1934 年《证券交易法》和 1995 年《私人证券诉讼改革法》
的基础性规定

美国专门针对资本市场的吹哨立法最早可追溯至 1934 年《证券
交易法》第 21A（e）条关于内幕交易的举报规定。1995 年美国颁布
《私人证券诉讼改革法》（Private Securities Litigation Reform Act），
其第 301 条"对舞弊的侦查及披露"首次明确要求注册会计师在发
现不法行为时须向 SEC 报告。随后，《证券交易法》进行了修订，
规定注册会计师在执行上市公司财务报告审计业务中，如果发现公
司存在舞弊或其他违反关于证券的法律法规的行为，应当与公司管
理层沟通并向董事会的专门委员会——审计委员会报告，必要时还
需向董事会报告和 SEC 报告。随着 2002 年《萨班斯法案》的发布，
《证券交易法》再次修订，其第 10A 条"审计要求"规定，将负责公
众公司（上市公司）财务报告审计的会计师事务所定义为吹哨人，
明确其负有内外部通报的义务，特别是向 SEC 通报的义务。该条款
从通报程序、涉及事项、保护措施、违反后果等方面入手，构建了
注册会计师吹哨制度，相较于该法第 21F 条"一般吹哨制度"更为
具体详细。

2. 2002 年《萨班斯法案》关于报复吹哨人的刑事责任规定

2002 年的《萨班斯法案》明确为向公共机构报告过失或舞弊行
为的上市公司员工（包括会计师）提供法律保护。其第 806 节规定，
进行揭发的公众公司雇员若被解雇或遭受歧视，可以向劳工部申诉；
如果劳工部没有在自开始申诉之日起的 180 天内做出最终决定，且
这种延误不是由虚假的申诉所造成的，雇员就有权在有管辖权的地
区法庭进行司法起诉或依据平衡法提请重新辩论，法庭应该对案件
拥有裁量权。在诉讼中，雇员应获得所有必要的救济以弥补所有损
失，包括：恢复如果不是因为歧视，雇员能达到的职务等级；补发
欠薪及利息；补偿由于歧视造成的特殊损害，如司法费用、专家作
证费用和合理的律师费。该法案第 1107 节还规定了严厉的刑事责任
条款："对向执法官员提供有关触犯或可能触犯联邦刑律行为的真实

信息的人故意进行打击报复，采取危害举报人的行动，包括干涉举报人的合法工作和生活来源，应根据本章处以罚款，10 年以下监禁，或并罚。"

3. 2010 年《多德-弗兰克法案》对吹哨制度的系列强化规定

《多德-弗兰克法案》被认为是最全面的金融监管改革法案，该法明确规定对吹哨人予以经济激励和严密保护。该法案第 922 章节规定了对吹哨人的金钱奖励和保护措施，明确禁止对向 SEC 提供信息的雇员进行报复。当 SEC 对违规者的制裁金额超过 100 万美元时，举报人可获得所罚款项的 10%～30% 作为奖励。对于职业会计师主动揭发举报客户舞弊行为的经济奖励，该法案规定了一定的限制条件，如所举报的舞弊信息必须是原生信息，同时还规定了三种例外情况。另外，在举报程序方面，该法案强调职业会计师应该先走内部举报程序，然后才能走向外部监管机构举报的程序，走外部程序的前提是内部举报程序失效。与《萨班斯法案》相比，《多德-弗兰克法案》是关于资本市场吹哨制度更为完整、具体的法律，主要体现在：改善了对吹哨人的救济程序，使救济程序非常完整具体；增加了对吹哨人的奖励条款及详细的认定标准。

《多德-弗兰克法案》对吹哨制度的强化极大地提升了美国证券监管执法体系中私人信息生产的数量与质量。根据 SEC 递交给美国国会的《吹哨人项目 2019 年报》，2012—2019 年，SEC 已累计收到超过 3 万份吹哨人举报，其中在 2018 年和 2019 年，SEC 每年均收到 5 200 多份的举报，2019 年相比 2012 年（有完整记录数据的第一年）增加了 74%，具体如图 10-3 所示。同时，2011—2019 年，SEC 颁发的单个吹哨调查行动最高奖金总额达 8 300 万美元，单个吹哨人最高奖金达 5 000 万美元，具体如图 10-4 所示。这些大额奖金直接用于奖励吹哨人对证券执法行动所做出的重大贡献。

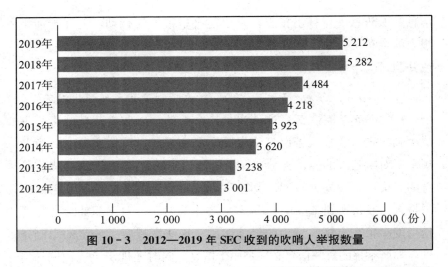

图 10 - 3　2012—2019 年 SEC 收到的吹哨人举报数量

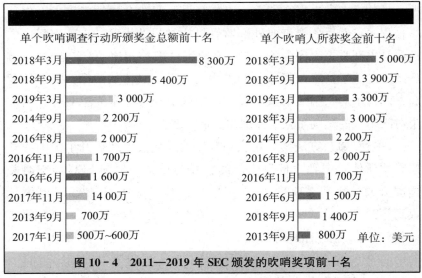

图 10 - 4　2011—2019 年 SEC 颁发的吹哨奖项前十名

　　同时，我们也应该注意到，《多德-弗兰克法案》可能会带来一些潜在的负面效应：一是可能引发虚假吹哨或恶意吹哨行为；二是可能出现为获取高额奖励而放弃内部吹哨直接选择向外部监管机构举报的行为。对于第一种行为，SEC 等监管部门已在吹哨信息标准方面进行了限定；对于第二种行为，很多公司加强了内部举报机制的建设，以避免潜在的监管调查、罚款以及外部吹哨对声誉的负面影响。一般而言，内部吹哨对组织来说成本更低，因为它为组织提供了一个补救的机会，从而减少了组织声誉受损的风险。有学者使用来自内部吹哨系统提供商的专有数据（超过 1 000 家美国上市公司的 200 万份内部吹哨报告）进行了研究，结果表明，内部吹哨报告的数量与公司收到的监管罚款以及对公司提起的重大诉讼的数量和金额之间呈显著的负相关关系（Stubben & Welch，2020）。有研究表明，内部吹哨激励机制的有效性由这些激励机制的框架（奖励或惩罚）和支持内部揭发的描述性规范强度共同决定。当支持举报的描述性规范更强时，处罚会导致内部揭发的增加（与奖励相比）（Clara et al.，2017）。

10.4　吹哨制度实施机制

前已述及，资本市场吹哨制度的治理逻辑围绕信息生产成本与信息生产收益展开，即信息生产收益最大化与信息生产成本最小化。由于信息生产成本与收益之间存在复杂的相互影响关系，要有效发挥吹哨制度的治理功能，需要在各种信息生产成本与收益之间取得平衡。因此，资本市场吹哨制度实施机制的核心便是科学的实施流程与关键事项的标准界定。下面以美国资本市场为例进行说明。

10.4.1　基本流程

为有效实施吹哨制度，相关部门应当构建详细、规范的实施流程。SEC 成立了专门的吹哨人办公室（Office of the Whistleblower）以处理吹哨人的举报事项及奖励发放，其基本实施流程采用了细致且环环相扣的十步法，如图 10 - 5 所示。如果吹哨人举报的案件较为复杂，存在多个相互竞争的吹哨奖励申请者或同时涉及多个执法行动的奖励，则从吹哨人提交举报信息到吹哨人领取奖励可能需要数年的时间。其中，最为复杂的是第 2 步"举报信息分析与调查"。

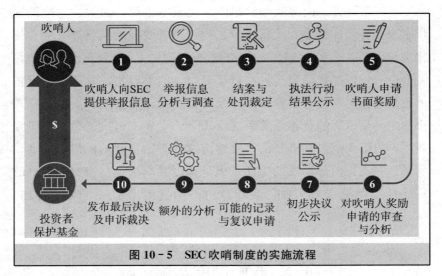

图 10 - 5　SEC 吹哨制度的实施流程

流程中各环节的要点概括如下：

（1）吹哨人向 SEC 提交举报信息（第 1 步）后，市场情报办公室（Office of Market Intelligence）对举报信息进行初步评估，根据评估结果将举报信息转发给相应的专业部门或执法小组展开调查，并以多种方式支持举报信息分析和调查（第 2 步）。然后，根据证据信息的分析与调查结果进行执法行动的结案与处罚裁定（第 3 步）。

（2）执法行动结果公示（第 4 步）一般只公示处罚金额超过 100 万美元的执法行动结果。除将执法行动结果报送其他公共部门外，还需将其以电子邮件的形式通知相关吹哨人。

（3）如果吹哨人提供的信息与 SEC 执法行动之间存在显著的因果关系，那么吹哨人需在执法行动结果公示后的 90 天内向 SEC 申请书面奖励（第 5 步）。

（4）吹哨人办公室与执法调查人员共同审查和分析吹哨人提供的信息在案件发起与执法行动中的作用，以确定是否符合奖励标准并提出建议奖励金额（第 6 步）。

（5）执法项目主任指派 5 位资深执法人员组成奖励复核团队，

该团队将基于《多德-弗兰克法案》和吹哨人规则共同决定是否支持或驳回奖励申请以及确定奖励金额,进行初步决议公示(第 7 步)。

(6)奖励申请人如有异议,需在初步决议公示后的 30 天内提出复议申请(第 8 步),复核团队针对复议申请进行分析(第 9 步)后发布最终决议的建议方案。SEC 的任何一位委员在收到最终决议的建议方案的 30 天内可以申请再次复核,如果没有委员提出异议,则该建议方案在 30 天后即成为生效的最终决议(第 10 步)。

10.4.2 标准界定

在资本市场吹哨制度的有效实施中,其标准界定与前述基本流程同等重要,而且标准界定更为复杂。其中,最复杂、最需要精心设计的标准(条款)主要有四类:吹哨主体标准、吹哨信息标准、吹哨奖励标准与吹哨保护标准。

1. 吹哨主体标准

吹哨主体标准的界定将直接影响证券执法中私人信息的生产。《多德-弗兰克法案》在制定过程中历经诸多争议,它的最终条款明确规定,将合格吹哨主体限定为向监管部门报告的自然人,并将负有约定义务或法定义务的自然人排除在外。此外,公司或者其他组织也不具备成为合格吹哨主体的资格。

实际上,合格吹哨主体资格可细分为合格有奖吹哨主体资格和合格受保护吹哨主体资格。通常而言,合格有奖吹哨人必定是合格受保护吹哨主体,反之不必然,即二者并非完全重合。美国《证券交易法》和《多德-弗兰克法案》均将合格有奖吹哨主体限定为向 SEC 报告的自然人(即向外部报告的吹哨人)。然而,对于仅向内部报告的吹哨人,他们不仅无法成为合格有奖吹哨人,关于他们能否成为合格受保护吹哨人也存在争议。在 2018 年 2 月美国数字房地产案中,法院裁定《证券交易法》第 21F 条反报复保护规则适用于只向内部报告的吹哨人情况。这一裁定在一定程度上增强了对内部报告吹哨人的保护力度。总体而言,现阶段有关吹哨主体标准的界定较为严苛，但正朝着扩大吹哨人保护范围和增强吹哨人保护力度的趋势发展。

2. 吹哨信息标准

吹哨信息标准的设定直接影响证券执法中私人信息生产的质量、监管部门的调查成本与奖励成本。吹哨信息标准的核心是原生信息，且该信息与证券执法行动之间存在因果或紧密的关联关系。《多德-弗兰克法案》规定，原生信息必须满足三个条件：（1）源于吹哨人的独立知识或独立分析[1]；（2）对于该信息 SEC 尚未从任何其他来源获知；（3）信息并非完全来自司法或行政听证会的指控、政府报告、审计或调查资料，或者来自新闻媒体（除非吹哨人本身就是上述渠道的信息来源）。此外，SEC 还规定，原生信息必须基于自愿举报[2]，而非在被要求或被调查时提供，以确保吹哨人及时传递信息。

关于原生信息与证券执法行动之间的关系，《多德-弗兰克法案》要求基于原生信息成功地开展证券执法，其中又具体分为三种情况：SEC 根据原生信息成功地执法、原生信息对成功执法有显著帮助、先通过内部合规系统举报后提交到 SEC 的信息。

如果对原生信息的质量不做要求，可能会导致恶意吹哨（即吹哨行为的社会净收益为负）或仅基于奖励目标的无效信息（这类信息会导致监管部门浪费巨大的审核成本）大量产生。为此，《多

---

[1]   《多德-弗兰克法案》不将以下信息视为原生信息：（1）基于其在组织中的地位而获取的信息，如组织的董事、高管、合伙人等处于受托地位的人从他人处获取的信息，或者作为主要负责合规或者内部审计的雇员所了解的信息，或者公司专门聘请对违法行为进行调查的雇员在调查过程中获知的信息；（2）作为外部审计机构的雇员在独立审计的过程中了解到的信息，这些信息本身就应予以披露；（3）通过非法手段获取的信息；（4）基于律师的执业地位获取的信息；（5）从其他受到原生信息条件限制的人那里获取的信息，且吹哨人提供的信息涉及信息来源人。同时，《多德-弗兰克法案》也规定了上述限制的例外情形，即合规人员、内部审计人员以及注册会计师可以在以下情况下成为提供原生信息的吹哨人：（1）吹哨可以防止对投资者造成重大伤害；（2）被吹哨的公司或组织正在从事妨碍调查的行为。

[2]   以下情况将不被视为自愿向 SEC 提供信息：（1）存在必须向 SEC、PCAOB 等公共部门报告的法定义务；（2）因 SEC、PCAOB 或自律组织的调查而向 SEC 提供信息。

德-弗兰克法案》规定了原生信息的质量标准，即要求原生信息必须是充分明确、可信且及时的。SEC 认定原生信息是否有助于成功执法的关键，在于审核原生信息与事实之间的关联程度。SEC 发布的《吹哨人项目 2019 年报》显示，2012—2019 年，SEC 已累计收到超过 3 万份吹哨人举报，但最终获得奖励的吹哨人只有 67 名，占比约为千分之二。以 2019 年为例，SEC 在 2019 年收到了 5 200 多份举报，只有 8 名吹哨人获得了奖励。

3. 吹哨奖励标准

吹哨奖励标准会直接影响证券执法中私人信息生产的数量与质量。如前所述，《多德-弗兰克法案》规定，当 SEC 对违规者的制裁超过 100 万美元时，吹哨人可获得所罚款项的 10%～30% 的高额奖励。但是，高额奖励标准也可能引发恶意吹哨或大量无效吹哨信息产生。因此，在特定的制度背景下，思考并探索非货币的多元激励方法（如道德激励、信用激励或其他特殊待遇等）是未来值得研究的重要问题。

在具体实践中，SEC 对某个执法行动的最终奖励金额拥有判断和自由裁量权。SEC 声明，可能导致提高奖励金额的影响因素包括吹哨人提供信息的数量、信息对执法的有用性、信息是否有助于解决执法过程中的严重障碍、是否通过组织的内部举报渠道提供信息等。可能导致降低奖励金额的因素包括吹哨人本身是否涉案（包括是否从组织的违规行为中获益）、是否破坏所在组织的内部控制程序、是否有意延迟向 SEC 报告等。

4. 吹哨保护标准

吹哨保护标准会直接影响证券执法中私人信息生产的成本。《多德-弗兰克法案》加大了对吹哨人的保护力度，并扩大了对报复行为的禁令范围，这主要体现在三个方面，即设定反报复条款、禁止限制举报条款和保密条款。

关于反报复条款，《多德-弗兰克法案》规定，任何雇主均不得对吹哨人的任何合法行为，直接或间接以任何其他方式对吹哨人实施解雇、降级、暂停职务、威胁、骚扰以及其他任何形式的歧视。受到解雇或歧视的吹哨人有权向法院提起诉讼并获得救济，具体包括恢复个人原有的资历状态，获得欠薪金额的两倍及利息，获得因被解雇或歧视而遭受的任何特殊损害赔偿，如诉讼费、专家证人费和合理的律师费等。关于禁止限制举报条款，该法案规定，任何人不得采取限制性措施阻碍个人与 SEC 工作人员的沟通，包括使用强制规定、恐吓或者签署保密性协议等方式。关于保密条款，法案设定了吹哨人匿名举报规则，以加强对吹哨人身份的保密。吹哨人也可以聘请律师代表自己进行匿名举报，但必须向相关机构提供代理律师的姓名和联系信息。

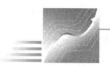

第11章　资本市场和解
制度构建

2023 年 12 月 26 日，上海金融法院审理的投资者诉科创板上市公司泽达易盛（天津）科技股份有限公司（简称泽达易盛）及其实际控制人、高管、中介机构等 12 名被告的证券虚假陈述责任纠纷案以和解方式审结。中证中小投资者服务中心有限责任公司代表 7 195 名适格投资者获得人民币 2.8 亿余元的全额赔偿。该案成为中国证券集体诉讼和解第一案，具有里程碑式的历史意义。泽达易盛司法和解协议达成后，市场参与者和诸多法学专家认为"和解胜于判决"，和解体现的是双赢的结果，避免了后面的上诉和执行问题，降低了投资者维权成本。鉴于证券集体诉讼涉及的金额巨大，如果由法院直接判决被告承担连带责任，可能导致责大于过，威慑过度且耗时冗长。而和解能够避免刚性判决可能带来的不利影响，既能使投资者获得一定的赔偿，同时又能避免被告破产倒闭和退出市场，它是证券集体诉讼解决纠纷的更好路径。2023年12月29日，中国证监会宣布紫晶存储中介机构案以行政和解方式审结，四家中介机构承诺交纳约12.75亿元承诺金（截至2023年年底，已赔偿投资者约10.86亿元并完成整改），这是中国证券执法之行政和解第三案[1]，亦具有重大的历史意义。在本案中，中国证监会依据的是自2022年1月1日起施行的《证券期货行政执法当事人承诺制度实施办法》，该办法以行政法规的形式对行政执法当事人承诺制度做出了规定，进一步完善了证券执法行政和解制度。

长期以来，我国资本市场财会监督领域存在执法效率低下、无法及时弥补投资者损失等痛点问题，这成为阻碍我国资本市场高质量发展的重要因素。证券执法和解制度作为一种新型执法手段，具有高效且共赢的特征，可能会产生"和解胜于判决"或"和解胜于处罚"的理想执法效果，从而弥补执法资源严重不足的缺陷。那么，"和解"这一执法工具是否具有合法性和合理性？行政和解[2]与行政处罚这两种执法工具之间有什么关系？它们各自有哪些优缺点？在建立健全我国资本市场财会监督体系的过程中，证券执法的行政和解制度能否作为对行政处罚的有效补充或替代？鉴于证券执法行政和解作为一种新型执法手段在我国起步较晚，实践经验十分匮乏，学术界对它的理论探索也较为有限，故本章将对证券执法行政和解制度的内涵特征、契约性质与美国实践情况等进行梳理与研究，以期为我国构建与完善证券执法行政和解制度提供有益的借鉴，助益中国资本市场融资端与投资端的再平衡。

---

① 前两案分别为高盛亚洲案（中国证监会公告〔2019〕11号）和上海司度案（中国证监会公告〔2020〕1号）。

② 本章仅讨论证券执法中的行政和解，不讨论证券执法中的司法和解。

11.1　概念界定与内涵特征

11.1.1　概念界定

"和解"在《辞海》中被释义为"不再争执，归于和好"。在法律范畴，"和解"本为民法上的概念，"谓当事人约定，互相让步，以终止争执或防止争执发生之契约"，其本质含义在于"通过协商达成一致"。按照适用的法律程序，和解可分为刑事和解、行政和解以及民事和解等。按照纠纷的类型，行政和解又可分为行政复议和解、行政诉讼和解以及行政执法和解等。其中，行政执法和解是指在行政执法过程中，当事实、法律观点不明确且这种不确定状态不能查明或者非经重大资源投入不能查明时，行政主体与相对人就此不确定状态进行协商达成协议。行政执法和解被认为是一种替代传统行政处罚的新型执法手段，率先在英美法系国家发展起来。[①] 行政执法和解在实践中应用范围极广，涉及反垄断法领域、证券法领域、环境法领域、税法领域和专利法领域等。

证券执法行政和解隶属于行政执法和解范畴，是行政执法和解在证券监管领域的重要实践。其作用在于解决证券监管中的执法纠纷，矫正相对人的违法行为，使其为不当行为付出代价，进而维持证券市场的秩序。鉴于证券执法行政和解是针对证券监管问题的争端解决方式，从执法特征出发，本章将证券执法行政和解的概念定义为：在证券执法行政过程中，证券监管机构与被监管相对人进行自愿、平等的协商，就特定的涉嫌违法被调查行为达成和解协议，

---

① 1946 年，美国在《联邦行政程序法》中确立了行政和解制度，明确规定：在时间、案件性质和公共利益均允许的情况下，行政机关应给予所有的争议当事人进行和解的机会，但行政机关并不一定必须接受当事人提出的和解方案，如果和解方案被行政机关接受，该方案就成为一项行政决定。

以被监管相对人承诺纠正违法行为、赔偿有关损失并消除不良影响代替行政处罚决定，从而终止案件调查的一种执法模式。美国率先通过行政程序法对证券执法行政和解进行立法，鼓励行政执法和解制度在证券监管实践中的适用。

11.1.2　内涵特征

2015年2月17日，中国证监会制定的《行政和解试点实施办法》（中国证监会令第114号，简称《试点办法》）首次对证券执法行政和解进行了明确的定义：中国证监会在对行政相对人涉嫌违反证券法律、行政法规和相关监管规定行为进行调查执法的过程中，根据行政相对人的申请，与其就改正涉嫌违法、违规行为，消除涉嫌违法、违规行为不良后果，交纳行政和解金补偿投资者损失等进行协商而达成行政和解协议，并据此终止调查执法程序的行为。按照上述概念界定，下面从和解的主体、基础和主要原则等方面来进一步分析证券执法行政和解的内涵特征。

1. 证券执法行政和解是证券监管机构和被监管相对人之间的和解

证券执法行政和解以证券监管纠纷为标的，旨在解决证券监管机构与被监管相对人之间的对立冲突，这就使得证券执法行政和解的参与双方只能是证券监管机构和被监管相对人。从法律关系来看，虽然和解双方处于不对等的地位——一方代表着国家和公民的利益，另一方代表着私人的利益，但这并不影响和解的达成。是否达成和解的关键不在于当事人地位是否对等，而在于双方能否真正实现合意。从相对人类型来看，和解对象既包括涉嫌违法的公司或机构，也包括涉嫌违法的个人。在部分证券执法行政和解案件中，使得公司或机构走向违法犯罪的往往是个人的决策和行为。只有精准地追究违法个人的责任，才能有效抑制相关违法行为的再次发生。

2. 证券执法行政和解是在自愿合法的基础上进行的

证券执法行政和解在一定程度上是证券监管机构与被监管相对

人针对证券监管纠纷展开的协商。这种协商不仅建立在双方自愿的基础上，而且协商的具体行为方式、运行程序必须合法，体现在操作层面上，即被监管相对人自愿选择是否启动和解程序以及自愿选择是否达成和解协议，证券监管机构不得利月自身优势地位胁迫被监管相对人做出不公平的妥协或者让步。从立法情况来看，各国的法规都对此做出了相应的规定，SEC 规定"和解作为当事人的一项权利，和解申请须由当事人提出"，与此同时，SEC 执法人员可以在调查阶段就和解事项与当事人进行事先沟通。一旦当事人在和解启动前明确否认 SEC 列明的指控或在和解协议达成后反悔并明确否认违法指控，SEC 将有权拒绝使用和解程序或重新启动执法程序。

3. 证券执法行政和解秉持实质重于形式的原则

从形式上看，证券监管机构以"和解"替代"处罚"，本质上是对公权的处分，可能会引发合法性问题。但实践表明，传统的证券执法行政具有制度供给与制度需求不匹配的重大痛点。由于证券监管机构单一意志的执法模式存在执法程序复杂、执法资源不足、执法效率低下等问题，利益受损的投资者无法得到及时的赔偿，正所谓"迟到的正义即非正义"，如 2019 年的康得新舞弊案。证券执法行政和解则抛弃了形式主义的外壳——公权不可处分的羁束性，继承了实用主义的精神——以执法目的和效率为导向，成为一种兼顾对违法者实施经济制裁和对利益受损者进行经济补偿的执法方式。通过证券监管机构与被监管相对人进行协商、达成合意的执法模式，行政执法和解不仅有利于解决证券违法行为认定难、执法成本高的问题，而且能够直接实现对相对人的经济制裁，并对受害人的损失做出及时赔偿，从而迅速平息行政争议，明确和稳定市场预期。从实质上讲，证券执法行政和解不仅符合现代行政法治的基本价值取向，而且更加适应资本市场监管的特殊规律要求。

11.2 和解制度之性质

11.2.1 一项具有公法性质的行政契约

契约亦称合同，原本属于私法范畴。民事和解是典型的契约化产物。行政和解是将发端于私法的平等契约观念引入公法的行政管理领域的探索，旨在通过协商一致的手段来平衡公共利益与私人利益，使行政目标得以顺利实现。从性质上讲，行政和解应是一种契约行为（简称行政契约）。行政行为本质上是一种具有强制性的统治行为，契约则意味着平等主体间的合意（温辉，2008）。正如凯尔森所说："行政行为的典范是一个单方面的意志宣告，而私法行为的典范却是契约。"随着社会的发展和现代法治价值追求的多元化，行政法治正在从单一的"命令—服从"式行政管理模式向以"指导—协商"为主的多元化行政管理模式转变，行政执法行为逐渐契约化。行政和解正是为替代"命令—服从"式的刚性行政手段而产生的一种更加柔性的行政契约。它不完全等同于一般意义上的私法契约，双方当事人地位的不对等和行政权的不可处分性导致行政行为本身具有非契约的本质，即行政行为本来不具有契约属性，而是与来自私法的契约理念进行了"后天融合"。德国实际上也存在一种由行政机关与相对人处于事实上不对等地位而缔结的契约，亦即"隶属契约"。由此，为区别于私法领域的对等契约，本章将行政和解视为一项具有公法性质的行政契约。

作为行政和解模式在资本市场监管领域的重要实践，证券执法行政和解实际上是在法律授权证券监管机构裁量权的前提下，证券监管机构运用自由裁量权，选择与相对人以协商和解的方式代替传统行政处罚，并通过签订契约的形式将权利义务关系加以明确的一种执法模式。其关键不在于契约双方地位是否平等，而在于契约双方是否能实现真正的合意。证券监管机构与被监管相对人在执法和解过程中达成的和解协议，实际上就是一项行政契约。从本质上讲，证券执法行政和解是一项具有公法性质的行政契约，这不仅表现在契约的形式上，更体现在契约的精神上。

从立法情况来看，许多法治发达的国家和地区直接在法律条文中将行政和解明确视为契约行为。德国联邦行政法院早在 1966 年就以判决的方式承认了行政契约的合法地位。德国的《联邦行政程序法》第 54 条第 2 款规定："行政机关尤其可以与拟做出行政行为的相对人，以签订公法合同代替行政行为的做出。"同是大陆法系的我国台湾地区在"行政程序法"第 136 条中规定："行政机关对于行政处分所依据之事实或法律关系，经依职权调查仍不能确定者，为有效达成行政目的，并解决争执，得与人民和解，缔结行政契约，以代替行政处分。"

11.2.2　行政权不可处分的羁束性与契约自由性的调和

行政权的"不可处分"之说是长期以来推进行政执法行为契约化的桎梏。从法理上看，对于权力是否具有处分权的分歧是造成行政和解与典型契约化的民事和解在法理基础上存在根本差异的主要原因之一。民事和解的基础在于民事主体对于民事权利具有完全处分权，而行政和解不具备这样的基础。行政主体是代表国家和公民利益的行政机关，其拥有的行政权力属于公权力，这就决定了行政权具有不可随意处分的先天特征。由此来看，行政机关对于行政权的行使要受到法律的约束，是不自由的。缺乏讨价还价的权利处分基础，也就无法享受实质上的契约自由（余凌云，2008）。那么，行政权不可处分的羁束性是否能与契约所具有的自由性相调和？诸多学者认为这主要取决于法治的价值取向。

一种价值取向是形式主义法治。囿于行政法治原则的严格规制和对行政主体贩卖公权的担忧，形式主义法治一直对行政和解持有审慎甚至反对的态度，认为行政机关只有行使公权的职责，而无自由处分公权的权力。执法和解以"和解"代替"处罚",在某种程度上是公权的让步,乃至对公共利益的处分(丁丁和侯凤坤,2013)。德国作为形式主义法治的大陆法系代表国家,即使在《联邦行政程序法》中明确承认和解契约可作为行政执法的替代方式,但仍对和解契约的适用设置了严格的要求。

另一种价值取向是实用主义法治。它强调行政和解具有代替行政执法的作用;主张行政机关在法律法规授权范围内,依法律的一般精神和原则行使自由裁量权,灵活机动地处理行政事务;认为和解协议是行政执法过程中的一项契约,作为一种行政管制工具和规制手段而存在。在行政执法和解中,行政机关对于行政权的处分具有一定程度、范围的裁量限度,所谓处分不是"不可处分"而是不可"不合理处分"。美国便是基于实用主义的立场,为追求执法效率的提升和行政执法资源的合理配置,从而频繁使用行政执法和解。

法律制度是时代的产物,一定时期的法律必然要反映一定时期人与人之间的社会关系,以及这一时期人们特定的观念和认识。随着市场经济的蓬勃发展,行政管理呈现出多元性、复杂性、技术性等特点,特别是证券市场财会监管领域的违法行为愈发隐蔽、专业和复杂,传统行政执法手段下的执法资源已不能满足当今日益增长的行政执法需求。欲使法律适应社会的变迁和发展,最好的办法就是经常地、不断地根据社会变迁和发展对法律进行修改和调整(张卫平,2004)。行政执法契约化正是一个与市场经济时代相吻合的现代理念,不仅符合现代行政法治的基本价值取向,而且更加适应资本市场财会监督的特殊规律要求。正如经济学家亚当·斯密所言:"一种法律在初成立时,都有其环境上的需要,并且,使其合理的,亦只是这种环境。"契约化作为一种指导性理念所起到的作用,就如同以不同的设计理念建造建筑,以后现代理念所建造的建筑当然不同于传统建筑。

11.3　和解制度之实践

11.3.1　制度概况

1. 立法情况

各国（地区）证券执法行政和解制度主要存在三类立法授权模式（见表 11-1）。美国是典型的实用主义法治价值取向的国家，属于最早一批利用行政程序法对和解进行立法的国家。美国国会发布的《联邦行政程序法》（1946 年）和《行政争议解决法》（1990 年）授权和鼓励联邦行政机构运用和解程序处理行政纠纷，并制定了相应规则。行政和解在美国属于一种选择性或替代性纠纷解决方法（alternative dispute resolution，ADR），旨在解决执法制度供给不足的痛点。美国国会总审计署发布的一份调查报告指出，1991—2000年十年间，SEC 收到的投诉数量增长了 100%，但执法人员数量却只增加了 16%。有限的执法资源已经严重影响了 SEC 的执法能力，迫使其有选择地采取执法行动或延长案件调查时间，这一度引发了违法违规行为得不到及时惩处、利益受损的相关方得不到及时赔偿的资本市场乱象。正是在此背景下，和解在证券执法领域开始得到重用并逐步占据主导地位。2014 年，SEC 在其新修订的《行为规范》（Rule of Practice）第 240 条中专门对证券执法和解的适用条件、程序、建议的审查和批准等方面做出了相应的规定，建立了完善的证券执法和解操作机制。证券执法和解通过合理地配置执法资源，有效提升了证券执法效率，促进了和解手段在证券执法领域的频繁使用。某位 SEC 委员曾表示，在美国，经和解结案的SEC 执法案件数量比例高达 98%（Aguilar，2013）。由此可见，实用主义的法律价值观、完善的法律制度是证券执法和解得以生存的"沃土"。

表 11-1　证券执法行政和解的三类立法授权模式

国家（地区）	相关法律条文	
行政程序法明确授权的立法模式		
美国	《联邦行政程序法》第 554 条第 3 款	行政机关应为一切有利害关系的当事人提供机会：（1）使他们在时间、诉讼性质和公共利益允许时，能够提出和考虑问题、论点、和解请求和调整建议；（2）当当事人之间不能依协商解决争端时，根据通知和该法第 556 条及 557 条的规定，举行听证并裁决
德国	《联邦行政程序法》第 54 条第 2 款和第 55 条	行政机关尤其可以与拟做出行政行为的相对人，以签订公法合同代替行政行为的做出；如果行政机关根据合乎义务的裁量，经过审慎考虑事实内容或法律状况，认为对存在的不确定性能够通过彼此让步（和解）得到消除，就可以签订这种公法上的契约
中国台湾	"行政程序法"第 136 条	行政机关对于行政处分所依据之事实或法律关系，经依职权调查仍不能确定者，为有效达成行政目的，并解决争执，得与人民和解，缔结行政契约，以代替行政处分
金融立法概括授权的立法模式		
英国	《金融服务与市场法》第 66 条	如果金融服务监管局认为任何人有违法行为，并且在考虑所有情况的基础上仍认为对其采取执行措施是适当的，那么其可以施加其认为适当数额的罚款，并公开对该违法行为的说明
金融立法明确授权的立法模式		
新加坡	《证券及期货法》第 232 条第 5 款	不管是否承认责任，都绝不能将本条解释为阻止金融监管局与任何人达成在本条第 2 款或第 3 款中关于违反本部分规定所指限度内支付民事罚款的协议的权力
中国香港	《证券及期货条例》第 201 条第 3 和第 4 款	证监会可以在实施纪律处分的过程中，与受监管对象达成和解

2. 和解条件

要满足什么条件才能达成证券执法行政和解，即其适用条件如何，是业界普遍关注的问题。总体而言，证券执法行政和解的适用条件可划分为三类：积极条件、消极条件和自由裁量模式。和解适用

的积极条件是指法律规定执法可以达成和解的特定条件。和解适用
的消极条件是指法律规定执法禁止达成和解的特定条件，亦即采用
了"排除法"思路。自由裁量模式是指既未规定和解的积极条件也
未限定消极条件，而由证券监管机构根据个案情况自由裁量的模式。
SEC 同时设定了消极条件和自由裁量模式两种和解适用条件，美国
的《行政争议解决法》在列举禁止适用和解的情形以外，还授权证
券监管等机构自由裁量决定案件是否适用和解以及和解的具体内容。
不适用情形包括确立行政先例、涉及政府政策的重大问题、显著影响
第三方利益、维持案件处理的一致性、信息公开要求或者管辖权要求
等。除法律规定的不适用情形外，SEC 是否做出和解决定主要依靠
五人委员会的定性判断，即采用自由裁量模式。这一决策过程犹如
一个不易被窥见的"黑箱"（涉及职业判断），但其有特定的考量维
度。SEC 前主席杰伊·克莱顿（Jay Clayton）曾指出，考虑案件是
否适用和解的因素包括：诉讼和行政程序的成本；当事人提出和解动
议的及时性和有效性；及时补偿投资者损失的重要性；SEC 获得案件
确定性结果的意愿等（高振翔和陈洁，2020）。在和解决定做出后，
SEC 必须具备以下条件才能真正启动和解程序：（1）SEC 已掌握一
定线索并启动了相应的调查程序；（2）相对人主动提出和解要约
（offer of settlement），且与 SEC 执法人员达成谅解备忘录，承诺认
罚并保证不提起诉讼；（3）相对人提供宣誓证词，承诺已经提供了
SEC 所要求的全部文件。

3. 和解程序

证券执法和解的一般流程如图 11 - 1 所示。与大部分国家单一
的执法和解路径不同，SEC 同时设定了两条实施执法和解的基本路
径：一是通过行政程序和解；二是通过民事诉讼和解。这也是用
"行政和解"来概述美国"证券执法和解"显得有失偏颇的原因。这
两条路径的主要差别在于执法主体。行政程序下的执法机构主要是
SEC 的五人委员会，而民事诉讼程序下的执法机构主要是联邦地区
法院。在两种执法和解路径的选择上，《多德-弗兰克法案》颁布前，

对不是在 SEC 注册的公司和个人的民事罚款均由法院做出，SEC 只能选择通过民事诉讼程序寻求对相关和解当事人的民事罚款惩处；2010 年《多德-弗兰克法案》颁布后，SEC 获得了民事罚款的自主裁量权，加之行政程序和解效率提高，避免了法院对和解协议的司法审查以及由此带来的诉讼结果不确定性，因此 SEC 更倾向于选择通过行政程序与相对人达成和解。据统计，2019 年通过行政程序达成和解的案件数比例高达 88%。

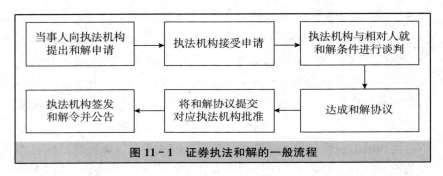

图 11-1 证券执法和解的一般流程

11.3.2 案件分析

根据 SEC 官网公布的会计审计执法案件①，2022 年第 1—3 季度，SEC 对绝大部分会计审计违法案件采取了执法和解手段，只有几例以其他执法方式解决。执法和解案件具体情况如表 11-2 所示。

表 11-2　2022 年第 1—3 季度 SEC 会计审计执法和解案件情况

案件类型	执法和解案件数	对象为个人的案件数	对象为公司/机构的案件数	对象同时包含个人与公司/机构的案件数	平均和解金额（美元）
虚假信息披露	2	1	1		5 050 000
盈余操纵	1	1			100 000

---

① SEC 官网公布的会计审计执法案件，涉及委员会在联邦法院提起的民事诉讼，以及有关行政诉讼的提起和/或和解的通知和命令，但只公布了部分具有代表性的案件，并不是对所有案件进行完整和详尽的汇编。

续表

案件类型	执法和解案件数	对象为个人的案件数	对象为公司/机构的案件数	对象同时包含个人与公司/机构的案件数	平均和解金额（美元）
会计确认不当	5	1	1	3	5 843 023
财务造假	3	1	1	1	6 906 163
内部会计控制缺陷	2		1	1	4 925 000
违反债务契约	1			1	1 800 000
审计失败	5	2	1	2	532 946
非审计业务违法违规	2		1	1	50 000 000
内幕交易	3	3			87 215
合计	24	9	6	9	

资料来源：SEC 官网。

从和解案件类型来看，上市公司层面涉及虚假信息披露、会计确认不当、财务造假等；会计师事务所层面涉及审计失败和非审计业务违法违规；个人层面覆盖面则更广，除了内幕交易，公司和会计师事务所的违规案件中也涉及对个人的惩处。其中，会计确认不当案件（包括客观的收入确认不当和外汇交易确认不当）和审计失败案件的和解数量最多，非审计业务违法违规案件涉及金额最高。例如，安永因其审计人员在 CPA 职业道德考试中作弊而向 SEC 支付了高达 1 亿美元的民事赔偿金。从和解的治理效果来看，SEC 通过向和解相对人追缴违法所得并收取高额的民事赔偿金，在经济上对相对人进行了有力的惩处，并及时地弥补了利益受损的相关人的损失；同时，SEC 还在合约中要求和解相对人履行相关非财务义务（如个人层面的资格限制和公司/机构层面的治理改善等），从而有效避免了违法违规行为的"二次发生"。

11.3.3　未来展望

我国资本市场处于新兴加转轨的阶段，资本市场的规模不断扩大，在此背景下，如何保护投资者的合法权益显得尤为重要。众所周知，我国拥有全球数量最多、最活跃的个人投资者群体，其中90%以上是中小投资者，做好中小投资者合法权益保护工作尤为困难。若要实现对投资者权益的真正有效保护，既需要为整体投资者权益保驾护航，又需要对单一投资者损失进行及时弥补。总体来看，我国传统证券执法体系将以上目标割裂开来了：代表公权的行政执法虽有惩戒违法行为的作用，但无法解决利益受损相关方的赔偿问题；代表私权救济的民事诉讼则面临着维权成本高、举证难等问题（肖钢，2014）。具体来看，我国传统证券执法手段存在程序流程繁杂、执法效率低下、过度制裁等实际问题。

1. 我国传统证券执法手段存在程序流程繁杂的通病

图11-2为中国证监会证券执法程序流程图。在最初阶段，中国证监会稽查部门立案与否取决于线索的清晰程度。如果稽查部门收到的线索清晰明确，即可立案；否则就要进行进一步调查以核实证据。在正式的调查程序之后，需要进一步区分是将案件交由司法机关展开刑事诉讼程序，还是交由行政处罚委员会进行相应的行政处罚。当行政处罚委员会接收案件后，由一名主审委员和四名合议委员完成审理与报批，以再次判定案件是否触犯刑法。如果触犯刑法，则要将案件移交稽查部门，由稽查部门移送司法机关；如果未触犯刑法，则实施行政处罚程序（告知和听证、决定与送达）。上述程序的设置为我国证券期货市场执法效率的提高做出了一定贡献，尤其是在中国证监会成立证券期货行政处罚专职机构以后。但由于中国证监会的执法资源和权力有限，上述程序在当今证券期货市场背景下显得较为烦琐，在一定程度上耗时且费力，无法适应证券期货市场执法的时效性要求，且达不到行政权力运行的最佳状态。

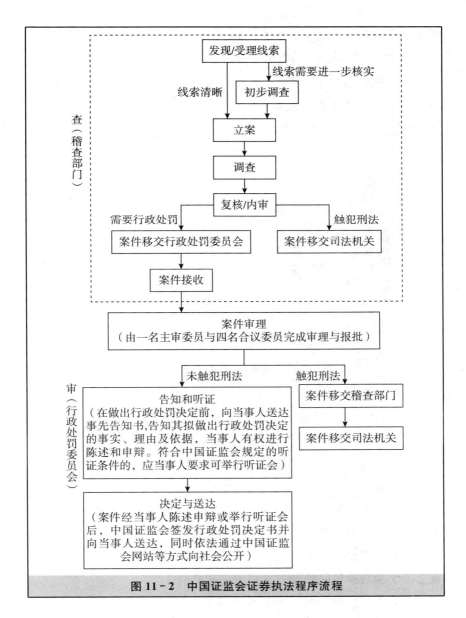

图 11-2 中国证监会证券执法程序流程

2. 我国传统证券执法手段存在效率低下的弊病

根据中国证监会统计的数据（见图 11-3），2012—2014 年违法违规线索受理案件累计达 1 669 件，新增调查案件总数达 1 246 件，结案总数仅为 326 件，占所有线索受理案件的 19.5%，占新增调查案件的 26.2%。其中，2013 年违法违规案件受理数较 2012 年新增 60.8%，而结案数仅增加了 11.7%。由此可见，我国资本市场存在执法需求不断激增而执法效率提升困难的现实矛盾。

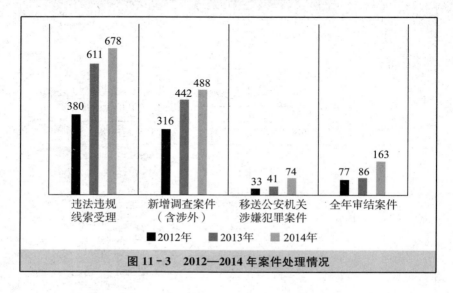

图 11-3　2012—2014 年案件处理情况

3. 我国传统证券执法手段存在过度制裁的问题

证券市场是基于预期进行交易的市场，对各种事件和信息有着很高的敏感度，相较于其他领域对执法的时效性有着更高的要求。我国证券执法体系流程复杂、规则繁多、执法周期漫长，导致行政相对人长期处在"被执法"的阴霾下，其实际受到的制裁很可能远超出行政处罚本身。譬如，由于被中国证监会立案调查属于上市公司应当披露的事项，上市公司一旦处于被中国证监会立案调查的阶段，就会产生涵盖股价暴跌等多方面的负面影响。

证券执法行政和解作为一种新型综合性执法方式，在化解行政资源与行政效率的矛盾、及时补偿投资者损失、尽快恢复市场秩序等方面具有重要的制度价值，是多个国家和地区用来破解证券执法难题的有效手段（肖钢，2014）。鉴于传统证券执法手段面临的困境，我国也在证券执法和解的道路上进行了漫长而持续的探索。自 2005 年《证券法》第一次全面修订时，我国便开始启动证券执法行政和解制度建构工作，但最终并未在立法中得以体现。历经十年的讨论、研究和论证，中国证监会于 2015 年颁布了《试点办法》及配套规范，这是我国在证券执法领域行政和解的制度性尝试。《试点办法》规定了具体的和解条件、和解程序及和解金管理等一系列制度细节，为后续证券和解制度的全面落地提供了经验模板。但由于和解条件过于严苛和执行层面制度的缺乏，实践中运用和解方式处理的案例极少。从 2015 年开始，我国证券监管部门查处证券行政违法案件的数量逐年增加，但截至 2023 年年底仅在三例案件中达成和解，与每年新增的违法案件数极不相称。这三例和解案件都具有周期长和成本高的特点，严格的适用条件也成为阻碍证券执法行政和解发挥预期作用的重要原因。证券执法行政和解本应具备的高效率、低成本解决行政争议的价值在我国证券执法实践中远未得到发挥。

《试点办法》实践效果不佳的现实并未阻止我国在证券执法和解这条道路上探索的步伐。在试点经验的基础上，中国证监会基于"放松和解适用条件及范围"的思路，继续推进证券执法行政和解的立法工作。2020 年 8 月 7 日，中国证监会依照《证券法》的规定，在总结实践经验的基础上对《试点办法》进行了修改和完善，起草形成了《证券期货行政和解实施办法（征求意见稿）》，旨在真正发挥行政和解在提高执法效率、保护投资者合法权益、及时稳定市场预期等方面的积极作用。该征求意见稿将和解的适用条件大幅放宽，不再要求和解案件必须满足"案件事实或者法律关系尚难完全明确"，更加侧重发挥行政和解在节约执法资源、尽快补偿投资者损失等方面的综合性作用。自 2022 年 1 月 1 日起施行的《证券期货行政执法当事人承诺制度实施办法》，以行政法规形式对行政执法当事人承诺制度做出了规定，进一步完善了证券执法行政和解制度。我国证券执法行政和解制度的立法历程如表 11－3 所示。

表 11-3 我国证券执法行政和解制度的立法历程

颁布时间	规范名称	规范内容
2013 年 12 月 25 日	《国务院办公厅关于进一步加强资本市场中小投资者合法权益保护工作的意见》（国办发〔2013〕110 号）	首次明确提出了"探索建立证券期货领域行政和解制度，开展行政和解试点"的工作要求
2015 年 2 月 17 日	《行政和解试点实施办法》（中国证监会令第 114 号）	初步建立了行政和解制度，规范了行政和解的目的、法律关系、适用范围、适用条件与和解程序
2015 年 2 月 28 日	《行政和解金管理暂行办法》	与《试点办法》衔接，规范了证券期货行政和解金的管理和使用，就投保基金公司对和解金的管理、和解金补偿原则与和解金补偿方案做出规定
2019 年 12 月 28 日	《证券法》（2019 年修订）	通过第一百七十一条建立框架性、原则性与授权性的证券和解制度
2020 年 8 月 7 日	《证券期货行政和解实施办法（征求意见稿）》	对《试点办法》进行修订，保持原办法框架结构不变，共 5 章 25 条，较原办法减少了 14 条
2021 年 11 月 29 日	《证券期货行政执法当事人承诺制度实施办法》	以行政法规形式对行政执法当事人承诺制度做出了规定，进一步完善了相关制度、扩展了申请时间、调整了适用范围和条件、优化了启动程序、完善了承诺金数额的确定因素、明确了集体决策制度

在行政和解制度建立初期，中国证监会借鉴了美国、德国及我国台湾地区等成熟的经验和实践，但由于我国处于试点期，加之不同立法价值取向的影响，现阶段行政和解适用条件较其他国家或地区更为严苛，这阻碍了和解制度在证券执法实践中预期作用的发挥。在经历了一系列实践经验的探索和本土化过程后，中国证监会基于放松适用条件的逻辑，对和解制度不断进行修改和完善，《证券法》

第一百七十一条对和解的适用条件大幅放宽，《证券期货行政和解实施办法（征求意见稿）》与《证券法》衔接，对和解的申请期间、适用范围与条件做出了进一步详细规范和例外规定。我们也期待证券执法行政和解制度进一步发挥其积极作用。

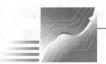

第 12 章　特别代表人的监管效应

　　随着资本市场的蓬勃发展，其复杂性和多变性日益显现，这使得中小投资者的权益保护问题变得尤为突出。在这个背景下，中证中小投资者服务中心有限责任公司（简称投服中心）作为证券金融类的公益机构，以特别代表人的独特身份，在中小投资者保护方面发挥了举足轻重的作用。尽管投服中心在各家上市公司仅持有 100 股股票，但这并未削弱其为中小投资者发声的坚定决心和使命。其官方属性和公益角色，赋予了它为中小投资者发声的重要职责。在中小投资者普遍面临信息劣势且官方监管难以实现对企业有效治理的当下，投服中心的积极行权无疑为中小投资者提供了有力的支持，保障了中小投资者的权益。这一行为不仅提升了投资者维权的效率，还通过其独特的监管效应，为资本市场的健康发展注入了新的活力。投服中心这类特别代表人在实践中展现出了其独特的价值。它们能够引发媒体、投资者以及监管机构的多重关注，凭借少数的股份持有，引发放大式的监管效应。这种效应为中小投资者的权益提供了充分的保障。

本章在充分借鉴已有文献模型设定的基础上，以 2016—2019 年我国 A 股上市公司为研究对象，对投服中心的监管效应进行了实证检验。同时，本章还深入考察了投服中心的行权行为是否会引发媒体、投资者以及监管当局等多方的进一步关注，从而形成投服中心行权的"聚光灯"效应，进而发挥更大的监管作用。本章旨在通过理论分析和实证研究，帮助读者更为深入地理解投服中心在中小投资者保护中的监管效应，揭示其在资本市场中的重要角色和价值。读者将更加清晰地认识到投服中心对于中小投资者权益保护的重大意义，以及在推动资本市场健康发展中的不可替代作用。

12.1　中小投资者保护

中小投资者是我国资本市场的主要参与群体。由于该类投资者长期处于信息劣势地位，以及配套的投资者保护措施不完善，因此面临内幕交易、金融欺诈、市场操纵等一系列行为的侵害。此外，大股东与中小股东间的利益冲突已成为企业面临的首要代理问题，其表现形式包括支付给公司高级管理者过高的报酬、进行隧道挖掘、实施股权稀释、开展关联交易等。如何有效保护中小投资者的合法权益，已成为实务界和学术界共同探讨的话题。

有关中小投资者保护的已有研究发现，我国主要通过以证监会和交易所为主体的行政监管、企业治理的股权安排以及市场的自发性参与来实施对中小投资者权益的保护。行政监管是指依靠官方机构来对违法行为进行监管和处罚，如采取行政处罚和发出监管问询函；企业治理的股权安排是指公司通过股权结构安排与优化调整来发挥保护中小投资者权益的功能，如改进投票权制度、实施双重股权架构。市场的自发性参与是指各利益相关者积极参与公司监管从而维护中小投资者的权益，主要体现为股东积极主义的监管模式，如股东提起诉讼、投票选举董事和中小股东网络行权。一系列的监管和保护措施一方面可以通过对控股股东或管理层进行约束，以保障投资者的投资权益；另一方面，通过提高信息披露质量，改善信息环境，降低中小投资者与公司内部人员之间的信息不对称，从而达到保护中小投资者权益的目的。上述监管和保护方式也被证实具有一定成效。例如，交易所的问询函制度确实能在一定程度上约束上市公司的机会主义行为，降低盈余管理程度，发挥监管作用（陈运森等，2019）。股东网络投票制度显著降低了中小股东投票的成本，而累积投票制则大大提高了中小股东选派董事代表的可能性，是中小股东制约控股股东、参与公司治理的有效渠道（郑国坚等，2021）。为了保护投资者权益，我国科创板规则在特殊股权持有人资格、比例安排、表决事项、特殊股权转让及终止、信息披露等方面做出了规定。然而，当前对中小投资者的保护措施并不完善，如存在内部人利用问询函回复期的信息优势进行交易择时，以通过提前减持规避未来股价下跌的损失。为了协调投资者权益保护和司法资源之间的关系，可以借助投服中心的持股行权机制，监督科创板公司的经营行为（张群辉，2019）。综上所述，无论是从行政监管、企业治理的股权安排，还是市场的自发性参与视角出发，对中小投资者的保护虽已有成效但仍有不足。

12.2　投服中心概述

投服中心是对中小投资者保护机制的新型探索和积极补充。相较于"股少言轻"的普通投资者，投服中心虽然同样仅持有各上市公司100股股票，但被充分赋予了行使质询、建议、表决、诉讼等股东权利的资格，可以积极代表中小投资者规范上市公司的相关行为。理论上，投服中心在中小投资者保护中具有多个重要作用：

（1）信息传递。投服中心行权时可以行使质询权，促使企业答复相关质疑来提升企业信息披露的质量，缓解中小投资者与公司内部人员以及大股东之间的信息不对称。

（2）委托代表。投服中心可以接受投资者委托，提供调解等纠纷解决服务，也可以代表中小投资者，向政府机构、监管部门反映诉求。

（3）示范效应。投服中心可以向中小投资者开展"知权、行权、维权"的普及教育活动，提高中小投资者维权的专业度和参与度，增强中小投资者参与监管的意识。

（4）治理作用。投服中心可以通过积极行权参与企业治理，进而保障中小投资者的权益。

以上表明，虽然投服中心持股少，但具有广阔的作用空间，能够为现有中小投资者提供积极保障。投服中心是于 2014 年 12 月成立的证券金融类公益机构，归属中国证监会直接管理。目前，学者们对投服中心的研究关注度相对较低，除了对投服中心行权定位、职能以及行权机制的探讨，少有研究聚焦投服中心在投资者保护上的积极贡献。例如，有学者通过案例研究发现，投服中心的这种半监管半公益的性质可以显著提高中小投资者保护水平，并且能从整体上带动民间股东提起诉讼（辛宇等，2020），但上述研究只能从个别角度反映投服中心的作用，难以全面描绘投服中心行权的效果。相较于非试点地区的上市公司，投服中心试点地区的上市公司在试点之后发生财务重述的可能性显著下降（何慧华和方军雄，2021）。投服中心的行权事件具有信息含量，即被行权企业的市场反应更负面（陈运森等，2021）。投服中心行权可以降低公司盈余管理水平（熊家财和童大铭，2022）。虽然投服中心持股行权能够降低大股东与中小投资者间的信息不对称，但在选择企业行权时会有一定的倾向性（郑国坚等，2021）。投服中心行权可以通过内部和外部信息治理渠道促进公司负面信息的披露（陈克兢等，2022）。投服中心行权对企业违规行为具有抑制作用（周卉和谭跃，2023）。投服中心作为证券金融类公益机构，已被证实有效结合了"政府有效监管"和"市场充分参与"，这是市场与政府职能有机结合的制度优势的体现，为考察投服中心行权的其他经济后果提供了坚实的理论基础，并证实了投服中心具有信息传递优势和监管作用。

12.3 投服中心的监管效应

12.3.1 研究假设

维护中小投资者的合法权益是资本市场有序运行的基础。由于中小投资者处于信息劣势地位，以及相关投资者保护的法律法规尚不完善，因此对于中小投资者的保护还需更多社会角色的参与。国务院于 2019 年 10 月 22 日颁布了《优化营商环境条例》，其中指出"国家加大中小投资者权益保护力度，完善中小投资者权益保护机制，保障中小投资者的知情权、参与权，提升中小投资者维护合法权益的便利度"。现有的中小投资者权益保护机构主要包括中国证券投资者保护基金有限责任公司、投服中心和深圳证券期货业纠纷调解中心。其中，投服中心凭借其兼具市场主体和监管辅助职能，成为中小投资者核心保护机构。

《证券法》从法律层面赋予了投服中心一系列职责，并拓展了投服中心的业务模式。投服中心的特色业务主要包括行权服务、纠纷调解、维权服务、投资者教育和调查监测等，其中持股行权最具代表性，是指投服中心持有沪深交易所每家上市公司 100 股股票，以此为基础行使质询、建议、表决、诉讼等股东权利，通过示范引领中小投资者主动行权、依法维权，规范上市公司治理。投服中心采用的行权方式有：发送股东函件，参加或召集上市公司股东大会，参加上市公司重大资产重组媒体说明会、投资者说明会、业绩说明会、上市公司投资者接待日等活动，公开发声，查阅上市公司章程、股东名册、公司债券存根、股东大会会议记录和决议、董事会会议决议、监事会会议决议、财务会计报告等资料，向法院提起诉讼等。

投服中心行权模式完善了现有的证券监管模式和投资者保护机制。投服中心作为创新性的监管组织，不局限于传统的证券监管模式，而是以第三方代表的身份行权，更加贴合中小投资者对证券监管的诉求。投服中心完善了投资者保护机制，其关注事项包括：中小投资者反映强烈的事项；侵害中小投资者合法权益且具有典型性、示范性的事项；舆论关注的重点、难点、热点事项；监管机构、自律组织等建议的事项等。不同于以往的事后惩罚机制，投服中心对这一系列中小投资者平常难以关注或获取信息的事项给予关注，向投资者传递了更多的信息，完善了现有的投资者事前保护机制。基于此，我们认为投服中心可以有效减少企业的避税行为，即抑制企业的税收规避，主要原因如下：

其一，投服中心行权可以有力促进企业信息披露，缓解外部中小投资者与公司内部人员以及大股东之间的信息不对称，从而减少企业激进的避税行为。企业为了实施激进的避税手段，通常需要借助一些不透明的手段，比如复杂的关联交易等，这类交易行为降低了企业的信息透明度，加剧了企业与市场之间的信息不对称。此外，由于避税行为具有专业性特质，中小股东等非专业人士很难在短时间内理解其交易实质并发现其中潜在的威胁。一方面，与其他中小股东相比，投服中心具有更加丰富的投资经验和专业知识，挖掘、分析和处理信息的能力更强；另一方面，投服中心行权事项范围广泛，凭借代表性股东的身份介入企业的经营活动和投资活动，通过网络行权和实地行权相结合的方式来积极行使股东权利，提高上市公司信息披露的完整性和准确性。

其二，投服中心的行权关注可以发挥第三方参与的监管效应，加强对企业的监管，从而减少企业避税行为。现有研究已经证实外部监管能够有效提升公司治理能力。而投服中心作为由政府和监管部门牵头的投资者服务机构，与上市公司业务联系较少，因此与管理层合谋的可能性较低。较强的独立性使投服中心能更加积极地监督管理层,抑制管理层的机会主义行为。企业避税涉及组织在内部保留现金资源,相关决策的背后是成本和效益的权衡。投服中心的行权能够加强对企业的第三方监管,使企业的避税活动更有可能被查处,进而增加了企业的避税成本和避税难度,促使企业减少激进避税行为。

其三,投服中心的行权关注可以提高中小投资者的参与度,通过投资者监督,抑制企业采取激进税收策略的倾向。除此之外,投服中心的行权唤醒了中小股东的维权意识,可以缓解中小投资者因"股少言轻"而产生的顾虑,提高他们参加股东大会和提起法律诉讼的概率。而更多投资者的积极参与能够起到外部监督作用。投服中心行权能够激发中小投资者对企业的监督热情,同样能增加企业的避税成本和避税难度,促使企业减少激进避税行为。据此,本章提出如下假设:投服中心行权可以减少企业的激进避税行为。

投服中心的关注事项中,无论是中小投资者反映强烈的事项,还是舆论关注的重点、难点、热点事项,投服中心所关注的内容往往都是企业最容易引发外界相关方关注的内容,容易吸引财经媒体、中小投资者以及监管当局的关注。此外,投服中心行权后会在公开网站①公开行权信息,包括行权事项、程序、进度和结果等相关信息。这些信息相较于内部信息具有更低的获取成本,能够被感兴趣的相关方所获取。因此,投服中心凭借自身的组织性、专业性和独立性特征,通过多样的行权方式组合,吸引财经媒体、分析师、监管机构等更多外部信息使用者关注被行权公司,引发一系列的后续"关注"。投服中心看似不经意的一个行权动作,却可能有着被放大的焦点效应,即存在"聚光灯"效应。投服中心行权的"聚光灯"效应理论框架如图 12-1 所示。

---

① 包括中国投资者网、中国证监会指定的其他信息公开平台、投服中心认为适合的其他媒体平台。

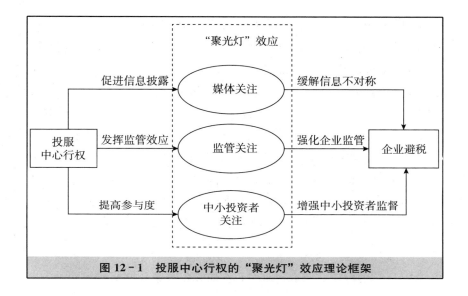

图 12-1 投服中心行权的"聚光灯"效应理论框架

12.3.2 研究设计

将 2016—2019 年我国 A 股上市公司作为研究对象。以 2016 年为样本起始点，是由于我国投服中心自 2016 年 5 月开始参与行权，以 2019 年为样本终点，是为了剔除 2020 年以来政府因新冠疫情出台的一系列针对企业的减税降费政策对企业避税变化带来的影响。投服中心行权的数据通过手工搜集得到。投服中心公开的行权方式主要有五种：参加股东大会、参加重大资产重组媒体说明会、网络行权、发送股东建议函、公开发声。本章选择投服中心参加股东大会和网络行权这两种行权方式进行分析，原因包括：（1）投服中心参加重大资产重组媒体说明会时，绝大多数被行权的公司处于停牌中，且多为 ST 企业，其实际行权效果有限；（2）投服中心未对外公开股东建议函中的数据，因此本研究无法采用；（3）公开发声往往会伴随网络行权和实地行权，因而本研究不对公开发声做单独统计。

综上，本章实际选取投服中心参加股东大会（实地行权）和网络行权两种方式来共同考察投服中心的行权效果。其他变量的相关数据均来源于 CSMAR 数据库。对原始样本数据进行以下处理：（1）剔除金融保险行业的样本；（2）剔除被 ST、PT 的企业；（3）剔除存在缺失项的数据；（4）剔除息税前利润小于 0 的样本。经过上述处理，最终得到 17 761 个初始观测值。为了避免极端值对结果的影响，对所有连续变量在双侧 1％ 水平上进行了缩尾处理。在此基础上，由于被行权的处理组企业数量相对较少（228 个），以行业（按照证监会细分标准）、企业规模、企业成长水平、成立年限以及有无被投服中心行权作为配比原则，采用 1：3 不放回的倾向得分匹配法（PSM）在初始观测值中筛选与处理组企业在基本特征上类似的控制组样本，以期在一定程度上减少潜在的样本选择偏差问题。最终，得到 862 个公司-年观测值，其中包含 228 个处理组样本和 634 个控制组样本。

1. 主要变量定义

（1）是否行权。选取投服中心参加股东大会和网络行权两种方式来共同考察投服中心的行权效果。如果投服中心当年参加股东大会或网络行权，则将是否行权（$Ifxq$）这一变量赋值为 1，否则为 0。

（2）企业避税。借鉴现有文献（叶康涛和刘行，2014；刘慧龙和吴联生，2014，Gallemore & Labro，2015）的做法，同时采用以下方法衡量企业的避税情况。一是计算实际所得税税率（$Etr1$）。$Etr1$=（所得税费用－递延所得税费用）/税前会计利润。$Etr1$ 越小，说明企业实际税率越低，税收规避程度越高。然而，需要注意的是，由于我国的上市公司享受着广泛的税收优惠政策，且各公司的名义税率也不尽相同，这一指标在我国的税收政策环境下并不完全适用。二是采用名义所得税税率与实际所得税税率之差（$Etr2$）。$Etr2$=名义所得税税率－实际所得税税率。$Etr2$ 越大，说明企业名义所得税税率超过实际所得税税率的程度越高，企业越有可能进行避税。三是在稳健性检验中，利用会计所得税差异（Btd）。Btd=（税前会计利润－应纳税所得额）/期末总资产，其中，应纳税所得额=（所得税费用－递延所得税费用）/名义所得税税率。Btd 越大，意味着税前会计利润与应纳税所得额的差异越大，企业更有可能从事避税活动。主要变量名称及定义如表 12-1 所示。

表 12-1　主要变量名称及定义

变量类别	变量名称	变量定义
被解释变量	$Etr1$	（所得税费用－递延所得税费用）/税前会计利润
	$Etr2$	名义所得税税率－（所得税费用－递延所得税费用）/税前会计利润
	Btd	（税前会计利润－应纳税所得额）/期末总资产
解释变量	$Ifxq$	如果公司被投服中心持股行权，取值为 1，否则为 0
其他变量	$News$	当年内容中出现该公司的网络新闻总数取对数
	$\triangle News$	ln（下年内容中出现该公司的网络新闻总数）－ln（当年内容中出现该公司的网络新闻总数）
	$Badnews$	当年内容中出现该公司的网络负面新闻总数取对数
	$\triangle Badnews$	ln（下年内容中出现该公司的网络负面新闻总数）－ln（当年内容中出现该公司的网络负面新闻总数）
	$Comment$	当年该公司的股吧帖子数量取对数
	$\triangle Comment$	ln（下年该公司的股吧帖子数量）－ln（当年该公司的股吧帖子数量）
	$Negcomment$	当年该公司的负面股吧帖子数量取对数
	$\triangle Negcomment$	ln（下年该公司的负面股吧帖子数量）－ln（当年该公司的负面股吧帖子数量）
	$Regulatory$	若公司当年收到监管问询函，取值为 1，否则为 0
	$Ifsdxq$	如果公司被投服中心以参加股东大会方式行权，取值为 1，否则为 0
	$Ifwlxq$	如果公司被投服中心网络行权，取值为 1，否则为 0
	Te	地区税收征管强度，真实税收收入与预期税收收入的比值
	$Digital$	企业税收征管数字化程度，若某地区税务部门介绍业务已涉及税收数字化技术（个税 App、征纳互动、智能退税审核），则从该年开始取值为 1，否则为 0

续表

变量类别	变量名称	变量定义
控制变量	Size	资产规模，公司资产的自然对数
	Growth	营业收入增长率＝（本期营业收入/上期营业收入）－1
	Roa	总资产报酬率＝息税前利润/总资产
	Lev	资产负债率＝总负债/总资产
	Age	公司成立年限
	Ppe	固定资产比率＝固定资产/总资产
	Invent	存货密集度＝企业存货/总资产
	Intang	无形资产密集度＝无形资产/总资产
	Turnover	总资产周转率＝营业收入/平均总资产
	Vb	账面市值比
	Nomrate	名义税率
	Boardsize	董事会规模，董事会人数取自然对数
	Dual	两职合一，董事长与总经理两职合一取值为1，否则为0
	Share	第一大股东持股比例，期末第一大股东持股比例
	Eqinc	投资收益，年末投资收益占总资产的比重
	Nature	股权性质，若实际控制人性质为国有，取值为1，否则为0
	Loss	是否亏损，如果公司上年的净利润小于0则取值为1，否则为0
	Tax	当年支付的各项税费/营业总收入
	Taxburden	当年所得税费用/利润总额
	Recl_ratio	应收账款比例＝（应收账款＋应收票据＋其他应收款）/总资产
	Ddbl	独董比例，即上市公司独立董事占董事会成员的比例

2. 模型设定

为了考察投服中心是否行权对企业避税的影响，构建如下模型：

$$Etr_{i,t+1} = \beta_0 + \beta_1 Ifxq_{i,t} + Controls_{i,t} + TimeFE$$
$$+ Firm\ FE + \varepsilon_{i,t}$$

式中，$Etr_{i,t+1}$ 表示企业 i 在 $t+1$ 期的避税。$Etr1$ 越大，$Etr2$ 越小，表明企业避税程度越低。$Ifxq_{i,t}$ 表示企业 i 在 t 期是否被行权，投服中心行权时间往往是在企业的年中股东大会期间或下半年，因而采用滞后期处理。以 $Etr1$ 衡量的企业避税，如果投服中心行权能够抑制企业避税，那么在 t 期被行权的企业在 $t+1$ 期会有更小的避税可能，$Ifxq_{i,t}$ 的回归系数 β_1 应显著大于 0；同理，以 $Etr2$ 衡量的企业避税，$Ifxq_{i,t}$ 的回归系数应显著小于 0。在该模型中同时控制了公司和时间固定效应。

12.3.3 回归结果分析

表 12-2 所示的是样本中主要变量的描述性统计分析结果。$Ifxq$ 的均值为 0.260，标准差为 0.440，这是因为采用了 1∶3 不放回的 PSM 来筛选与处理组企业在基本特征上类似的控制组样本。在企业避税程度指标中，$Etr1$ 的均值为 0.160，最小值为 -0.750，最大值为 1.300，表明样本企业间的实际所得税税率存在较大差异。$Etr2$ 的均值为 0.030，中位数为 0.030，表明样本中大部分企业的实际所得税税率低于名义所得税税率，说明企业避税行为较为普遍。Btd 均值为 -0.030，表明样本中大部分企业的应纳税所得额低于税前会计利润。公司特征变量的描述性统计结果与现有文献中的表述比较相似，说明本章研究具有良好的数据条件。

表 12-2 描述性统计分析结果

变量	样本量	均值	标准差	最小值	Q25	中值	Q75	最大值
$Ifxq$	862	0.260	0.440	0.000	0.000	0.000	1.000	1.000
$Etr1$	862	0.160	0.250	-0.750	0.030	0.140	0.240	1.300
$Etr2$	862	0.030	0.240	-1.070	-0.040	0.030	0.150	0.910
Btd	856	-0.030	0.100	-0.400	-0.030	0.000	0.010	0.120

续表

变量	样本量	均值	标准差	最小值	Q25	中值	Q75	最大值
Size	862	22.150	1.230	19.870	21.250	22.070	22.900	26.210
Lev	862	0.440	0.210	0.060	0.290	0.430	0.580	0.940
Age	862	12.470	8.030	1.000	6.000	10.000	20.000	26.000
Ppe	862	0.190	0.160	0.000	0.060	0.150	0.270	0.850
Invent	862	0.130	0.120	0.000	0.040	0.100	0.170	0.840
Nomrate	862	0.190	0.050	0.000	0.150	0.150	0.250	0.250
Ddbl	862	0.380	0.060	0.330	0.330	0.360	0.430	0.570
Vb	862	0.670	0.260	0.100	0.470	0.670	0.870	1.180
Dual	862	0.290	0.450	0.000	0.000	0.000	1.000	1.000
Turnover	862	0.610	0.560	−0.050	0.330	0.510	0.730	9.810
Loss	862	0.190	0.390	0.000	0.000	0.000	0.000	1.000
Share	862	31.010	13.650	8.480	20.350	29.020	40.780	73.060
Nature	862	0.310	0.460	0.000	0.000	0.000	1.000	1.000
Tax	862	1.150	11.360	−9.310	0.240	0.530	0.910	330.500
Taxburden	862	0.050	0.080	−0.450	0.020	0.040	0.070	1.830

投服中心行权对企业避税的影响如表 12-3 所示，其报告了当年投服中心行权与企业下年税收规避程度的关系。第（1）（4）栏均加入了控制变量，且均控制了公司和时间固定效应。其中，第（1）（2）栏以企业下年的 $Etr1$ 为税收规避程度的衡量指标。第（1）栏中，$Ifxq$ 的回归系数在 5% 的水平下显著为正；第（2）栏在第（1）栏的基础上，额外控制了企业当年的税收表现，$Ifxq$ 的回归系数在 1% 的水平下显著为正，且 $Adj.R^2$ 较第（1）栏有所提高，这说明投服中心行权可以增加企业的实际所得税税负，即减少企业避税。第（3）（4）栏以企业 $Etr2$ 为税收规避程度的衡量指标。第（3）栏中，$Ifxq$ 的回归系数在 5% 的水平下显著为负；第（4）栏在第（3）栏的基础上，额外控制了企业当年的税收表现，$Ifxq$ 的回归系数在 1% 的水平下显著为负，且 $Adj.R^2$ 较第（1）栏有所提高，这说明

投服中心行权可以缩小企业名义所得税税率与实际所得税税率的差额，即减少企业避税。在经济意义上，表 12-3 说明投服中心行权可以减少企业的激进避税行为。

表 12-3　投服中心行权对企业避税的影响

项目	(1)	(2)	(3)	(4)
	$Etr1_{i,t+1}$	$Etr1_{i,t+1}$	$Etr2_{i,t+1}$	$Etr2_{i,t+1}$
$Ifxq$	0.143** (2.098)	0.198*** (2.901)	−0.138** (−2.061)	−0.190*** (−2.806)
Tax		−5.866** (−2.461)		5.629** (2.389)
$Taxburden$		4.495*** (2.676)		−4.189** (−2.523)
$\_cons$	12.043*** (2.668)	7.703 (1.669)	−12.625*** (−2.845)	−8.496* (−1.862)
控制变量	控制	控制	控制	控制
公司固定效应	控制	控制	控制	控制
时间固定效应	控制	控制	控制	控制
样本数	862	862	862	862
$Adj.R^2$	0.418	0.469	0.444	0.487
F	2.119	2.471	2.239	2.527

注：***、**和 * 分别表示 1%、5%和 10%的显著性水平，括号中的数字为双尾检验的 t 值。余同。

进一步考察投服中心行权后的"聚光灯"效应，具体来说，考察投服中心行权后，是否会引发更多的财经媒体、中小投资者、监管机构等对企业的关注，从而减少企业的税收规避行为。

表 12-4 显示了投服中心行权后的媒体关注情况。媒体报道与企业避税程度呈负相关关系，且媒体负面报道对企业避税行为的抑制作用十分显著（姚靠华等，2017）。基于此，我们考察投服中心行权后，被行权企业下一年是否会有更多的新闻报道，即是否受到更多的媒体关注。媒体关注数据来源于中国上市公司财经新闻数据库

(Financial News Database of Chinese Listed Companies，CFND)[①]，按交易日时间统计每年度内容中出现该企业的媒体报道数量（$News$）。由于不同企业间的媒体报道数量差距较大，故对媒体报道的年度统计值进行取对数处理；同时为了方便，以下年度媒体报道与本年度媒体报道差额来衡量投服中心的信息传递净效应。回归结果显示，第（1）（2）栏 $Ifxq$ 的回归系数均在1%的水平下显著为正。具体而言，第（1）栏表明投服中心行权后，会有更多的媒体对被行权企业进行报道；第（2）栏表明投服中心行权后，会有更多的媒体对被行权企业进行负面报道。结果表明，被投服中心行权的企业，相较于未被行权的企业，会被更多媒体报道，即证实了投服中心行权会引发更多的新闻媒体关注被行权企业，且相关媒体会更多关注到企业的负面信息，从而验证了投服中心行权可以引发更大的财经媒体"聚光灯"效应，实现外部信息治理，进而减少企业的激进避税行为这一分析逻辑。

表 12-4　投服中心行权的"聚光灯"效应（更多的媒体报道）

项目	(1)	(2)
	$\triangle News$	$\triangle Badnews$
$Ifxq$	0.273* (1.827)	0.410* (1.705)
$News$	−1.411*** (−11.411)	
$Badnews$		−1.363*** (−9.622)
_cons	−10.216 (−1.022)	−15.879 (−1.027)
控制变量	控制	控制

　　①　该数据库涵盖了来自400多家重要网络媒体的新闻报道，其中包括和讯网、新浪财经、东方财富网、腾讯财经、网易财经、凤凰财经、中国经济网、搜狐财经、金融界、华讯财经等20家主流网络财经媒体的新闻报道。

续表

项目	(1)	(2)
	$\triangle News$	$\triangle Badnews$
公司固定效应	控制	控制
时间固定效应	控制	控制
样本数	856	844
$Adj.\,R^2$	0.704	0.547
F	20.156	11.484

表 12-5 显示了投服中心行权后的中小投资者关注情况。我们考察投服中心行权后，被行权企业下一年是否会有更多的股吧帖子发布，即是否受到更多的中小投资者关注。数据来源于 CNRDS 的股吧评论数据库（Stock Comments Database，GUBA），按每年度统计每家企业的股吧帖子数量（Comment）。由于不同企业的帖子数量差距较大，故对股吧帖子的年度统计值进行取对数处理；同时为了方便，以下年度的股吧帖子数量与本年度的股吧帖子数量差额来衡量投服中心的信息传递净效应（△Comment）。此外，为了消除投服中心行权前的股吧评论差异，在第（1）（2）栏控制变量中分别控制了企业当年的股吧帖子数量和股吧消极帖子数量。回归结果显示，第（1）（2）栏 Ifxq 的回归系数分别在 1％、5％的水平下显著为正。具体而言，第（1）栏表明投服中心行权后，会有更多的股吧帖子对行权企业进行讨论，更多的帖子讨论表明有更多的中小投资者关注；第（2）栏表明投服中心行权后，会有更多的股吧帖子对行权企业进行负面讨论（△Negcomment）。结果表明，被投服中心行权的企业，相较于未被投服中心行权的企业，会受到更多的中小投资者关注，且中小投资者往往更容易关注到企业的负面信息，从而验证了投服中心行权可以引发更大的投资者"聚光灯"效应，降低内外部信息不对称，实现外部信息治理，进而减少企业的激进避税行为这一分析逻辑。

表 12-5 投服中心行权的"聚光灯"效应（更多的投资者关注）

项目	(1) △Comment	(2) △Negcomment
Ifxq	0.454*** (2.784)	0.462** (2.608)
Comment	−1.612*** (−11.503)	
Negcomment		−1.584*** (−11.884)
_cons	9.505 (0.858)	7.981 (0.667)
控制变量	控制	控制
公司固定效应	控制	控制
时间固定效应	控制	控制
样本数	862	862
Adj.R²	0.555	0.569
F	12.928	11.228

表 12-6 显示了投服中心行权后引发的监管关注情况。我们考察投服中心行权后，被行权企业下一年是否会收到更多的问询函，即是否受到更多的问询函监管关注。财务报告问询函数据来自上交所、深交所、巨潮资讯网站和百度新闻网，并通过手工收集整理而来。为了排除企业当年已经受到监管问询函关注的影响，剔除当年收到问询函的企业样本，按每年度企业收到的问询函数量（Regulatory）进行统计。回归结果显示，第（1）（2）栏 Ifxq 的回归系数分别在 1%、10%的水平下显著为正。具体而言，第（1）栏表明投服中心行权后，被行权企业的下一年会受到更多的问询函监管关注；第（2）栏表明被行权的企业，相较于未被行权的企业，在下一年会受到更多的问询函监管关注。结果表明，被投服中心行权的企业，会进一步引发更多的监管"聚焦"，从而验证了投服中心行权可以引发更大的监管"聚光灯"效应来实现外部信息治理，进而减少企业的激进

避税行为这一分析逻辑。

表 12 - 6　投服中心行权的"聚光灯"效应（更多的监管关注）

项目	(1)	(2)
	Regulatory	*Regulatory*
Ifxq	0.110*** (3.344)	0.074* (1.929)
_cons	0.488 (0.824)	0.391 (0.658)
控制变量	控制	控制
公司固定效应	控制	控制
时间固定效应	控制	控制
样本数	862	784
Adj.R²	0.057	0.041
F	1.689	1.438

12.3.4　拓展性研究

1. 投服中心行权方式

不同行权方式的信息传递作用存在差异。具体来看，投服中心的行权主要有网络行权和参加股东大会（实地行权）两种方式。下面分别对投服中心是否进行网络行权和实地行权进行分组回归，在探究投服中心网络行权对企业避税的影响时，剔除投服中心实地行权的样本；在探究投服中心实地行权对企业避税的影响时，剔除投服中心网络行权的样本。从表 12 - 7 所示的结果可知，以企业下一年的 $Etr1$ 为税收规避程度的衡量指标。第（1）栏中，$Ifwlxq$ 的回归系数在 10% 的水平下显著为正；第（2）栏中，$Ifsdxq$ 的回归系数并不显著，且系数（0.011）远小于网络行权的系数（0.175）。第（3）（4）栏额外控制了企业当年的税收表现。第（3）栏中，$Ifwlxq$ 的回归系数在 5% 的水平下显著为正；第（4）栏中，$Ifsdxq$ 的回归系数并不显著，且系数（0.073）远小于网络行权的系数（0.187），这一结果说明网络行权相较于实地行权在减少企业避税方面能发挥

更为显著的行权作用。在经济意义上，表 12 - 7 说明投服中心通过
网络行权，相较于实地行权，可以更好地发挥减少企业避税的作用。
这可能是因为，投服中心的网络行权往往伴随着被行权企业的网络
回复，而实地行权时提出的问题可能并未得到及时回复。网络行权
在信息传递效率和信息传递内容方面优于仅实地行权的行权方式，
可以更好地发挥行权的"聚光灯"作用，引发更多的关注效应，减
少企业的激进避税行为。

表 12 - 7　网络行权和实地行权的行权效果比较

项目	(1)	(2)	(3)	(4)
	$Etr1_{i,t+1}$	$Etr1_{i,t+1}$	$Etr1_{i,t+1}$	$Etr1_{i,t+1}$
$Ifwlxq$	0.175* (1.941)		0.187** (2.273)	
$Ifsdxq$		0.011 (0.096)		0.073 (0.602)
Tax			−7.596*** (−3.184)	−6.057 (−1.573)
$Taxburden$			3.810** (2.069)	4.309 (1.359)
$\_cons$	1.090 (0.272)	0.077 (0.015)	−3.896 (−0.915)	0.006 (0.001)
控制变量	控制	控制	控制	控制
公司固定效应	控制	控制	控制	控制
时间固定效应	控制	控制	控制	控制
n	770	726	770	726
$Adj.R^2$	0.536	0.459	0.618	0.466
F	1.069	1.248	1.741	1.263

2. 税收征管强度及数字化程度

地区间的财政压力差距会通过税收征管的乘数效应，使地区间
人均 GDP 差距进一步扩大。由于各地区间的税收征管能力和税收努
力程度存在差异，不同地区间的税收征管水平参差不齐。已有大量
研究表明，有效的税收征管有助于减少区域内企业的税收规避。因

此，在区域税收征管差异的基础上，进一步考察投服中心行权是否能够弥补企业所在地区政府税收征管的不足，从而完善企业税收治理体系。下面以企业下一年的 $Etr1$ 为税收规避程度的衡量指标，并借鉴曾亚敏和张俊生（2009）的相关研究，根据下面的公式估计各地区预期可获取的税收收入。

$$\frac{T_{i,t}}{GDP_{i,t}}=\alpha_0+\alpha_1\frac{IND1_{i,t}}{GDP_{i,t}}+\alpha_2\frac{IND2_{i,t}}{GDP_{i,t}}+\alpha_3\frac{OPEN_{i,t}}{GDP_{i,t}}+\varepsilon_{i,t}$$

式中，T 为各地区当年年末的本地税收收入；$IND1$ 为各地区当年年末的第一产业产值；$IND2$ 为各地区当年年末的第二产业产值；$OPEN$ 为各地区当年年末的进出口总额；GDP 为各地区当年年末的国内生产总值。将税收征管强度变量 Te 定义为真实税收收入与预期税收收入的比值；该比值越大，表明地区的税收征管强度越大。根据税收征管强度（Te）的中位数将样本企业分为两组，结果见表 12-8 的第（1）（2）栏。在税收征管强度较低组（$Te=0$）中，$Ifxq$ 的回归系数在 10% 的水平上显著；在税收征管强度较高组（$Te=1$）中，$Ifxq$ 的回归系数远小于税收征管强度较低组，且不显著。

表 12-8　税收征管强度及税收征管数字化程度与企业避税

项目	(1)	(2)	(3)	(4)
	$Te=0$	$Te=1$	$Digital=0$	$Digital=1$
$Ifxq$	0.155* (2.099)	0.016 (0.147)	0.230*** (2.763)	0.227 (1.225)
_cons	−1.616 (−0.394)	5.522 (0.830)	−14.416** (−2.246)	103.319 (2.862)
控制变量	控制	控制	控制	控制
公司固定效应	控制	控制	控制	控制
时间固定效应	控制	控制	控制	控制
样本数	449	413	670	192
$Adj.R^2$	0.722	0.657	0.436	0.848
F	2.529	3.810	1.238	7.486

在数字化背景下，税收征管面临以数字技术为依托的新型商业模式对传统税收征管模式带来的挑战。"十四五"时期税收改革发展的总体规划指出，要建成具有高集成功能、高安全性能、高应用效能的智慧税务。推动税收征管模式走向数字化、智能化、智慧化，是推动实现税收征管现代化至关重要的步骤。具体来看，现有的税收征管数字化方式包括：个税 App、税务大数据平台、申报预填服务、智能退税审核等。我们手工收集了各省税务部门的介绍资料，若某地区税务部门介绍业务已涉及税收数字化技术（个税 App、征纳互动、智能退税审核），则从该年开始，将该地区的税收征管数字化程度（$Digital$）取值为 1，否则为 0。下面根据税收征管数字化程度的中位数将样本企业分为两组，结果见表 12 - 8 的第（3）（4）栏。在税收征管强度较低组（$Digital=0$）中，$Ifxq$ 的回归系数在 1% 的水平上显著为正；在税收征管强度较高组（$Te=0$）中，$Ifxq$ 的回归系数小于税收征管强度较低组，且不显著。结果表明，对于税收征管强度较小、税收征管数字化程度较低的地区，投服中心行权能够更大程度地减少企业的避税行为，有效补充企业所在地区税收征管强度的不足。

3. 企业异质性表现

人们普遍认为机构投资者相较于普通投资者具有更为突出的信息优势和专业背景，是更加成熟的投资者。机构投资者利用其在购买、持有、卖出上市公司股票上的优势，影响资本市场，特别是影响被投资公司的公司治理机制。下面将机构投资者持股比例（JG）作为衡量公司外部治理质量的代理指标，且持股比例越高，说明企业外部治理水平越高。根据机构持股比例的中位数将样本企业分为两组。表 12 - 9 的第（1）（2）栏以企业下一年的 $Etr1$ 为税收规避程度的衡量指标。在机构持股比例较低组（$JG=0$）中，$Ifxq$ 的回归系数在 1% 的水平上显著为正；在机构持股比例较高组（$JG=1$）中，$Ifxq$ 的回归系数小于机构持股比例较低组。表 12 - 9 的第（3）（4）栏以企业下一年的 $Etr2$ 为税收规避程度的衡量指标。在机构持股比例较低组（$JG＝0$）中，$Ifxq$ 的回归系数在 1% 的水平上显著为负；在机构持股比例较高组（$JG＝1$）中，$Ifxq$ 的回归系数小于机构持股比例较低组。表 12 - 9 所示的结果表明，投服中心行权可以通过提高公司信息透明度来改善公司外部治理环境，也可以作为弥补公司外部治理监督不足的一种治理机制安排。

表 12 - 9　机构持股比例与企业避税

项目	$Etr1_{i,t+1}$		$Etr2_{i,t+1}$	
	(1)	(2)	(3)	(4)
	$JG＝0$	$JG＝1$	$JG＝0$	$JG＝1$
$Ifxq$	0.271***	0.190*	−0.267***	−0.181*
	(3.071)	(1.880)	(−3.033)	(−1.783)
_cons	−18.335***	18.617**	17.858***	−20.680***
	(−3.162)	(2.812)	(3.086)	(−3.105)
控制变量	控制	控制	控制	控制
公司固定效应	控制	控制	控制	控制
时间固定效应	控制	控制	控制	控制
样本数	430	432	430	432
$Adj.R^2$	0.602	0.644	0.614	0.640
F	2.440	3.381	2.312	3.361

随着对管理层激励程度的增强，高管人员愿意承担更大的避税风险以进行避税活动，表现为企业实际税负水平的降低和节税能力的提高（吕伟和李明辉，2012）。因此，可以推断，企业管理层薪酬水平越高，企业往往越有可能进行避税。当企业面对融资约束困境时，管理层不得不削减现金支出或提高资金流动性。而避税在减少企业纳税义务的同时，也能够减少现金支出。因此，当企业融资约束较大时，更有可能会选择激进的避税方式，以缓解资金方面的困境。

基于此，表 12 - 10 以企业下一年的 $Etr1$ 为税收规避程度的衡量指标，根据企业高管薪酬（$Salary$）的中位数将样本企业分为两组。第（1）（2）栏表明，在企业高管薪酬较高组（$Salary=1$）中，$Ifxq$ 的回归系数在 10% 的水平上显著为正；在企业高管薪酬较低组（$Salary=0$）中，$Ifxq$ 的回归系数（0.148）小于高管薪酬较高组（0.294）。这说明在企业高管薪酬较高组中，投服中心行权对企业避税有显著的抑制作用。

表 12-10　管理层薪酬及融资约束与企业避税

项目	(1)	(2)	(3)	(4)
	$Salary=1$	$Salary=0$	$Sa=1$	$Sa=0$
$Ifxq$	0.294* (1.936)	0.148 (1.174)	0.573** (2.284)	0.119* (1.768)
_cons	−3.906 (−0.594)	−15.482 (−1.631)	0.409 (0.052)	−10.683** (−2.171)
控制变量	控制	控制	控制	控制
公司固定效应	控制	控制	控制	控制
时间固定效应	控制	控制	控制	控制
样本数	432	430	432	430
$Adj.R^2$	0.425	0.313	0.479	0.641
F	0.645	1.193	1.385	2.260

为了进一步探讨融资约束程度对企业避税以及投服中心行政的影响，借鉴 Hadlock & Pierce（2010）的方法直接衡量公司融资约束程度（Sa），计量公式如下：

$$Sa = -0.737 \times Size + 0.043 \times Size^2 - 0.04 \times Age$$

根据企业融资约束程度的中位数将样本企业分为两组。第（3）（4）栏表明，在融资约束较高组（$Sa=1$）中，$Ifxq$ 的回归系数在 5% 的水平上显著为正；在融资约束较低组（$Sa=0$）中，$Ifxq$ 的回归系数（0.119）远小于融资约束较高组（0.573）。这说明在融资约束更高组中，投服中心行权对企业避税有显著的抑制作用。

表 12-10 所示的结果表明，投服中心行权可以通过提高公司信息透明度来改善公司内部治理，也可以作为弥补公司内部治理监督

不足的一种治理机制安排。

12.3.5　稳健性检验

1. 处理组与控制组可比性

由于被行权的处理组企业数量相对较少，而处理组与控制组两组样本在特征上存在较大差异，因此估计结果的准确性不高。在稳健性分析部分，以行业（按照证监会细分标准）、企业规模、企业成长水平、成立年限以及有无被投服中心行权作为配比原则，采用 1∶4 不放回的 PSM 筛选出与处理组企业在基本特征上类似的控制组样本，以期在一定程度上减少潜在的样本选择偏差问题。具体来说，最终得到 1 061 个公司-年观测值，其中包含 228 个处理组样本，833 个控制组样本。表 12 - 11 的第（1）（2）栏以企业下一年的 $Etr1$ 为税收规避程度的衡量指标，$Ifxq$ 的回归系数分别在 5%、1% 的水平下显著为正；第（3）（4）栏以企业下一年的 $Etr2$ 为税收规避程度的衡量指标，$Ifxq$ 的回归系数分别在 5%、10% 的水平下显著为负。这证实了投服中心行权可以减少企业避税。

表 12 - 11　投服中心行权对企业避税的影响

项目	(1)	(2)	(3)	(4)
	$Etr1_{i,t+1}$	$Etr1_{i,t+1}$	$Etr2_{i,t+1}$	$Etr2_{i,t+1}$
$Ifxq$	0.108** (2.003)	0.103* (1.841)	−0.114** (−2.110)	−0.106* (−1.887)
Tax		0.553 (0.432)		−0.842 (−0.655)
$Taxburden$		−0.119 (−0.113)		0.395 (0.375)
$\_cons$	15.852*** (4.096)	16.113*** (4.068)	−16.020*** (−4.115)	−16.441*** (−4.131)
控制变量	控制	控制	控制	控制
公司固定效应	控制	控制	控制	控制
时间固定效应	控制	控制	控制	控制

续表

项目	(1)	(2)	(3)	(4)
	$Etr1_{i,t+1}$	$Etr1_{i,t+1}$	$Etr2_{i,t+1}$	$Etr2_{i,t+1}$
样本数	1 061	1 061	1 061	1 061
$Adj.R^2$	0.388	0.377	0.388	0.378
F	2.498	2.209	2.474	2.201

2. PSM-DID 模型

为了更好地考察投服中心行权对企业避税的影响，参考陈克兢等（2022）的研究，构建了 PSM-DID 模型，具体如下：

$$Etr_{i,t+1}=\beta_0+\beta_1 Ifxq_i\times Post_{i,t}+Controls_{i,t}+TimeFE$$
$$+FirmFE+\varepsilon_{i,t}$$

式中，$Ifxq_i$ 表示企业是否被投服中心行权；$Post_{i,t}$ 表示投服中心行权的时间虚拟变量。当公司 i 在第 t 年被投服中心行权时，t 年及以后年度的 $Post_{i,t}$ 取值为 1，否则为 0。匹配到的控制组界定 $Post$ 的年度与对应处理组被投服中心行权的年度保持一致。重点关注 $Ifxq_i\times Post_{i,t}$ 的系数 β_1。

采用 1∶1 无放回的 PSM，以企业规模（$Size$）、资产报酬率（Roa）、企业成长性（$Growth$）为协变量，为处理组企业在被行权的当年寻找特征相近的控制组。剔除样本期内被多次行权的公司样本，以避免难以确认公司被行权的时间问题。在完成样本筛选与匹配后，补充处理组和控制组在 2015—2019 年①的观察样本，合计得到 2018 个公司-年观测值。表 12-12 给出了 PSM-DID 模型的估计结果，第（1）栏以企业下一年的 $Etr1$ 为税收规避程度的衡量指标，β_1 在 10% 的水平下显著为正；第（2）栏以企业下一年的 $Etr2$ 为税收规避程度的衡量指标，β_1 在 5% 的水平下显著为负。这说明投服

---

① 为保证处理组和控制组在行权当年及其前后均有数据，样本期设定为 2015—2019 年。

中心行权可以缩小企业名义税率与实际税率的差额，减少企业避税。由此可知，投服中心行权确实可以减少企业的激进避税行为。

表 12 - 12　投服中心行权对企业避税的影响（PSM-DID 模型）

项目	(1)	(2)
	$Etr1_{i,t+1}$	$Etr2_{i,t+1}$
$IfxqXPost$	0.039* (1.920)	−0.043** (−2.111)
_cons	−0.395 (−0.602)	0.727 (1.109)
控制变量	控制	控制
公司固定效应	控制	控制
时间固定效应	控制	控制
样本数	2 018	2 018
$Adj.R^2$	0.029	0.047
F	1.385	1.514

3. 替换避税程度的衡量指标

使用会计所得税差异（Btd）作为衡量企业避税程度的替代指标。其公式为：$Btd =$（税前会计利润−应纳税所得额）/期末总资产。其取值越大，表明企业利用会计税收差异规避所得税的可能性越大，避税程度越高。结果表明，$Ifxq$ 的回归系数均在 5％的水平上显著为负（因篇幅原因未附表），这证实了投服中心行权可以显著减少企业的会计税收差异，即降低企业利用会计税收差异规避所得税的可能性，减少了企业避税行为。

4. 进行安慰剂检验

为了排除研究结论的随机性或偶然性，我们随机安排了样本中的投服中心行权企业，并重复此过程 500 次进行安慰剂检验。结果显示，随机模拟得出的回归系数分布在 0 附近（因篇幅原因未附图），而基准回归的系数完全独立于该系数分布。这表明，实证结果并不是随机性、偶然性因素所致。

5. 控制额外变量

鉴于企业的外部治理水平会影响企业的避税程度，为了更好地衡量投服中心行权的信息传递作用，我们额外将机构持股比例、参与股东大会人数、审计费用、是否属于前十大审计机构等作为企业外部治理控制变量。结果显示，在逐步增加外部治理控制变量的基础上，$Ifxq$ 的回归系数均在 1% 的水平上显著为正（因篇幅原因未附表），这表明投服中心行权通过向市场传递信息有效降低了企业避税程度。

参考文献

［1］曹超. 上市公司做空危机：影响、原因与应对路径［J］. 现代管理科学，2018（1）：69－71.

［2］陈德球，陈运森，董志勇. 政策不确定性、税收征管强度与企业税收规避［J］. 管理世界，2016（5）：151－163.

［3］陈冬，唐建新. 高管薪酬、避税寻租与会计信息披露［J］. 经济管理，2012（5）：114－122.

［4］陈方若. 重新思考逆全球化浪潮［N］. 经济观察报，2020－07－13.

［5］陈冠男. 金融资产管理公司类信贷业务之反思［J］. 新金融，2020（5）：44－48.

［6］陈汉文，韩洪灵. 商业伦理与会计职业道德［M］. 北京：中国人民大学出版社，2020.

［7］陈汉文，林勇峰，鲁威朝. 做空 VS 反做空：信息披露维度的观察［M］. 北京：北京大学出版社，2018.

［8］陈红，杨鑫瑶，尹树森. 媒体评价、声誉治

理与投资者权益保护 [J]. 中南财经政法大学学报，2014 (1)：104 - 112.

[9] 陈继勇，彭斯达. 论知识经济对美国经济的影响 [J]. 世界经济，2001 (3)：46 - 53.

[10] 陈骏，徐玉德. 内部控制与企业避税行为 [J]. 审计研究，2015 (3)：100 - 107.

[11] 陈丽红，曾德涛，孙梦娜. 中美跨境审计监管：历史演进与未来展望 [J]. 中南财经政法大学学报，2024 (5)：30.

[12] 陈湘永，张剑文，张伟文. 我国上市公司"内部人控制"研究 [J]. 管理世界，2000 (4)：103 - 109.

[13] 陈运森，邓祎璐，李哲. 非处罚性监管具有信息含量吗?：基于问询函的证据 [J]. 金融研究，2018 (4)：155 - 171.

[14] 陈运森，邓祎璐，李哲. 证券交易所一线监管的有效性研究：基于财务报告问询函的证据 [J]. 管理世界，2019 (3)：169 - 185＋208.

[15] 陈运森，袁薇，李哲. 监管型小股东行权的有效性研究：基于投服中心的经验证据 [J]. 管理世界，2021 (6)：142 - 158＋159＋160 - 162.

[16] 陈震. 高管层级差报酬的成因和后果 [J]. 南方经济，2006 (3)：59 - 69.

[17] 戴丹苗，刘锡良. 中概股公司财务舞弊的文献综述 [J]. 金融发展研究，2017 (1)：11 - 19.

[18] 丁丁，侯凤坤. 我国引入证券执法和解制度的法律争点与解决途径 [J]. 证券法苑，2013 (2)：832 - 852.

[19] 范淼. 非诈骗型非法集资犯罪范围研究 [D]. 长春：吉林大学，2015.

[20] 房汉廷. 关于科技金融理论、实践与政策的思考 [J]. 中国科技论坛，2010 (11)：5 - 10＋23.

[21] 冯雨，王潜. 从"庞氏骗局"看 P2P 平台的法律风险及完

善建议：以"e租宝事件"为视角［J］.海南金融，2016（2）：73-76＋81.

［22］高大平.《金融工具：摊余成本和减值（征求意见稿）》简介及相关问题［J］.财务与会计，2010（1）：59-61.

［23］高振翔，陈洁.美国证券执法和解制度镜鉴［J］.证券市场导报，2020（11）：68-79.

［24］韩洪灵，陈汉文.会计职业道德［M］.北京：中国人民大学出版社，2021.

［25］韩洪灵，陈帅弟，陈汉文.瑞幸事件与中概股危机：基本诱因、监管反应及期望差距［J］.财会月刊，2020（18）：3-8.

［26］韩洪灵，陈帅弟，陈汉文.中美跨境会计审计冲突：根本诱因、基本表现与应对措施［J］.烟台大学学报（哲学社会科学版），2023（5）：29-38.

［27］韩洪灵，陈帅弟，刘杰，等.数据伦理、国家安全与海外上市：基于滴滴的案例研究［J］.财会月刊，2021（15）：13-23.

［28］韩洪灵，陈帅弟，陆旭米，等.金融监管变革背景下蚂蚁集团估值逻辑研究：基于科技属性与金融属性的双重视角［J］.财会月刊，2021（1）：13-22.

［29］韩洪灵，陈帅弟，陆旭米，等.瑞幸事件与中美跨境证券监管合作：回顾与展望［J］.会计之友，2020（9）：6-13.

［30］韩洪灵，董恬媛，刘强，等.判决、处罚抑或和解：资本市场财会监督新思维［J］.财会月刊，2024（2）：8-14.

［31］韩洪灵，董恬媛，鲁威朝，等.论资本市场吹哨人制度的性质、治理逻辑与实施机制［J］.财务研究，2022（4）：46-53.

［32］韩洪灵，董恬媛，杨道广，等.资本市场吹哨行为正当性研究：德勤员工举报事件引发的思考［J］.财会月刊，2021（7）：13-20.

［33］韩洪灵，刘思义，鲁威朝，等.基于瑞幸事件的做空产业链分析：以信息披露为视角［J］.财会月刊，2020（8）：3-8.

［34］韩洪灵，王梦婷，赵宇晗，等.庞氏分红行为的界定、判别与监管：恒大集团分红现象引发的思考［J］.财会月刊，2022（1）：24-33.

［35］韩洪灵，余博，刘强，等.薪酬治理、知识资本与共同富裕：基于联想集团的案例研究［J］.财会月刊，2022（18）：9-17.

［36］韩洪灵."蚂蚁"上科创板有何示范意义？［N］.浙江日报，2020-07-22.

［37］侯世英，宋良荣.金融科技、科技金融与区域研发创新［J］.财经理论与实践，2020（5）：11-19.

［38］胡古月.金融资产管理公司逆周期调节机理［J］.中国金融，2020（12）：76-77.

［39］胡建忠.金融资产管理公司的不良资产定价问题研究［J］.山西财经大学学报，2008（12）：99-103.

［40］黄世忠.解码华为的"知本主义"：基于财务分析的视角［J］.财会月刊，2020（9）：3-7.

［41］黄世忠.金融工具前瞻性减值模型利弊评析［J］.金融会计，2015（1）：42-45.

［42］黄世忠.新经济对财务会计的影响与启示［J］.财会月刊，2020（7）：3-8.

［43］黄世忠.新经济企业估值迷思解析框架［J］.商业会计，2020（3）：4-7.

［44］姜付秀，支晓强，张敏.投资者利益保护与股权融资成本：以中国上市公司为例的研究［J］.管理世界，2008（2）：117-125.

［45］姜国华，徐信忠，赵龙凯.公司治理和投资者保护研究综述［J］.管理世界，2006（6）：161-170.

［46］李春涛，闫续文，宋敏，等.金融科技与企业创新：新三板上市公司的证据［J］.中国工业经济，2020（1）：81-98.

［47］李海英，李双海，毕晓方.双重股权结构下的中小投资者利益保护：基于 Facebook 收购 WhatsApp 的案例研究［J］.中国工业

经济，2017（1）：174-192.

[48] 李玲. 我国金融不良资产的发展趋势、监管政策与处置机制：兼论大型资产管理公司的战略取向 [J]. 新金融，2015（11）：38-44.

[49] 李伦. 数据伦理与算法伦理 [M]. 北京：科学出版社，2019.

[50] 李茫茫，黎文靖. 审计具有保险功能吗：基于政府官员变更的自然实验 [J]. 南开管理评论，2017（4）：93-104.

[51] 李莫愁，任婧. 不痛不痒的行政处罚？：行政处罚与审计意见、审计收费的关系研究 [J]. 会计与经济研究，2017（1）：84-101.

[52] 李思羽. 数据跨境流动规制的演进与对策 [J]. 信息安全与通信保密，2016（1）：97-102.

[53] 李巍，罗仪馥. 从规则到秩序：国际制度竞争的逻辑 [J]. 世界经济与政治，2019（4）：28.

[54] 李文红，蒋则沈. 金融科技（FinTech）发展与监管：一个监管者的视角 [J]. 金融监管研究，2017（3）：1-13.

[55] 李心丹，束兰根. 科技金融：理论与实践 [M]. 南京：南京大学出版社. 2013.

[56] 廖珂. 现金股利的"庞氏循环"：来自上市公司分红能力、现金股利以及投资活动的经验证据 [J]. 投资研究，2015（8）：54-81.

[57] 林浚清，黄祖辉，孙永祥. 高管团队内薪酬差距、公司绩效和治理结构 [J]. 经济研究，2003（4）：31-40.

[58] 刘鹤. 两次全球大危机的比较 [J]. 管理世界，2013（3）：17.

[59] 刘慧龙，吴联生. 制度环境、所有权性质与企业实际税率 [J]. 管理世界，2014（4）：42-52.

[60] 刘江涛，罗航，王蕊. 防范金融科技风险的二维逻辑：基于监管科技与科技驱动型监管视角 [J]. 金融发展研究，2019（5）：22-27.

[61] 卢锐. 管理层权力、薪酬差距与绩效 [J]. 南方经济，2007 (7)：60-70.

　[62] 吕伟，李明辉. 高管激励、监管风险与公司税负：基于制造业上市公司的实证研究 [J]. 山西财经大学学报，2012 (5)：71-78.

　[63] 马其家，李晓楠. 论我国数据跨境流动监管规则的构建 [J]. 法治研究，2021 (1)：91-101.

　[64] 毛昭晖，朱星宇. 新型腐败的特征与类型：警惕传统型腐败向新型腐败的嬗变 [J]. 理论与改革，2022 (4)：84-98.

　[65] 倪慧萍，时现. 审计风险转移功能与保险性质审计收费：审计保险假说的进一步检验 [J]. 审计与经济研究，2014 (2)：30-37.

　[66] 庞小凤，庞小鹏. 资产管理公司不良资产处置模式及策略探析 [J]. 金融理论与实践，2017 (2)：113-118.

　[67] 彭志杰. 破解中概股退市困局：论中美跨境审计监管合作机制构建 [J]. 南方金融，2022 (10)：79.

　[68] 齐爱民，盘佳. 数据权、数据主权的确立与大数据保护的基本原则 [J]. 苏州大学学报（哲学社会科学版），2015 (1)：64-70＋191.

　[69] 秦志华，王永海. 商业模式的企业价值测评功能与内容结构 [J]. 中国人民大学学报，2013 (3)：70-79.

　[70] 阙方平，夏洪涛，张馨. 国有商业银行不良资产及其处置的制度性再思考 [J]. 经济评论，2002 (2)：75-80.

　[71] 沈国麟. 大数据时代的数据主权和国家数据战略 [J]. 南京社会科学，2014 (6)：113-119＋127.

　[72] 苏薪茗. 银行理财产品是庞氏骗局吗？：基于中国银行业理财产品市场的实证分析 [J]. 金融论坛，2014 (11)：43-52.

　[73] 孙国峰. 金钉子：中国金融科技变革新坐标 [M]. 北京：中信出版集团，2019.

　[74] 孙娜，朱亮，查逸芳. 预期损失模型在商业银行中的应用研究 [J]. 新金融，2020 (11)：46-50.

[75] 汤欣. 建立中国式证券集体诉讼制度 [J]. 中国金融，2019 (23)：58 - 59.

[76] 唐宜红，符大海. 经济全球化变局、经贸规则重构与中国对策："全球贸易治理与中国角色"圆桌论坛综述 [J]. 经济研究，2017 (5)：203 - 206.

[77] 陶勇. 联想与华为不同战略选择的启示 [J]. 企业管理，2017 (7)：68 - 71.

[78] 佟家栋，谢丹阳，包群，等."逆全球化"与实体经济转型升级笔谈 [J]. 中国工业经济，2017 (6)：5 - 59.

[79] 汪炜，蒋高峰. 信息披露、透明度与资本成本 [J]. 经济研究，2004 (7)：107 - 114.

[80] 汪志海. 证券集体诉讼对注册会计师行业的影响与应对 [J]. 财会月刊，2021 (7)：138 - 146.

[81] 王春飞，陆正飞. 事务所"改制"、保险价值与投资者保护 [J]. 会计研究，2014 (5)：81 - 87.

[82] 王进朝，田佳楠. 高管权力、过度自信与庞氏分红 [J]. 会计之友，2019 (9)：12 - 18.

[83] 王进朝，张永仙. 股权结构、内部控制质量和庞式分红：基于共生理论视角 [J]. 中国注册会计师，2019 (9)：40 - 46＋3.

[84] 王斯梁，冯暄，陈翼. 跨境数据流动场景中的网络安全保障研究 [J]. 信息安全研究，2021 (7)：682 - 686.

[85] 王性玉，王帆. 做空机制对我国股市波动性、流动性影响的实证分析 [J]. 经济管理，2013 (11)：118 - 127.

[86] 王秀芬，杨小幸. 高管薪酬差距、管理者任期与研发投资强度 [J]. 财会月刊，2019 (8)：20 - 28.

[87] 王玉玲. 劳动报酬占比变动轨迹及其经济效应分析：兼谈对中国经济转型发展的现实影响 [J]. 技术经济与管理研究，2015 (10)：95 - 99.

[88] 王正位，王新程，廖理. 信任与欺骗：投资者为什么陷入庞

氏骗局?：来自 e 租宝 88.9 万名投资者的经验证据 [J]. 金融研究，2019 (8)：96 - 112.

[89] 维克托·迈尔-舍恩伯格，肯尼思·库克耶. 大数据时代：生活、工作与思维的大变革 [M]. 盛杨燕，周涛，译. 杭州：浙江人民出版社，2013.

[90] 温辉. 论行政和解的理论基础 [J]. 法学杂志，2008 (3)：99 - 101.

[91] 巫强. 薪酬差距、企业绩效与晋升机制：高管薪酬锦标赛的再检验 [J]. 世界经济文汇，2011 (5)：94 - 105.

[92] 吴联生. 国有股权、税收优惠与公司税负 [J]. 经济研究，2009 (10)：109 - 120.

[93] 吴元元. 公共执法中的私人力量：悬赏举报制度的法律经济学重述 [J]. 法学，2013 (9)：14 - 23.

[94] 伍利娜，郑晓博，岳衡. 审计赔偿责任与投资者利益保护：审计保险假说在新兴资本市场上的检验 [J]. 管理世界，2010 (3)：32 - 43.

[95] 夏立军. 司法改革与股市发展：中国股市能够无"法"而治吗? [J]. 会计与经济研究，2014 (5)：3 - 9.

[96] 夏宁，董艳. 高管薪酬、员工薪酬与公司的成长性：基于中国中小上市公司的经验数据 [J]. 会计研究，2014 (9)：89 - 95.

[97] 小约瑟夫·奈. 理解国际冲突：理论与历史 [M]. 张小明，译. 上海：上海人民出版社，2009.

[98] 肖钢. 积极探索监管执法的行政和解新模式 [J]. 行政管理改革，2014 (1)：4 - 9.

[99] 肖宇，黄辉. 证券市场先行赔付：法理辨析与制度构建 [J]. 法学，2019 (8)：160 - 172.

[100] 谢德仁，刘劲松，廖珂. A 股公司资本回报支付能力总体分析（1998—2018）：基于自由现金流量创造力视角 [J]. 财会月刊，2020 (19)：9 - 31.

［101］谢德仁. 企业分红能力之理论研究［J］. 会计研究，2013
（2）：22－32＋94.

［102］辛宇，黄欣怡，纪蓓蓓. 投资者保护公益组织与股东诉讼
在中国的实践：基于中证投服证券支持诉讼的多案例研究［J］. 管理
世界，2020（1）：69－87＋235.

［103］辛宇，徐莉萍. 投资者保护视角下治理环境与股改对价之
间的关系研究［J］. 经济研究，2007（9）：121－133.

［104］徐莉萍，辛宇. 媒体治理与中小投资者保护［J］. 南开管
理评论，2011（6）：36－47＋94.

［105］徐玉德. 我国会计监管制度变迁的历程、经验及展望
［J］. 财会月刊，2019（5）：3－8＋178.

［106］许延东. 行政契约理论在反垄断承诺制度中的展开［J］.
重庆交通大学学报（社会科学版），2012（4）：30－33.

［107］杨宝，任茂颖. 中国上市公司"庞氏分红指数"构建研究
［J］. 商业会计，2017（17）：52－54.

［108］杨敏，欧阳宗书，叶康涛，等. 在美上市中国概念股会
计问题研究［J］. 会计研究，2012（4）：3－7＋94.

［109］姚颐，刘志远. 投票权制度改进与中小投资者利益保护
［J］. 管理世界，2011（3）：144－153.

［110］叶开儒. 数据跨境流动规制中的"长臂管辖"：对欧盟
GDPR 的原旨主义考察［J］. 法学评论，2020（1）：106－117.

［111］叶康涛，刘行. 公司避税活动与内部代理成本［J］. 金融
研究，2014（9）：158－176.

［112］易传和，曹坤. 基于顺周期性的信用风险预期损失模型和
已发生损失模型的对比分析［J］. 系统工程，2012（2）：79－84.

［113］易会满. 敬畏投资者建设高质量资本市场更好助力经济社
会加快恢复发展［J］. 中国金融家，2020（5）：15－18.

［114］余凌云. 行政契约论［M］. 北京：中国人民大学出版社，
2008.

[115] 俞志方，刘沛佩."罚没分成"的证券监管有奖举报制度构建 [J]. 江西社会科学，2018 (5)：168-176+256.

[116] 曾丽婷. 基于梅特卡夫模型的互联网初创企业价值评估 [J]. 财会通讯，2019 (23)：58-62.

[117] 张必武，石金涛. 董事会特征、高管薪酬与薪绩敏感性：中国上市公司的经验分析 [J]. 管理科学，2005 (4)：32-39.

[118] 张晨宇，樊青芹. 内部薪酬差距与企业绩效的关系：锦标赛理论、行为理论之争 [J]. 财会月刊，2012 (18)：32-35.

[119] 张海霞. 不良资产债务重组业务问题探究 [J]. 财会通讯，2020 (20)：108-111.

[120] 张群辉. 科创板双重股权结构制度研究：基于投资者保护的视角 [J]. 上海金融，2019 (9)：17-22.

[121] 张腾文，王威，于翠婷. 金融知识、风险认知与投资收益：基于中小投资者权益保护调查问卷 [J]. 会计研究，2016 (7)：66-73+97.

[122] 张卫平. 论民事诉讼的契约化：完善我国民事诉讼法的基本作业 [J]. 中国法学，2004 (3)：75-87.

[123] 张新民，陈德球. 移动互联网时代企业商业模式、价值共创与治理风险：基于瑞幸咖啡财务造假的案例分析 [J]. 管理世界，2020 (5)：74-86+11.

[124] 张兴亮，夏成才. 非 CEO 高管患寡还是患不均 [J]. 中国工业经济，2016 (9)：144-160.

[125] 张峥，徐信忠. 行为金融学研究综述 [J]. 管理世界，2006 (9)：155-167.

[126] 张正堂. 企业内部薪酬差距对组织未来绩效影响的实证研究 [J]. 会计研究，2008 (9)：81-87.

[127] 张忠寿，高鹏. 科技金融生态系统协同创新及利益分配机制研究 [J]. 宏观经济研究，2019 (9)：47-57+66.

[128] 赵保卿. 中国概念股企业审计失败案件及思考 [J]. 财务

与会计，2013（9）：38-39.

[129] 赵昌文，陈春发，唐英凯. 科技金融 [M]. 北京：科学出版社，2009.

[130] 赵敏. 互联网金融背景下"庞氏骗局"的识别与防范 [J]. 浙江金融，2016（8）：13-17.

[131] 赵渊，罗培新. 论互联网金融监管 [J]. 法学评论，2014（6）：118-126.

[132] 郑国坚，蔡贵龙，卢昕. "深康佳"中小股东维权："庶民的胜利"抑或"百日维新"？：一个中小股东参与治理的分析框架 [J]. 管理世界，2016（12）：145-158＋88.

[133] 郑国坚，张超，谢素娟. 百股义士：投服中心行权与中小投资者保护：基于投服中心参与股东大会的研究 [J]. 管理科学学报，2021（9）：38-58.

[134] Aguilar L A. A strong enforcement program to enhance investor protection [EB/OL]. [2013-10-25]. https://www. sec. gov/news/speech/2013-spch102513laa.

[135] Alon I, Elia S, Li S M. Greenfield or M&A? an institutional and learning perspective on the establishment mode choice of Chinese outward investments [J]. Journal of International Management，2020，26（3）.

[136] Amico A K. The problem with foreign issuers [EB/OL]. [2020-06-23]. https://corpgov. law. harvard. edu/2020/06/23/the-problem-with-foreign-issuers/.

[137] Ang J S, Hsu C, Tang D, et al. The role of social media in corporate governance. [J] The Accounting Review，2021，96（2）：47-68.

[138] Baber W R, Kumar K R, Verghese T. Client security price reactions to the laventhol and horwath bankcruptcy [J]. Journal of Accounting & Research，1995，33（2）：385-395.

[139] Bahis S C. Application of corporate common law doctrines to limited liability ccompanies [J]. Montana Law Review, 1994: 55.

[140] Bartoletti M, Carta S, Cimoli T, et al. Dissecting Ponzi schemes on Ethereum: identification, analysis, and impact [J]. Future Generation Computer Systems, 2020, 102: 259 - 277.

[141] Black F, Scholes M. The pricing of options and corporate liabilities [J]. Journal of Political Economy, 1973, 81 (3): 637 - 654.

[142] Black F. The dividend puzzle [J]. Journal of Portfolio Management, 1976, 2 (2): 5 - 8.

[143] Bontis N. Intellectual capital: an exploratory study that develops measures and models [J]. Management Decision, 1998, 36 (2): 63 - 76.

[144] Brakman S, Garretsen H, Van Witteloostuijn A. The turn from just-in-time to just-in-case globalization in and after times of COVID -19 [J]. Social Sciences & Humanities Open, 2020, 2 (1).

[145] Brown D L, Shu S Z, Soo B S, et al. The insurance hypothesis: an examination of KPMG's audit clients around the investigation and settlement of the tax shelter case [J]. Auditing: a Journal of Practice & Theory, 2013, 32 (4): 1 - 24.

[146] Byrne M. Bad banks: the urban implications of asset management companies [J]. Urban Research & Practice, 2015, 8 (2): 255 - 266.

[147] Casari M, Luigi L. Cooperation under alternative punishment institutions: an experiment [J]. Journal of Economic Behavior & Organization, 2009 (2): 273 - 282.

[148] Casari M, Luigi L. Cooperation under alternative pun-

ishment institutions: an experiment [J]. Journal of Economic Behavior & Organization, 2009 (2): 273 – 282.

[149] Chaney P K, Philipich K L. Shredded reputation: the cost of audit failure [J]. Journal of Accounting Research, 2002, 40 (4): 1221 – 1245.

[150] Cowherd D M, Levine D I. Product quality and pay equity between lower-level employees and top management: an investigation of distributive justice theory [J]. Administrative Science Quarterly, 1992, 37: 302 – 320.

[151] Cumming D, Fleming G. Corporate defaults, workouts, and the rise of the distressed asset investment industry [J]. Business History Review, 2015; 89 (2): 305 – 330.

[152] Davis A K, Guenther D A, Krull L K, et al. Do socially responsible firms pay more taxes? [J]. The Accounting Review, 2016, 91 (1): 47 – 68.

[153] DeHaan E, Kedia S, Koh K, et al. The revolving door and the SEC's enforcement outcomes: initial evidence from civil litigation [J]. Journal of Accounting and Economics, 2015 (3): 65 – 96.

[154] Dye R A. Auditing standards, legal liability, and auditor wealth [J]. Journal of Political Economy, 1993, 101 (5): 887 – 914.

[155] Dyreng S D, Hoopes J L, Wilde J H. Public pressure and corporate tax behavior [J]. Journal of Accounting Research, 2016, 54 (1): 147 – 186.

[156] Fama E F. The behavior of stock-market prices [J]. The Journal of Business, 1965, 38 (1): 34 – 105.

[157] Fried J, Schoenfeld M J. Delisting Chinese firms: a cure likely worse than the disease [EB/OL]. [2020 – 06 – 09]. https://corpgov. law. harvard. edu/2020/06/09/delisting-chinese-firms-a-cure-

likely-worse-than-the-disease/#more-130432.

[158] Gallemore J, Labro E. The importance of the internal information environment for tax avoidance [J]. Journal of Accounting and Economics, 2015, 60 (1): 149 – 167.

[159] Hadlock C J, Pierce J R. New evidence on measuring financial constraints: moving beyond the KZ index [J]. The Review of Financial Studies, 2010, 23 (5): 1909 – 1940.

[160] Healy P M, Palepu K G. Using capital structure to communicate with investors: the case of CUC international [J]. Journal of Applied Corporate Finance, 1996, 8 (4): 30 – 44.

[161] Hidajat T, Primiana I, Rahman S, et al. Why are people trapped in Ponzi and pyramid schemes? [J]. Journal of Financial Crime, 2020.

[162] Hoi C K, Wu Q, Zhang H. Is corporate social responsibility (CSR) associated with tax avoidance? Evidence from irresponsible CSR activities [J]. The Accounting Review, 2013, 88 (6): 2025 – 2059.

[163] Hoopes J L, Mescall D, Pittman J A. Do IRS audits deter corporate tax avoidance? [J]. The Accounting Review, 2012, 87 (5): 1603 – 1639.

[164] Hope O, Langli J C. Auditor independence in a private firm and low litigation risk setting [J]. The Accounting Review, 2010, 85 (2): 573 – 605.

[165] Hopkins M S. Big data, analytics and the path from insights to value [J]. MIT Sloan Management Review, 2011, 52 (2): 21 – 22.

[166] Jensen M C, Meckling W H. Theory of the firm: managerial behavior, agency costs and ownership structure [J]. Journal of Financial Economics, 1976 (4): 305 – 360.

[167] Kothari S P, Lys T, Smith C W, et al. Auditor liability

and information disclosure [J]. Journal of Accounting, Auditing and Finance, 1988, 3 (4): 307 - 339.

[168] Krishnamurthy S, Zhou J, Zhou N. Auditor reputation, auditor independence, and the stock-market impact of Andersen's indictment on its client firms [J]. Contemporary Accounting Research, 2006, 23 (2): 456 - 490.

[169] Langevoort D C. The SEC as a lawmaker: choices about investor protection in the face of uncertainty [J]. Washington University Law Review, 2006 (84): 1591 - 1627.

[170] Laux V, Newman D P. Auditor liability and client acceptance decisions [J]. The Accounting Review, 2010, 85 (1): 261 - 285.

[171] Lazear E P, Rosen S. Rank-order tournaments as optimal labor contracts [J]. Journal of Political Economy, 1981, 89 (5): 841 - 864.

[172] Leebron D W. Limited liability, tort victims, and creditors [J]. Columbia Law Review, 1991, 91 (7): 1565.

[173] Leone A J, Li E X, Liu M. On the SEC's 2010 enforcement cooperation program [J]. Journal of Accounting and Economics, 2021, 71 (1).

[174] Liao P, Radhakrishnan S. The effects of the auditor's insurance role on reporting conservatism and audit quality [J]. The Accounting Review, 2016, 91 (2): 587 - 602.

[175] Lu T, Sapra H. Auditor conservatism and investment efficiency [J]. The Accounting Review, 2009, 84 (6): 1933 - 1958.

[176] McGuire S T, Wang D, Wilson R J. Dual class ownership and tax avoidance [J]. The Accounting Review, 2014, 89 (4): 1487 - 1516.

[177] Menon K, Williams D D. The insurance hypothesis and

market prices [J]. The Accounting Review, 1994, 2 (69): 327 - 342.

[178] Miller M H, Modigliani F. Dividend policy, growth, and the valuation of shares [J]. Journal of Business, 1961, 34 (4): 411 - 433.

[179] Modigliani F, Miller M H. The cost of capital, corporation finance and the theory of investment [J]. The American Economic Review, 1958 (48): 261 - 297.

[180] Moore J F. Predators and prey: a new ecology of competition [J]. Harvard Business Review, 1993: 75 - 83.

[181] Nunan D, Domenico M. Market research and the ethics of big data [J]. International Journal of Market Research, 2013, 55 (4): 505.

[182] Ohlson J. Earnings, bookvalue and dividends in security valuation [J]. Contemporary Accounting Research, 1995: 661 - 687.

[183] Olsen K J, Stekelberg J. CEO narcissism and corporate tax sheltering [J]. Journal of the American Taxation Association, 2016, 38 (1): 1 - 22.

[184] O'Reilly C, Main B, Crystal G S. CEO compensation as tournament and social comparison: a tale of two theories [J]. Administrative Science Quarterly, 1988, 33: 257 - 274.

[185] Osterwalder A, Pigneur Y. Towards strategy and information systems alignment through a business model ontology [C]. 23d Conference of Strategic Management Society, 2003.

[186] Palmrose Z. Joint & several vs. proportionate liability debate: an empirical investigation of audit related litigation [J]. Stanford Journal of Law, Business & Finance, 1994.

[187] Piketty T, Saez E, Zucman G. Economic growth in the United States: a tale of two countries [EB/OL]. [2016 - 12 - 06].

https://equitablegrowth. org/economic-growth-in-the-united-states-a-tale-of-two-countries/.

[188] Pipe G R. International information policy: evolution of transborder data flow issues [J]. Telematics and Informatics, 1984 (4): 409 - 418.

[189] Porta R L, Lopez D S F, Shleifer A, et al. Investor protection and corporate governance [J]. Journal of Financial Economics, 2000, 58 (1): 3 - 27.

[190] Preinreich G. Annual survey of economic theory: the theory of depreciation [J]. Econometria, 1938, 6 (3): 219 - 241.

[191] Radhakrishnan S. Investors' recovery friction and auditor liability rules [J]. The Accounting Review, 1999, 74 (2): 225 - 240.

[192] Schwartz E S, Moon M. Rational pricing of internet companies revisited [J]. Financial Analysts Review, 2001, 36 (4): 7 - 26.

[193] Schwartz R. Legal regimes, audit quality and investment [J]. The Accounting Review, 1997, 72 (3).

[194] Shackelford D A, Shevlin T. Empirical tax research in accounting [J]. Journal of Accounting and Economics, 2001, 31 (1): 321 - 387.

[195] Shleifer A, Vishny R W. A survey of corporate governance [J]. Journal of Finance, 1997, 52 (2): 737 - 33.

[196] Siegel J. Can foreign firms bond themselves effectively by renting US securities laws? [J]. Journal of Financial Economics, 2005 (2): 319 - 359.

[197] Simunic D A, Ye M, Zhang P. The joint effects of multiple legal system characteristics on auditing standards and auditor behavior [J]. Contemporary Accounting Research, 2017, 1 (34): 7 - 38.

[198] Steinberg E. Big data and personalized pricing [J]. Busi-

ness Ethics Quarterly，2020，30（1）：97 – 117.

［199］Tang T，Mo P L L，Chan K H. Tax collector or tax avoider? an investigation of intergovernmental agency conflicts ［J］. The Accounting Review，2017，92（2）：247 – 270.

［200］Tennant D. Why do people risk exposure to Ponzi schemes? econometric evidence from Jamaica ［J］. Journal of International Financial Markets，Institutions and Money，2011，21（3）：328 – 346.

［201］Thoman L. Legal damages and auditor efforts ［J］. Contemporary Accounting Research，1996，13（1）：275 – 306.

［202］Uppiah V. A critical examination of the regulation of Ponzi scheme in Mauritius ［J］. International Journal of Law and Management，2018，60（6）：1393 – 1400.

［203］Velikonja U. Securities settlements in the shadows ［J］. Yale Law Journal Forum，2016（126）：124 – 138.

［204］Venkataraman R，Weber J P，Willenborg M. Litigation risk，audit quality，and audit fees：evidence from initial public offerings ［J］. The Accounting Review，2008，83（5）：1315 – 1345.

［205］Wallace W A. The economic role of the audit in free and regulated markets：a look back and a look forward. ［J］. Research in Accounting Regulation，2004，17（4）：267 – 298.

［206］Willenborg M. Empirical analysis of the economic demand for auditing in the initial public offerings market ［J］. Journal of Accounting Research，1999，37（1）：225 – 238.

［207］Winship V，Robbennolt J K. An empirical study of admissions in SEC settlements ［J］. Ariz. L. Rev.，2018（60）：1 – 66.

［208］Zheng Q，Zhang J，Yue Q. Joint and several liability，litigation preconditions and audit quality ［J］. China Journal of Accounting Studies，2020，4（8）：575 – 598.

后　记

　　历经半世飘蓬，重返明月山，侍家父漫步于山坳。父亲拄杖徐行，陪护在旁的还有我的姐姐，她已鬓染秋霜。山风拂过竹林，沙沙声中忆起求学岁月：上世纪八十年代踩着露水走出蜀东大山赴厦门求学，需辗转五日四夜——先是天蒙蒙亮从山中出发步行至小镇，再等待不定时的客车前往县城，次日拂晓搭乘颠簸的长途汽车抵渝，于菜园坝火车站蜷缩在漏风的候车室至子夜，再经赣闽古道辗转南下至鹭岛。而今高铁贯通群山，朝发夕至。四十年沧桑巨变，乡人安居乐业，此般岁月静好，实乃时代大发展使然。其中，资本市场的开启与快速发展无疑是经济社会蓬勃生机的一股基础性支撑力量。

人生之幸，理论之基，源于恩师吴水澎先生。参加吴先生主持的国家教委博士点基金重点项目"建立适应社会主义市场经济体制的会计理论与方法体系"（编号：96JBZ790040）时，依照先生之理论观点和研究框架，我参与完成 41 万字的《中国会计理论研究》[①]，系统构建了中国会计理论体系框架，夯实了理论基础。1998 年我主持教育部人文社会科学"九五"规划研究项目"证券市场与会计监管"（编号：98JBY790021），捕捉到证券市场与会计监管犹如车之两轮，遂完成 59 万字的《证券市场与会计监管》[②]，首次系统探讨了本土资本市场会计监管路径。

译介威廉·斯科特教授所著的《财务会计理论》[③] 时，了解到其立足于北美资本市场，力图以信息经济学的框架来解释财务会计在现实世界中所碰到的基本矛盾，即作为一种信息系统的财务会计不可能同时既协调股东与管理当局之间的关系又保证满足投资者的信息需求，根源在于市场经济中广泛存在的"信息不对称"。这一信息经济学分析框架令我豁然开朗，其中的辩证认知成为我后续研究的基石。2001 年夏，我于多伦多机场初见这位享誉国际的学界泰斗，他银发如雪，目光却澄澈如孩童。他驾车送我去滑铁卢大学，一路还为我介绍当地风物。抵达后，他坚持帮我搬运行李、联系办公室。临别时，他再三叮嘱我专心学术，若有困难可随时联系他。这份跨越国界的师者仁心，成为我心中为师者的标识和支撑我学术道路的精神力量。

从加拿大回国后，因公出差至北京，拜访了我的博士同窗金良。其间，谈及中国商业银行信息披露的实践及其与国际惯例的差异，我们相谈甚欢，竟至错过饭时。临别时，他赠予我一套从国外复印

① 吴水澎，陈汉文，谢德仁. 中国会计理论研究 ［M］. 北京：中国财政经济出版社，2000.

② 陈汉文，林志毅. 证券市场与会计监管 ［M］. 北京：中国财政经济出版社，2001.

③ 威廉·斯科特. 财务会计理论 ［M］. 陈汉文，等译. 北京：机械工业出版社，2006.

带回的英文版《银行会计》，厚达上千页。回到厦门后，我与博士生们彻夜研读此书。这份学术痴狂直接催生了国家社会科学基金项目"加入 WTO 与中国上市商业银行会计信息披露制度改革"（编号：02CJY005），最终形成 53 万字的《上市商业银行信息披露：变迁与改进》①。我们同窗间的私下闲聊主要是专业知识分享、学术问题讨论与工作经验交流，枯燥且乏味，然而，我们竟然也可以热烈讨论至错过饭时，由此大概可以证悟"学术是寂寞的欢欣"这句话的深意。

安然事件惊雷炸响，公司财务丑闻如瘟疫般在美国上市公司中蔓延。安达信因安然事件于 2002 年 8 月 31 日宣布告别从事近九十年的审计业务。无独有偶，我国亦爆发了上市公司恶性会计造假事件，蜀都、中天勤等会计师事务所因此倒闭。为此，我们迅速组建团队展开国别研究，申请了教育部人文社会科学重点研究基地2002—2003 年度重大项目"企业财务舞弊及其对策研究"（编号：02JAZJD630008），2003 年完成近 30 万字的《安达信：事件与反思》②，从审计独立性、注册会计师管制模式、会计师事务所组织结构、会计准则制定和证券分析师盈利预测行为等视角，透视诱发华尔街财务舞弊与审计失败的深层原因。这些跨洋映照的镜鉴，最终都指向本土资本市场治理的命题。

韩洪灵教授于 2003 年攻读博士学位时文已才华横溢，气质儒雅敦厚，凌云楼博士生皆交口称赞。为师者，至幸之事莫过于在研究求索之路上与智识超越己身的青年才俊缔结师生缘分。其博士论文《中国审计市场：制度变迁与竞争行为》将产业组织分析的结构主义引入我国审计市场的研究，对审计市场的结构、行为与绩效之间的共生与互动关系进行了探讨，指出规模经济、产品差异性和服务多元化是审计市场结构的重要决定因素，从而也是影响审计市场行为与绩效的重要因素。其博士论文独树一帜的观点已显大家气象，经

---

① 陈汉文，邓顺永. 上市商业银行信息披露：变迁与改进 [M]. 北京：中国财政经济出版社，2003.

② 陈汉文，王华，郑鑫成. 安达信：事件与反思 [M]. 广州：暨南大学出版社，2003.

大连出版社遴选出版①。老一辈著名会计学家裘宗舜先生评价道："审计市场是资本市场有效运转的基础性构件。韩洪灵博士的著作从我国审计市场的制度变迁出发，对我国审计市场的竞争行为进行了较为系统的理论与经验研究。其分析框架和研究视野较为独特，对提高我国审计市场的监管绩效具有重要的启发意义。"

　　在资本市场研究领域，周中胜教授亦是我重要的合作者。我们于 2007 年共同主持了国家社会科学基金一般项目"投资者保护、公司治理与我国证券市场资源配置效率研究"（编号：07BJY027）。基于该项目，我们在《会计研究》② 和《审计研究》③ 等期刊发表了相关论文并合作完成了长篇研究报告，这些成果均聚焦于证券市场效率与投资者保护。2011 年，资本市场最具冲击性的事件莫过于香橼做空厦门知名在美上市公司东南融通。我与研究生郭燕珺共同研究此案并将其作为她的硕士学位论文选题。燕珺是一位集艺术家敏锐力与学术严谨思维于一体的优秀学生，所完成的《外部治理视角下的美国做空机制研究：基于东南融通的案例分析》获得一致好评。随后，我指导两位冰雪聪明的研究生王萌和郑威继续聚焦做空课题做研究。在这些积累的基础上，我带领学生于 2018 年完成了《做空 VS 反做空：信息披露维度的观察》④ 一书。

　　以上二十多年的学术历程，如实反映了我们在资本市场学术研究领域的探索与追求。在我国资本市场发展的历史长河中，我们都是渺小的存在，只是有幸生于这个波澜壮阔的时代，碰巧成了时代的见证者与研究者。回眸过往，展望明天。毋庸讳言，我国资本市场会计审计学术研究在一定程度上存在经济金融及管理理论上追随西方、会计审计实务上疏离本土经济社会需求的现象，会计审计学

　　① 韩洪灵. 中国审计市场：制度变迁与竞争行为 [M]. 大连：大连出版社，2011.

　　② 周中胜，陈汉文. 会计信息透明度与资源配置效率 [J]. 会计研究，2008（12）：56－62＋94.

　　③ 周中胜，陈汉文. 独立审计有用吗?：基于资源配置效率视角的经验研究 [J]. 审计研究，2008（6）：49－58.

　　④ 陈汉文，林勇峰，鲁威朝. 做空 VS 反做空：信息披露维度的观察 [M]. 北京：北京大学出版社，2018.

界仿佛陷入了双重边缘化困境：一方面，在资本市场会计审计基础理论知识和研究方法论范式上追随西方，使我国学术界在会计审计金融国际学术版图上沦为边缘；另一方面，我国会计审计学术界对我国资本市场会计审计实务发展贡献有限，难以回应"中国资本市场发展过程中学术界究竟做出了哪些贡献"的拷问，沉醉于会计审计学术共同体帷幕而自说自话。就现实观察，以"国际化""国际竞争力""国际范式"为导向的学术政策与教育及人才评价体制似乎已经异化为国际发表和短期绩效考核指标所带来的效益，驱使国内会计审计学术界走上了一条所谓"学术现代化"的不归路。国际化全球化底层逻辑之"普世"价值，追根溯源不过是西方某国的"本土"，而中国"本土"又何尝不是中国场景之"普世"。如果我国会计审计学术界在黑暗中不求有自己的火把，最终只会演变为从别人的眼光中认识自己。为此，坊镳需要重建国内会计审计学者因西方会计审计研究方法论范式的全盘引入而丧失的学术自信心，以及学人群体因多年自我否定所泯灭的学术主体性。可能的路径选择在于回归本土、扎根本土，研究本土问题，提出本土概念，建构自主知识体系。我们不揣浅陋，试图对本土资本市场现实的热点难点问题进行探究，将近几年所思所想的小文整理成书，力图搭建"伦理—舞弊—监管"三维分析框架。当否之判，唯待市场验之；刍荛之言，伏冀方家赐正。

　　归去来兮。搁笔之际，恰逢故园暮春将至。山月不解离人绪，水风徒摇落花影。四十载漂泊路，亦是四十载求索途。人生倥偬，不过是在数字与真相间反复叩问，试图让数字说真话。这部书稿，算是我们交给岁月的答卷。

陈汉文

清明时节于蜀东明月山

图书在版编目（CIP）数据

穿透资本市场：伦理、舞弊与监管/韩洪灵等著.
北京：中国人民大学出版社，2025.7. --（财会文库）.
ISBN 978-7-300-34077-7

Ⅰ. F830.9

中国国家版本馆 CIP 数据核字第 2025MG3173 号

财会文库

穿透资本市场——伦理、舞弊与监管

韩洪灵　陈汉文　陈帅弟　刘　强　著

Chuantou Ziben Shichang——Lunli、Wubi yu Jianguan

出版发行	中国人民大学出版社			
社　　址	北京中关村大街 31 号		**邮政编码**	100080
电　　话	010 - 62511242（总编室）		010 - 62511770（质管部）	
	010 - 82501766（邮购部）		010 - 62514148（门市部）	
	010 - 62511173（发行公司）		010 - 62515275（盗版举报）	
网　　址	http://www.crup.com.cn			
经　　销	新华书店			
印　　刷	唐山玺诚印务有限公司			
开　　本	720 mm×1000 mm　1/16		**版　　次**	2025 年 7 月第 1 版
印　　张	20 插页 2		**印　　次**	2025 年 8 月第 2 次印刷
字　　数	261 000		**定　　价**	89.00 元